[美] 罗曼·弗莱德曼
(Roman Frydman)
[美] 迈克尔·D.高德伯格
(Michael D.Goldberg)

著

贾珍妮
牛海萍

译

超越机械的市场论
资产价格波动、风险和政府角色

BEYOND
MECHANICAL MARKETS
Asset Price Swings, Risk, and the Role of the State

中国社会科学出版社

图字：01—2012—1623 号

图书在版编目（CIP）数据

超越机械的市场论：资产价格波动、风险和政府角色／（美）罗曼·弗莱德曼，（美）迈克尔·D. 高德伯格著；贾珍妮，牛海萍译. —北京：中国社会科学出版社，2024.5

书名原文：BEYOND MECHANICAL MARKETS：Asset Price Swings, Risk, and the Role of the State

ISBN 978-7-5161-8865-1

Ⅰ.①超… Ⅱ.①罗…②迈…③贾…④牛… Ⅲ.①市场经济学 Ⅳ.①F014.3

中国版本图书馆 CIP 数据核字（2016）第 217826 号

出 版 人	赵剑英
责任编辑	陈雅慧
责任校对	杨 林
责任印制	戴 宽

出　版	中国社会科学出版社
社　址	北京鼓楼西大街甲 158 号
邮　编	100720
网　址	http：//www.csspw.cn
发行部	010-84083685
门市部	010-84029450
经　销	新华书店及其他书店
印　刷	北京明恒达印务有限公司
装　订	廊坊市广阳区广增装订厂
版　次	2024 年 5 月第 1 版
印　次	2024 年 5 月第 1 次印刷
开　本	710×1000　1/16
印　张	14.75
插　页	2
字　数	221 千字
定　价	86.00 元

凡购买中国社会科学出版社图书，如有质量问题请与本社营销中心联系调换
电话：010-84083683
版权所有　侵权必究

Copyright © 2011 by Princeton University Press

All rights reserved. No part of this book may be reproduced or transmitted in any form or by any means, electronic or mechanical, including photocopying, recording or by any information storage and retrieval systems, without permission in writing from the Publisher.

中文版来源于普林斯顿大学出版社2011年版,中文版版权属于中国社会科学出版社。

目　　录

致　谢 …………………………………………………………（1）

问题出在哪，我们能够做些什么？ …………………………（4）
  致命的缺陷 …………………………………………………（4）
  不要对重要的事情做假设 …………………………………（5）
  不完善知识替代方案 ………………………………………（8）
  渔民理论和金融市场 ………………………………………（8）
  理性市场的神话的存在 ……………………………………（9）
  认识非常规变化和不完善知识经济学 ……………………（12）
  不完善知识经济学及其意义 ………………………………（13）
  对资产价格波动、风险和国家的作用的新认识 …………（14）

第一部分　批判

第一章　机械市场的产生 ……………………………………（19）
  第一节　经济学家理性还是市场理性？ …………………（20）
  第二节　米尔顿·弗莱德曼对假设漠不关心？ …………（22）
  第三节　互动机器人的危机后生活 ………………………（25）
  第四节　在经济学家的争论中不得要领 …………………（30）
  第五节　经济论述中的歪曲言论 …………………………（32）

第二章　充分预定历史的愚蠢　…………………………………（34）
　　第一节　重新审视致命的自负　………………………………（35）
　　第二节　精确知识的虚假性　…………………………………（37）
　　第三节　像工程师一样的经济学家　…………………………（38）
　　第四节　以理性的幌子坚持到底　……………………………（41）

第三章　奥威尔（Orwellian）的"理性预期"世界　………………（44）
　　第一节　被忽略的马斯警告　…………………………………（47）
　　第二节　理性预期革命：模型一致性成为理性标准　………（48）
　　第三节　理性预期的虚假叙述　………………………………（49）
　　第四节　一个发展停滞且思想统一的世界　…………………（50）
　　第五节　经济学家的理性及社会主义计划经济　……………（52）

第四章　虚构的"理性市场"　………………………………………（55）
　　第一节　"理性市场"的伪多样性　……………………………（56）
　　第二节　"理性市场"的不相关性　……………………………（59）
　　第三节　谨防理性预期模型　…………………………………（60）
　　第四节　理性预期假说的致命自负　…………………………（61）

第五章　空中楼阁：有效市场假设　………………………………（63）
　　第一节　市场隐喻　……………………………………………（64）
　　第二节　想象市场在一个完全预定的世界　…………………（65）
　　第三节　萨缪尔森的疑虑　……………………………………（69）
　　第四节　理性市场的虚假稳定性　……………………………（71）
　　第五节　有效市场假说和资产价格波动　……………………（74）

第六章　价格波动泡沫的寓言　……………………………………（80）
　　第一节　重塑非理性　…………………………………………（81）
　　第二节　非理性预期世界泡沫：机械的从众心理　…………（81）
　　第三节　行为泡沫的诱人叙述　………………………………（84）

第四节　有限套利：机械理论的神器 …………………… (86)
　　第五节　行为泡沫带来的麻烦 ………………………………… (87)
　　第六节　被遗忘的基本原理 …………………………………… (88)

第二部分　替代模型

第七章　凯恩斯与基本面 …………………………………… (93)
　　第一节　凯恩斯是一个行为主义经济学家？ ……………… (95)
　　第二节　不完善的知识和基本面 …………………………… (97)
　　第三节　基本面是否与选美比赛无关 ……………………… (99)
　　第四节　基本原理与股票价格动作：来自彭博社
　　　　　　市场报道的数据 ……………………………………… (102)

第八章　金融市场的投机和资源配置性能 ……………… (118)
　　第一节　短期和价值投机者 ………………………………… (122)
　　第二节　短期投机如何促进价值投机 ……………………… (123)
　　第三节　投机和经济活力 …………………………………… (126)

第九章　价格波动的基本面和心理 ……………………… (129)
　　第一节　牛市、熊市和个人预测 …………………………… (131)
　　第二节　基本原理的持续性趋势 …………………………… (133)
　　第三节　适度谨慎修订 ……………………………………… (134)
　　第四节　个人股和市场价格波动 …………………………… (136)
　　第五节　价格波动,真实的多样性及合理性 ……………… (136)
　　第六节　持续反转 …………………………………………… (137)

第十章　有限不稳定性：链接风险与资产价格波动 ……… (139)
　　第一节　资产价格波动在资本分配中不可或缺的
　　　　　　角色 ……………………………………………………… (140)
　　第二节　历史基准作为长期前景预测的量规 …………… (142)

第三节	价格波动的幅度过大	(145)
第四节	将风险远离基准水平	(148)
第五节	市场最终如何自我修正	(150)
第六节	基本面回归	(153)

第十一章 权变理论与市场 ……………………………… (154)

第一节	权变理论市场假说	(156)
第二节	经济结构的偶然性和不稳定性	(157)
第三节	机械交易规则下转瞬即逝的盈利	(161)
第四节	暂时获利机会	(162)
第五节	市场的中庸视角及谨慎政策新框架	(170)

第十二章 重建市场与政府之间的平衡 …………………… (171)

第一节	政策改革对金融市场的重要性	(171)
第二节	国家积极干预金融市场的理论依据	(179)
第三节	价格指导范围公告	(185)
第四节	积极过度——抑制措施	(187)
第五节	过度的价格波动和银行系统	(192)
第六节	不完善知识和信用等级	(194)

结　语 ……………………………………………………… (197)

经济学家都知道什么？	(197)
对无所不知的探索	(198)
剧烈 V.S. 循序渐进的预测	(199)
认识我们自身知识的不完善	(200)
位于宏观经济学边界的不完善知识经济学	(202)

参考文献 …………………………………………………… (204)

相关术语 …………………………………………………… (225)

致 谢

在普林斯顿大学出版社的彼得·多尔蒂（Peter Dougherty）先生的鼓励下写成本书，对此表示由衷感谢。他曾启发我们围绕宏观经济和金融理论的不完善知识展开深层论述及重新思考，从而更好地了解2008年金融危机所带来的一系列问题。他坚信：《不完善知识经济学：汇率和风险》（普林斯顿大学出版社2007年版）的技术成果一旦用非专业语言呈现，将会在公众中引发讨论，这是促使写成本书的主要动因。

我们已从现代宏观经济学的启发性讨论中获益良多，例如影响人类数十年的埃德蒙·费尔普斯（Edmund S. Phelps）的理论。同样也受到了乔治·索罗斯（George Soros）的思想——不完善知识和自反性在金融市场和历史变迁的运作中的作用——的启发。

罗伯特·德尔斯基（Robert Skidelsky）和迈克尔·伍德福特（Michael Woodford）阅读了本书草稿的大部分章节。他们对凯恩斯理论和当代宏观经济学理论的真知灼见，帮助我们对草稿进行了重要修订。安纳图·凯尔斯盖（Anatole Kaletsky）很早就关注本书，他对市场和政府在现代经济中的作用的理解赋予了更广泛的内涵。安纳图的睿智博学，激发了我们的创作热情。

多年来在哥伦比亚大学的资本主义和社会主义研究中心的诸多讨论，开阔了我们的视野，使我们意识到不完善知识对理解市场结果的重要性。理查德·罗伯（Richard Robb）早期对不完善知识经济学以及本书最初几章草稿的精辟见解，有利于我们梳理对当代金融理论的

▶▶▶ 超越机械的市场论：资产价格波动、风险和政府角色

观点，同时提高了本书的可读性。

近期设立的新经济思维研究所（INET）极大地鼓舞了我们致力于开发一种替代宏观经济和金融的研究方法。我们在剑桥大学国王学院举行的 INET 揭幕式上所做的演讲的反响，以及与 INET 执行董事罗伯特·约翰逊展开的许多关于金融改革的激烈的讨论都使我们的重要论点更加清晰。

尼尔斯·泰格森（Niels Thygesen）还慷慨地与我们分享了他的各种关于现代的金融改革方法的知识。他的批评意见，避免了我们犯遗漏和误解等方面的错误。在我们的政策框架发展的早期阶段，与阿代尔·特纳（Adair Turner）进行的启发性的对话，使我们针对基于不完善知识经济学的政策建议与经济危机发生后公共机构提出的政策建议进行了比较，并大大完善了我们的政策建议。

我们还与其他许多同事和朋友进行了深入的探论，都使我们对自己的想法和观点进行了多次修改。多年来与安杰依·拉帕钦斯基（Andrzej Rapaczynski）共同进行的后共产主义过渡研究，成为我们关于计划经济学和当代宏观经济学以及金融经济学之间的相关性的讨论基础。我们还从简·格罗斯（Jan Gross）这位历史学家提供的早期手稿中获益颇多。彼得·荣根（Peter Jungen）对这篇手稿独到的解读，以及与他进行的广泛讨论，帮助我们改进我们对企业家精神、现代经济的其他主要特点以及金融市场的资源配置作用之间联系的分析。

我们还要感谢布鲁斯·埃尔姆斯利（Bruce Elmslie）、莱加·福格尔曼（Lejb Fogelman）、伊莲娜·格鲁金斯卡－格罗斯（Irena Grudzinska－Gross）、海伦娜·赫赛尔（Helena Hessel）、索伦·约翰森（Soren Johansen）、凯塔琳娜·约瑟里斯（Katarina Juselius）、亨利·科瓦尔斯基（Henri Kowalski）、乔纳森·谢尔（Jonathan Schell）、彼得·沙利文（Peter Sullivan）、约什·史提瓦根（Josh Stillwagon）、克劳迪亚斯·韦斯（Klaudiusz Weiss）和埃姆雷·尤达斯（Emre Yoldas），感谢他们能在百忙之中抽时间阅读早期手稿的部分章节。他们针对手稿提出的问题，以及相关的建议，使我们对主要的观点进行了改进和修正。

致　谢

非常感谢马修·温克勒（Matthew Winkler）对我们工作的支持，以及他向我们慷慨提供的彭博社"市场扫描"案例电子记录。这些案例给予的佐证对我们来说是至关重要的，有助于我们分析心理和基本面因素在推动资产价格波动及其风险中的相对作用。我们还要感谢尼古拉斯·马吉（Nicholas Mangee），感谢他在分析彭博社案例中的努力；他还同我们一起，开发了一种资本市场统计性分析方法，这种方法将传统计量方法与叙事证据相结合。

感谢乔纳森·斯坦（Jonathan Stein），他卓越的编辑功底极大地提高了本书的风格、演示和可读性，远超出一流的编辑；我们与他多番的讨论后，使我们对本书中的几个观点进行了重新思索。在编辑过程中有玛塞拉·弗莱德曼（Marcella Frydman）和肯尼思·墨菲（Kenneth Murphy）的参与，使我们非常荣幸。何秀兰·威斯特摩兰（Cyd Westmoreland）提供了专业的文字编辑，彼得·施特鲁普（Peter Strupp）和他在普林斯顿大学编辑协会的工作人员都有助于本书的制作。正是由于他们的辛劳，才使本书可以顺利写成。

谈及赞助商，我们很高兴地承认从纽约大学和新罕布什尔大学的C. V. Starr 应用经济学中心获得了编辑援助。我们还要感谢来自考夫曼基金会（Ewing Marion Kauffman Foundation）的罗伯特·里坦（Robert Litan）对本书的关注，在该基金的资助下，我们于2010年夏天完成本书。

最后，我们要感谢夏莲娜（Halina）、西比尔（Sybille）、本（Ben）、朱莉娅（Julia）和玛塞拉的耐心和热情支持。

问题出在哪，我们能够做些什么？

撇开我们不能预知未来的事实，客观上讲未来是不确定的。未来是开放的：客观地开放。

——卡尔·波普尔（Karl Popper），
《趋向的世界》（*A World of Propensities*）

我承认，我喜欢真实更胜于不完善知识……然后假装说：准确知识很可能都是假的。

——弗里德里希·A. 哈耶克（Friedrich A. Hayek），
《知识的僭妄》（"The Pretence of Knowledge"），诺贝尔奖获奖演讲

致命的缺陷

不稳定性是资本主义经济的固有特征，在现代金融市场中的表现尤为明显。资产价格和风险往往会出现波动，正如近期世界范围内房产、股票、货币以及商品市场的表现，价格过度上涨，最终发生突发性和戏剧性的逆转。

资产价值繁荣与萧条交替性的波动往往会导致消费和投资模式艰难地转变，并引发或延长经济衰退期并使失业人口数量急剧增加。许多观察家指出房产和股票价格的过度上涨是造成灾难性后果的2008年全球金融危机背后的关键因素。因此，了解资产价格波动以及其与金融风险的关系和对宏观经济的影响，对评估危机产生的原因，以及评估处理系统故障的各种政策建议可行与否都是至关重要的。

这本书的核心前提是（由全球金融危机引发的争论的）概念框架理论支撑不足以使我们找出经济出现的问题并完善我们的改革策略。原因很简单，当代宏观经济和金融理论试图用这样一种忽略市场中非常规变化的模式来解释风险和资产价格波动：假设市场中非常规的任何变化与风险资产波动都是不相关的，这也就好像说资本市场中不会真的发生什么新情况一样。

正如弗兰克·奈特（Frank Knight, 1921: 198）所说的那样，"如果所有的变化都按照不变的和举世皆知的规则发生，[这样]，它们就可以无限期地被提前预测。任何损失或收益也就不会出现"。然而，当代模型假设的基础就是这样的规则。那么，问题来了，是什么推动经济活动和指导资本主义经济的资源配置。对于我们来说，是包含未来变量的不完善知识，这对理解"追求赢利的市场参与者如何做出决定，以及价格和风险如何随着时间呈现"至关重要。

不要对重要的事情做假设

当然，经济学家们必须做出一些假设，从而建立各自的理论模型。但与当代经济模型所做的假设一样：理解资产价格和风险运作，似乎未来除了"小幅震荡"之外，所有的变化是完全可以预见的。如果这种自欺欺人的理论仅局限于经济学学术范围，它顶多只算令人费解、狂妄自大的理论，并没有实际的害处。但经济学家对市场的僵化解释会对现实世界中的政府政策制定者、金融市场参与者和公众产生重大影响。此外，他们已经导致金融市场出现两种极端观点：即它们在社会资本分配上要么是理性的、近乎完美，要么像赌场机制一样随机分配资本。

这两种极端的观点都有个无法弥补的缺陷，这源于当代经济模型中把市场参与者看作机器人。在一个理论阵营中，传统经济学家假设市场参与者像机器人一样理性地做出决定：他们将严格遵守，并一直坚持经济学家提前充分说明的重要规则。在另一理论阵营中，行为经济学家尽管批评这一理性的市场模式缺乏对现实中市场参与者心理的

▶▶▶ 超越机械的市场论：资产价格波动、风险和政府角色

描述及分析，但也假定非理性的个人决定及其对资产价格和风险的影响，可以用机械的规则进行充分预测及描述。①

这些理论预先假定市场参与者和政府官员从不寻找新资源的利用方式，将来也不会有任何投资的思考方式的改变。此外，影响个人决策的社会环境，包括经济政策、体制和全球经济和政治的发展，也会按照预先设定的规则发展。

自20世纪60年代开始，几乎所有的宏观经济和金融理论家都将精力集中在构建这样的完全预定的模型上。这些模型已成为当代经济分析方式的基石，其假定市场中各种变化及其后果可以完全预见，这样的模型声称可以同时解释过去、现在和未来的资产价格和风险。而其他所有类型的模型都被主流学术界视为不科学，不值得认真研究。

值得注意的是，尽管这一充分预定模型在解释追逐利益的个人如何在金融市场中做投资决策，以及资产价格和风险如何随着时间波动等方面屡屡失误，但这种理论仍然存在并被应用。这些模型对近期的金融危机预测失误就是其众多失败案例中典型的一例。

在本书中，将探讨经济学家如何阐述他们能够对个人的决策和市场结果提供准确的、压倒性的解释。并展示经济发展是如何建构完全预定模型和如何描绘理性的个体行为和市场决策。他们必须虚拟一个世界，在这个世界中，非常规的变化和不完善的知识是不重要的。我们认为：现代宏观经济和金融模型通过排除新观点，避开金融市场中存在的非常规变化和现代经济产生的不完善知识，在这种情况下才能利用模型分析社会资本的分配情况。

总之，本书旨在告诉读者，现存的经济模型无法解释资产价格和风险波动，因为它们具有无法弥补的缺陷性的假设理论基础。因此，市场参与者（包括投资银行和其他金融机构）无论使用它去评估新的或旧的抵押贷款证券或其他资产的价格，都没有任何科学理论依据。事实上，金融危机已经证明了机械的金融模型无法对创新

---

① 但也有明显的例外，参见阿克洛夫和希勒（Akerlof and Shiller, 2009）。他们依靠分析叙事模式，从而根据事实情况的分析避免了行为洞察力的机械形式化，相异于广泛应用的数学行为金融模型。如需进一步讨论，请参见第二章。

性金融产品的价格，以及持有和交易它们所带来的风险进行评估。

最重要的是，本书证明了当代模型忽略了资产价格波动及风险，而资产价格波动及其风险在金融市场评估之前的投资和培育新的企业项目过程中发挥着不可或缺的作用，这也是当代经济活力的关键因素。然而，由于不完善知识的存在，这些波动有时会过大，这意味着将耗费巨大的经济和社会成本。

那么，国家应该在资本市场中发挥什么作用？现代宏观经济和金融理论从设计上就忽视了政策制定者和市场参与者掌握的不完善知识，所以对其理论模型考虑这个问题一直是帮助不大。事实上，尽管人们已经普遍意识到市场不受机械规则的约束，但提出的建议和改革措施的讨论在很大程度上继续沿用金融危机前的思想理论。因此除了设置和执行市场游戏规则外，国家调控应远离金融市场。①

因此，目前的改革——多德—弗兰克法案（the Dodd – Frank Act）、巴塞尔协议Ⅲ（Basel Ⅲ）和欧盟（European Union）的提案，都主要集中在加强银行和信贷系统抵御危机的适应能力方面。宏观审慎监控（Macroprudential Measure），如反周期资本缓冲、沃尔克规则、透明规则，将有助于限制系统风险的增加。但这些改革几乎没有一项是针对金融危机产生的主要原因方面的改革，即重要资本市场（如股权、房产和货币）价格急剧上涨以及随之而来的长时间的经济衰退方面的改革措施。

在本书中提出的经济框架解释了金融市场在现代经济中发挥的重要作用，同时意识到了政府在抑制过度发展中的作用。我们利用这个框架，提出对当前金融系统特别是对金融市场的改进建议，把对金融

---

① 制定政策的经济学家，特别是国际清算银行方面的经济学家，以及从事金融危机历史证据方面研究的学术研究人员，深知资产价格波动与这些危机之间的联系。可参见博里奥和罗威（Borio and Lowe, 2002a）、博里奥（Borio, 2003），以及拉宾汉和罗戈夫（Reinhart and Rogoff, 2009）。博里奥和罗威（Borio and Lowe, 2002a）强调，将广泛的价格波动视作气泡是无益的。然而，由于对资本主义经济基本框架缺乏足够的理解，切凯蒂等（Cecchetti et al., 2000, 2002）将其解释为泡沫，并使用货币政策来"挑刺"他们——虽然大多数经济学家对完全预定模型有争论，但他反对使用这样的货币政策。参伯南克和格特勒（Bernanke and Gertler, 2001）。

市场的改进列于改革日程表前列。旨在抑制金融市场的过度发展，但又不妨碍资本主义经济创新和持续增长的能力（参见第十二章）。

不完善知识替代方案

基于对当代经济理论的批判，我们开发了另一种资本市场建模方法，称之为不完善知识经济学（IKE）（Frydman and Goldberg, 2007）。与现代研究方法相反，不完善知识经济学将非常规变化和不完善知识——金融市场发展的必备条件——置于经济分析的中心。这意味着资本市场发展非常规变化和不完善知识是这个过程所固有的，在这个过程中金融市场有助于社会合理分配资金。因此，不完善知识经济学提供了一个评估和改进当前计划和改革方案，同时对国家调控和积极审慎干预金融市场提供了一个新的政策框架。

经济学家研究并付诸实践的经济学理论类型，以及它所依赖的思想，对公众来说具有至关重要的意义。考虑到这一点，我们对不完善知识经济和现代方法，以及它们对理解金融市场和国家调控进行了调查。希望广大市场参与者和非专家们可以更加积极地参加有关危机后金融改革的公开辩论，其结果很可能与每个人的福祉和世界各地经济的发展息息相关。

渔民理论和金融市场

一个社会在非主流投资项目上进行资产分配，并监测其进展情况的能力是经济创新和增长的决定性因素之一。原则上，没有人可以计算这些项目的前景、未来的收益流。然而，金融市场每天都在为非主流投资项目分配社会资产。

想要掌握非常规变化和不完善知识对投资决策的重要性，以及明白为什么无视它们就等于忽视了金融市场在现代经济中至关重要的作用，我们需要做一个类比。正如一个渔民，在早上，他必须决定今天是去捕比目鱼还是黑线鳕鱼。直到有一天，他对每种鱼的捕获量和价格的评估都有了很好的把握。如果，这时他必须在买比目鱼渔船或黑线鳕鱼渔船中做出决定，他还会为其他许多因素忧虑。例如，有人可能会发明一种新的捕鱼技术，人们的口味可能会发生变化，海洋污染或其他环境因素可能对比目鱼和黑线鳕鱼产生各种影响，或单纯的捕鱼从长远来看，可能不会是他应该追求的事业。

经济学家们已发明一种方法，声称可以对渔民的投资决定过程进行解释：如果利己和追求利益之间又非常理性，他会计算每一种方案对他的收益可能带来的后果、发生的概率，然后做出最佳选择。如果仅在这样计算的基础上作出决定，并不复杂；但严格地说，这是不可能的，因为某些结果本来就是不确定的。手头的问题无论从可能性还是重要性哪个角度来讲，都只会随着时间的推移而变得明显，或是问题的不确定性是如此之大，渔民不能信心满满地根据它们发生的概率分配任何有用的价值。

渔夫的问题象征着现代经济中的许多投资决定。在绝大多数情况下，人们对投资项目的前景了解并不全面，这反过来又突出了金融市场至关重要的作用。市场将个人对项目和公司的前景方面的知识和直觉转化为股票价格和其他金融债权。市场价格随着时间的推移波动，他们认为创新投资项目变化价值的估价，要优于个人储蓄本身产生的价值。因此他们为社会提供了一种使用自己储蓄的新方法。

但是，即使金融市场是帮助社会分配储蓄资产最好的机构（主要原因是金融市场对限定经济体是必不可少的），但是非常规的变化和不完善知识也会使他们在资产价值的评估上不能尽善尽美。因此，金融市场即使在其正常运作的过程中，也不能对社会资金进行完美分配。此外，资产价格的过度波动，以及这些波动对金融体系和整体经济最终造成的巨大成本损失，充分表明了金融市场有时会造成严重的资本配置不当。

理性市场的神话的存在

基于市场不会真正产生预测之外的情况假设的经济理论甚至在

▶▶▶ 超越机械的市场论：资产价格波动、风险和政府角色

（始料未及的）金融危机过后依然存在。事实上，它仍在不断改变有关的财政刺激、金融改革，更广泛地说是有关资本的讨论，这意味着它仍然在危害着我们所有人的利益。世界各地央行和国债政策制定者继续使用完全预定的模型来分析宏观经济政策，而不管这些经济模型是否具有科学可靠的理论支撑。①

事实上，通过引起两类极端观点，并反对市场和国家的相对性作用，当代的经济理论已经模糊了政策分析和公众讨论之间的关系。危机发生近40年前，有一种观点认为市场配置资本近乎完美，因为它们由那些可以测定项目和投资项目公司的真正前景的理性的个人操控。根据这种观点，国家的作用应该仅限于为金融市场的竞争性运作提供预测基本框架。

不幸的是，世界各地的很多官员都支持这一思想，导致在20世纪80年代出现大规模的放松管制，并在90年代末和21世纪初加剧。官方对这一理念的信奉，鼓励了各国政府对经济危机发生前夕发生的住房、股权和其他资产价格的急剧上升视而不见，最终加剧了2008年金融危机的可能性。

在危机之后，市场的理性反而开始被广泛称为"神话"。专业和非学术意见在坚信可以根据项目和公司的"真正"前景，通过不受约束的市场魔力来制定价格，与与之相反的另一个极端之间摇摆。另一个观点是，市场在分配资本上效率极其低下，市场扭曲就证明了这一点，例如信息不对称、大型和长期的资产价格波动，以及泡沫性特点等。

可以肯定的是，透明度严重不足和对金融体系主要参与者的扭曲激励是导致正在发生的危机的主要原因。许多观察家都提到了：结构化资产的不透明性、投资银行和信用评级机构之间的密切关系，以及

---

① 经常用于指导决策的充分预定宏观经济模型是动态随机一般均衡模型。即使在金融危机（2010年5月）之后，欧洲央行的研究人员仍将一般均衡模型视作"欧洲央行/欧元体系工作人员常规采用的旨在对宏观经济运作进行的政策分析的指导理论"（Christoffel et al., 2010: 5）。关于如何使用宏观经济预测理论将欧洲央行政策向社会公布分析，参见特里谢（Trichet, 2010）。

金融机构的杠杆比率令人目眩的上升速度。

但是仅靠市场扭曲的破坏性，无法单独解释资产价格波动，而后者在引发金融危机中起到了核心作用。将这些波动视作与基本因素——如经济政策、全面增长、工业发展趋势，以及项目和公司的发展前景——完全无关的泡沫，应该会为对个人决策和市场的经济结果分析行为注入现实主义态度。

泡沫之所以会出现，是因为许多市场参与者不是根据基本因素进行理性交易，往往屈从于市场心理浪潮，参与各种不合理操作，或基于资产价格走势图表进行交易。根据泡沫模型，市场就像赌场，经常随意分配社会资本。因此，泡沫模型并不认为资产价格波动是金融市场分配社会资本过程中的固有特性，反而认为这种波动对社会有害，应尽快将之消灭。

很难想象这两种观点竟是这样的迥然不同。一方面，市场是理性的，近乎完美地分配资本，并且国家需要发挥的作用极其局限。而另一方面，市场非常低效，容易产生泡沫经济，这迫使国家发挥强大的调控作用。

虽然两种观点的分歧很大，但令人吃惊的是，这些极端立场都拥有相同的致命缺陷：它们的核心理念都认为非常规的变化和不完善知识对了解市场价格和风险是不重要的。因此，当代的宏观经济和金融理论都尝试使用完全预定模型来解释市场结果。完全预定模型认为未来是从过去机械地发展而来的。

反常的是，揭露了理性市场神话性的市场失败和泡沫模型，最终却加强了其神话意义。如果将信息的扭曲和市场竞争的不足之处最小化，摒除了个人决策的心理因素，非理性投机者也不能再影响市场结果，理性参与者可能会重新夺回优势，"理性市场"将再次根据"真正的"基本价值确定价格。

其实，理性的市场这个词，严格意义上来讲是神话，是不可能存在的，《牛津英语词典》称它为"广泛持有但错误的信念"。它不可以通过任何包括监管政策在内的手段变成现实。原因很简单：资产的潜在价值将随着时间的推移，按照无人能完全预见的方式展现。原则上，理性参与者之间的竞争不可能建立资产的真正价值。

认识非常规变化和不完善知识经济学

当代经济学家假定市场价格和风险的研究完全预定在经济分析范围之内，已经抛弃了约翰·梅纳德·凯恩斯（John Maynard Keynes, 1921, 1936）、弗兰克·奈特（Frank Knight, 1921）、弗里德里希·哈耶克（Friedrich Hayek, 1948）和其他早期现代经济思想家的深刻见解。无论他们之间的分歧如何，这些理论家都把非常规变化和不完善知识置于经济研究中心，即基本原理探索和公共政策范围之内。

这场危机确实凸显了凯恩斯关于财政刺激政策在避免经济萧条中发挥关键作用的理论。但是，即使财政（和货币）政策的效应被纳入中央银行和国库用来分析政策选择的完全预定模型中，凯恩斯所强调的不完善知识的中心地位也并不适合当代该模型。尽管许多观察家都引用凯恩斯的观点将市场的不稳定性认定为危机发生的直接原因之一。但是，除了少数明显的凯恩斯理论支持者（Soros, 2008; Phelps, 2009; Skidelsky, 2009; Kaletsky, 2010; Volcker, 2010），资产价格和风险的不完善知识和运作之间的关系并未在改革政策及措施的制定或其分析中显著地表现出来。有些人甚至认为，凯恩斯在这方面的想法在理解危机原因方面很大程度上是无关紧要的（Stiglitz, 2010）。

在否定充分预定成果方面，不完善知识经济学结合数学模型——早期现代经济学家的理论基础提出：鉴于不完善知识的不可回避性，市场参与者、决策者和经济学家自己的个人行为无法通过主要的规则机械地被捕捉。如同任何科学理论，不完善知识经济必须假定有目的的行为表现规律性，即使它们是依赖环境而发生的，有时变得与完全预测模型所指定的事物相关或无关。尽管如此，不完善知识经济学探讨这些（通过市场参与者制定和改变他们决定的方式发生的）规律可以通过定性条件转化为可能。

通过建立这种替代性分析框架，不完善知识经济学为经济学家和从业人员提供了严格的解释个体行为的方法,所以资产价格和风险没有那种假设——任何人都可以充分预先确定未来将如何发展。因为它仅针对市场结果的定性预测,其数学模型仍对非常规变化和不完善知识有使用价值。

不完善知识经济学及其意义

为了模拟个体行为,不完善知识经济学借鉴了行为经济学家关于个人实际行为方式的实证研究结果。然而,相较于利用机械规则规范金融模型,不完善知识经济学将其规范视为定性和偶然规律。行为经济学家将个人决策中的心理学解释为非理性征兆的行为,强调了不完善知识使经济学家通过符合市场参与者的理性方式将心理因素纳入研究之中。

事实上,由于非常规变化和不完善知识是真实世界金融市场的主要特点,利己和追求利润的市场参与者(但拥有不平凡的分析能力)并不能评估而做出决策对未来的评估,其交易决策仅会基于计算对基本因素的考虑,谈不上基于总体的机械规则。正如凯恩斯在他备受忽视的现代经济理性决策的讨论中所指出的:

> 我们仅仅提醒自己,无论是人类个人所做的任何决策,都有可能影响未来政治或经济,这一决策不能依赖于严格的数学期望值,因为这种计算是不存在的……尽管理想自我在尽可能地做最佳选择,计算可能产生的结果,但往往会因为我们突发奇想或情绪或投机性而落空。(Keynes,1936:162—163)

凯恩斯把决策中的心理因素解释为非理性征兆的行为经济学家相反,他明确指出,现实世界中的理性个人利用事实知识通过计算所得的知识,由于知识都是不完善的,所以他们必须利用辅助心理因素补充他们的计算。尽管这样的考虑在个人决策中发挥了作用,凯恩斯(Keynes,1936:162)强调,"我们不应该由此得出结论,一切都依赖于非理性心理因素"。如果基本面指出了其他方式，正如我们所观察的，"非理性心理因素"无法自己长时间地维持资产价格波动。

事实上，经济基本要素市场参与者决策支撑信心和其他市场情绪变化，这意味着它们会随着时间的推移调节心理因素对资产价格和风险的影响变化。基于彭博社的每日市场报告，目前在这本书中我们尚未有新的经验证据显示，心理因素或技术交易在任何情况下都不能单独移动市场。虽然心理因素（如不完善知识经济学预测的那样）以非常规方式发挥作用，但是更多正规的、经验性的证据明确指出了经济基本要素，如公司盈利和利率等在维持资产价格和风险的波动方面的重要性。

我们开发了 IKE 模型，其中基本考虑因素在推动波动中发挥关键性作用（见第七章至第九章）。然而，IKE 模型还集成了行为经济学家的心理调查结果，以构建市场参与者改变他们对预测结果运作的重要性思维的模型。这样的改变对理解上升或下降趋势持续逆转至关重要（参见第十章）

对资产价格波动、风险和国家的作用的新认识

认识到资产价格波动很大程度上是由经济基本因素趋势驱动，在金融市场发挥监督作用之前的投资结果及选择新的项目和公司融资能力方面具有关键作用。因此，政策制定者一旦发现资产价格波动，便制定政策尽快消除价格波动，但殊不知这一行为会破坏金融市场配置资本的过程。

知识的不完善性意味着价格有时会过度波动。这种可能性是由乔治·索罗斯（Soros, 1987）所称的"反身性"的关系得以加强，或通过某种渠道，资产价格波动和基本趋势相互促进提高。

正如 21 世纪前 10 年中的住房和股票价格暴涨，市场最终靠自己修正了过度波动。然而，自身校正来得太迟，无论是银行业还是金融市场都没有为此做好充分准备。其结果是，这一修正对金融体系和更广泛的经济活动产生了严重影响，投资支出跌至历史最低水平，失业

率飙升至近25年的最高水平。

到2000年年初，市场参与者了解到住房和股票价格已经达到历史最高水平。然而，随着基本要素持续看涨，他们继续哄抬价格。他们关心的是利润，所以，在交易中，没有将这些过度高涨的价格与经济和社会成本相联系。那么，这种外部性也就为政府在资本市场中发挥制定游戏规则之外的作用提供了合理性。有意在危机产生前创建一个政策框架，以抑制金融市场的过度波动，调节价格过度波动的风险。我们的资产价格和波动风险IKE模型提供了实现这两个目标的一种新途径。

由于经济学界现有模型仅将财务风险与资产价格近一个月或一个季度的波动相联系，因而掩盖了财务风险与资产价格长期波动的内在联系——即价格沿着一个方向或另一个方向的偏移性。相比之下，IKE新模型将风险与参与者对资产价格和历史基准水平范围之间差距的感知相结合：当资产价格上涨远高于或低于大多数参与者对这一水平的感知，参与者对偏离基准的资产价格押宝，会感到这样做的风险增加。我们对该现象进行扩展，这一理念可以追溯到凯恩斯，并将其视为定性规律性。

在金融市场风险IKE模型中，显示了银行贷款系列或交易账户大量接触的股票和房地产市场以及主要行业的过度整体价格波动，同时为个人银行和整个系统提供了风险的补充指标。对补充指标的动态银行资本缓冲为监管者提供了管理系统性风险的额外工具。直接针对资产价格的过度波动进行调控，可以更好地保护银行和更广泛的经济体不受资产价格急剧逆转后果的影响。

不完善知识经济学提出的政策框架旨在削弱市场参与者非理性行为的影响，避免超出符合项目和公司的长期发展前景评估的价格波动持续过长时间。然而，资本资产价格波动和金融市场配置资本过程之间的内在联系表明谨慎市场干预行为旨在尽量减少它们的不稳定性。但过早切断价格波动可能降低社会的活力和增长潜力。

本书中提出只要资产价格的波动仍然在合理的范围内，国家的参与仅限于制定规则：确保竞争的透明度和充分性，并消除市场混乱

▶▶▶ **超越机械的市场论：资产价格波动、风险和政府角色**

（比如近期金融危机暴露的市场混乱）。不过，官员也应制定资产价格的指导范围。在制定价格指导范围的过程中不能单单依靠过去的估值，忽略非常规变化，在作为资产价格波动期间的过度临界指导值是不可靠的。一旦价格超越指导范围，不完善知识经济学认为，政策官员应该谨慎和逐步地实施抑制措施，以及要求银行通过增加贷款损失准备金为最终逆转做准备。

书中提出的监管框架指出：政策官员必须与其他市场参与者一样不断应付不完善的知识。不完善知识经济学为他们积极审慎地介入市场提供了基本理论，我们也希望可以在经济危机后如何从市场角度以及国家与社会角度提出可以使之平衡的有益建议。

第一部分　批判

　　事实上，受人瞩目的现代经济学先驱们已经形成这样的一个主流观点，即十六世纪的西班牙学院派学者强调的精确的价格是取决于许多特定的因素共同作用的结果，也许除了上帝以外，永远都不会为人所知。

——弗里德里希·A. 哈耶克（Friedrich A. Hayek），
《知识的僭妄》（"The Pretence of Knowledge"），
诺贝尔奖获奖演讲

第一章　机械市场的产生

尽管金融市场存在的理由意味着市场无法精准地评估资产价值，但经济学家们在20世纪的后40年，对宏观经济和金融业仍开发出了一种可以表明金融市场对社会资本的配置几乎是完美的模型。为了得出这个结论，经济学家建构了概率模型，描述在虚拟世界中，非常规变化（nonroutine change）不再重要。而事实上，这个模型远不尽如人意。

以假设不会发生任何新生事物为前提的世界经济理论有一个非常简单而富有吸引力的数学结构，它的模型完全是由指定的机械规则组成，随时可以捕捉到个体决策和市场运作结果：过去、现在和未来。作为一个当代宏观经济学的开拓者，我更倾向于用"理论"这个术语的狭义解释来表示动态系统，即作为一种可以被输入电脑并能运行的程序。这就是所谓的经济学发展中的"机械性"，建立一个经济学研究所需的到处是机器人的机械的、人为的世界。（Lucas, 2001: 21）

将市场中的参与者比作机器人，把市场比作机器，当代的经济学家制定一个可以囊括所有资产价值和风险的法则，需要具备一系列的基本要素：如在所有的时间周期里企业的盈利、利率和全部的市场经济活动。唯有如此，参与者才能真正参与决策过程，并将相关要素输入到电脑中并运行。但这种描述严重扭曲了对金融市场的理解。毕竟参与者的预期影响了价格的波动和市场的风险，市场参与者有时也会对他们的预测策略进行调整，甚至有时他们自己也无法预知自己将要调整投资策略的方向。

市场参与者根据市场因果变量有策略地选择，外加一点运气，运用完全预定模型（fully predetermined model）可以在一段特定的历史时期根据统计数据，描绘出因果变量和聚合结果之间的历史关系。然而，随着时间的推移，市场参与者调整预期策略，以及社会大环境的变化，是任何人也不能完全预见的。例如美国长期资本管理公司（Long Term Capital Management，LTCM）专门从事金融市场炒作，它与量子基金、老虎基金、欧米茄基金一起被称为当时国际四大"对冲基金"，但在1998年由于LTCM模型的预测错误，因投资做错了方向而到了破产边缘，随后两年倒闭清算。此外还有2008年的金融危机，评估机构亦未能提供准确的风险评估报告，这都表明任何操作系统都有缺陷和误区，这是两个最有说服力的例子。机械模型由于建立在历史的数据的基础上，对未来发生的事件不能全部预测，一旦发生这些未被预测到的概率事件，其投资系统将产生难以预料的后果。因此机械模型以历史推测未来是不客观的。被预测的交易在金融市场无法实现，最终反被金融市场操纵。

第一节 经济学家理性还是市场理性？

当代宏观经济和金融理论忽略了上述考虑，试图通过资产价格与风险评估模型来模拟资本市场运行，被称为成完全预定的机械系统（fully predetermined mechanical system）。当代经济学家已意识到紧缩财政和操纵金融市场需要合理的理由，提出了一种机械的理性观念，认为已为该机械模型提供了貌似合理的理论基础。

卢卡斯假设由经济学家研究发现的完全预定市场结果的模型所生成的预测产品，可以充分表明理性市场参与者的预期。标准的理性标签已经成了一种理念，经济学家和非经济学家之间达成一致，这个所谓的理性预期假说（Rational Expectations Hypothesis，REH）确实是控制了人们思考关于未来事物的方法。

当然，假设完全预定的模型能充分描述市场的合理决策从本质上

第一章 机械市场的产生

来说是不成立的。假说中所忽视的非常规变化在现实的市场中并不能奇迹般地消失,也无法忽略其重要性。即使经济学家一再谈及"理性"预期,逐利者坚定不移地坚持总体预测策略,但仍无法承担因忽视市场中的非常规变化带来的严重后果。①

苏联实行中央集权的计划经济体制的历史经验清楚地表明,即使是庞大的集权国家也不能强迫历史遵循一个完全预定的路径发展。②无论是政治、经济、制度、文化,其发展变化都不能完全被预见到,这是所有类型社会的历史发展的本质。③

这样的争论一直存在,然而却被经济学家们完全忽略。曾经有一位经济学家采用理性预期的假说作为"理性"的交易决策基础,推测他的模型可以推演出一份确切地描述相关基础因素信息的、精确的资产前景报告,这只是作为"理性市场"(rational market)的理论模型拓展的一小步。

这种模型意味着价格反映标的资产的"真实"前景几乎完美。经济学家仅仅需要假设这个市场是由理性的个人所占据的,理性的个人都有平等的机会获得信息来做交易决策。在这种假设的背景下,"竞争……在任一时间周期内,[理性]机智的参与者[会出现在一个]有效的市场中"。在假设的市场中,"一个安全的实际价格将很容易地被估计出来……即所谓的'真实'的价值"。(法玛,1965,p.56)

经济学家们认为理性的市场理论为他们的观点提供了科学依据,

---

① 对于这种说法的严格的论证,可参见弗莱德曼的文章(Friedman, 1982)。关于其他早期的论点,即理性预期假说从根本上是有缺陷的,可参见弗莱德曼和菲尔普斯的研究成果(Frydman and Phelps, 1983;Phelps, 1983)。对于最近的讨论和分析结果,参见弗莱德曼和高德伯格的研究成果(Frydman and Goldberg, 2007, 2010a)。如需进一步讨论,请看第三章。

② 弗莱德曼(Frydman, 1983)印证了哈耶克(Hayek, 1948)的论点,指出中央调控在原则上是不可能的,相关参数意味着理性预期模型对于对市场分散的信息的统计结果存在根本缺陷,请参见卢卡斯的文章(Lucas, 1973)。

③ 对于重要的参数,参见波普尔的著作(Popper, 1946, 1957)。建立在弗莱德曼和拉帕钦斯基的理论(Frydman, 1982;Frydman and Rapaczynski, 1993, 1994),我们在第二章和第三章用现代的方法来讨论宏观经济、理性预期假说的合理性,以及其与计划经济的历史经验之间的相似之处。

▶▶▶ 超越机械的市场论：资产价格波动、风险和政府角色

即理性的个人有平等的机会获得信息做交易工具，所获收益及相关资产价格在平均水平上是正确的。事实上，这一理论是众所周知的空中楼阁：它的前提是很明显的假命题，即市场是一成不变的，市场的未来是从过去机械地发展而来，而市场参与者也相信这一点。

第二节 米尔顿·弗莱德曼对假设漠不关心？

完全预定模型假设当收集到足够的相关数据时，市场的非常规的变化是可以被完全忽略的。完全预定模型提供了针对非常规变化对经济分析所构成严峻挑战的极端的应对方式。相比之下，依靠大量的叙事分析，哈耶克、奈特（Knight）、凯恩斯和他们同时代人开始关注非常规变化、不完善的经济学知识与在资本主义经济中追求利润之间的千丝万缕的联系。

正如这些叙事分析是丰富而有洞察力的，大多数当代经济学家很可能曾认为，放弃它们而赞同运用清晰度高又有逻辑的数学模型，是朝着正确方向迈出的一步。但毕竟对现实世界的任何解释，尤其是对高度复杂的相互依存的个人与市场之间关系的阐释，必然要从众多的特征中抽象而来。即使是哈耶克、凯恩斯、奈特和其他人的详细叙述，仍然不能尽善尽美地描述这种相互依存的特点的全部内容。

但要使经济学家接受把资本主义经济描绘成一个到处是机器人组成的机械的世界，不仅需要在经济分析中有更清晰和更有条理的逻辑，还要求采用一种超越实际的抽象的方法，因为这种模型背离了资本主义经济的本质特征。

当然，大多数经济学家会欣然同意忽视非常规变化的重要性是不现实的。但他们仍然坚持假设的核心会变成一门精确的科学。他们也会赞同理性预期假说是不符合实际的，通常把它称为一个简易而方便的假设（convenient assumption）。[①] 当面对批评，被指出理性预期假

[①] 即使是最著名的有效市场正统理论的评论家，在使用理性预期假说时也用"方便"（convenience）一词指称。可参见斯蒂格利茨的文章（Stiglitz, 2010），我们接下来的讨论将提到。

第一章 机械市场的产生 ◀◀◀

说不现实时,当代的经济学家们运用米尔顿·弗莱德曼(Friedman,1953:23)在他著名的经济学方法论论著中的描述进行回应:理论不能被"现实主义"的假设检验。

然而,我们所批评的并不是说当代完全预定模型的核心方法不符合实际。有用的科学模型是指那些从实际的功能中抽象出来的,被忽略的部分确实是对所需理解的现象相对不重要的事项。该模型的致命缺陷恰恰就是这个被忽略的部分,它在推动他们寻求解释的结论中起着至关重要的作用。

事实上,弗莱德曼并没有给经济学家们任何关于他们不应该关心模型假设相关缺陷的建议。① 在他的论著中,验证假设是经济学家论证中的一个重要方面。弗莱德曼(Friedman,1953:23)指出:"一个强烈的倾向就是我们都不得不将一种理论假设和另一种非传统的理论假设进行比较。这里有太多的烟是因为没有火。"②

因此,弗莱德曼的论著用了颇多笔墨旨在调和经济学家这种"强烈倾向",理论不能由"现实主义"的假设进行检验。弗莱德曼采用各种论据和实例,重申了主要观点:一个经济学家成功制定了一个模型,所得出的预测是否能符合情理,关键取决于被选择来构造它的假设。正如弗莱德曼(Friedman,1953:26)所说,"特定的假设被称为'关键'选择[至少]在这个领域的……直观貌似合理的理由,或正式的建议,如果只是用客气的暗示,一些判断或应用模型相关的考虑"。

如果目的是评估数学模型的结果,需要排除许多潜在的相关考虑因素是非常艰难的,而事实上却利用少许假设来解释一个复杂的现

---

① 当然,在严格的逻辑基础上,弗莱德曼关注预测性测试的理论,并不意味着他主张经济学家应该不关心他们的模型的假设的缺陷。

② 《弗莱德曼文粹》讲:"There is too much smoke for there to be no smoke." 经过多方验证发现,该句可理解为"有了火就不会有烟"或者"这里有太多烟,是因为没有火"。这里的"火"和"烟"在文中都有对应物。"火"对应为"清楚了理论假设的意义和作用","烟"对应"通过比较理论的假设来选择替代性理论"。因为不了解假设的意义和作用,所以出现了错误的"通过比较理论的假设来选择替代性理论",而不是通过理论的预测来比较理论的优势。

象。因此，抽象程度越高，对于检验这个建立在选择"貌似合理的直观的"假设来说就越重要。

更中肯的建议是弗莱德曼所强调的理解一种理论何时适用、何时不适用的重要性。在论著中强调，经济学家在判断或应用模型时应该认真验证他们选择的假设不是适合的。

从这个角度看，现代研究方法的核心假设——非常规的变化和不完善经济学知识对于市场参与者和经济学家们理解市场结果并不重要，完全预定模型基于此种假设之上是无法充分阐释资产价格和风险的。正如我们所看到的，这些假设意味着金融市场在资本主义经济中并不扮演重要角色。此外，依赖于完全预定模型和理性预期假说中所指定的市场决策在现实世界的市场使用中显然是不合理的（见第三章和第四章）。因此弗莱德曼认为这种假设不适合作为试图解释如何追求利润的个人决策和现代金融市场设定资产价格和资本配置的重要的理论基础。①

重新解读弗莱德曼的著作可以很清楚地了解到，他想提醒经济学家们：在缺乏对经济模型假说理论基础关注的情况下去阐释他著作中的方法论是有危险的。作为一名出色的实证经济学家，弗莱德曼认为把抽象的经济模型的理论基础建立在错误的前提之上是假设预测失败的主因。

基于各种原因，当代经济学家通常不提及弗莱德曼论文中的这部分观点，他承认仔细挑选和审查的假设是建立成功的科学模型的关键要素。但他们对弗莱德曼的论文进行了有选择性的阅读，坚决拒绝考虑用这个核心假设支撑他们的方法是否是完全错误的。

---

① 弗莱德曼对市场和国家之间的关系的看法是借鉴哈耶克的，他因此也处在理性预期假说及其影响的矛盾立场之中。那些熟悉弗莱德曼的人都知道，一方面，他不准备批评这一假设。毕竟，它提供了"科学论证"市场是完美的，而政府干预是不可取的和无效的。另一方面，弗莱德曼（1961：447）认为完全预定模型和理性预期假说和他的观点是不一致的，他的论点认为国家不应该积极干预，因为这样的行动的影响是高度不确定的，"影响经济条件的滞后，是长期的和可改变的"。约翰·卡西迪（John Cassidy，2010a）、詹姆斯·赫克曼（James Heckman）与弗莱德曼的同事在芝加哥大学探讨理性预期假说的优势时，向记者讲述了弗莱德曼的矛盾心理。

正如弗莱德曼所告诫的,模型基于此种假设遭遇到了屡次失败,其实这不足为奇,这正是对完全预定模型所谓的理论:能提供足够的预测。在资本市场中的这种失败更为明显。事实上,经过许多实证研究后,莫里斯·奥伯斯法尔德和肯尼思·罗戈夫(Obstfeld and Rogoff,1996:625)在国际宏观经济学权威的书中指出,"确实解释名义上的价格变动是国际金融学家遭遇的尴尬的不可否认的困难,但几乎所有其他的领域都在试图解释资产价格数据"。

然而有趣的是,这种客观的评估以及数以百计的研究佐证并没有动摇经济学家"在当代宏观经济学和金融学的基本原则和信念。完全预定模型预测记录(事实上,尽管已发生的全球经济危机)完全预定经济成果仍被作为唯一的科学标准,理性预期假说仍然是唯一被广泛接受的预测描述理性个人如何做市场决策的理论"[①]。

第三节　互动机器人的危机后生活

人们可能会认为,2007年的经济危机将引发对当代经济分析方法与模型的核心假设基础的广泛质疑。与人们的预期相反,几乎所有的争论都是关于危机的成因,以及为了防止这种灾难所需要做的改革,经济学家们理所当然地将卢卡斯的宏观经济学概念视为一门互动机器人的学科作为改革的理论基础,其合理性是基于理性预期假说的。

一　不完全知情的机器人

可以肯定的是,坚持完全预定模型和理性预期假说并不一定意味

---

① 明尼阿波利斯(Minneapolis)联邦储备银行(Federal Reserve Bank)的萨金特(Sargent,2010)在接受采访时明确指出,即使是金融危机也仍然还没有损害破坏有关理性预期假设为基础的完全预定模型的有效性,这是宏观经济学家的广泛共识。在2009年春天谈及他访问普林斯顿大学的经济学系,萨金特(Sargent,2010:1)回忆道:"有关经济危机有很多有益的讨论。但肯定不是现代宏观经济需要重建的层面。与此相反,研讨会参与者却使用了现代宏观经济理论,尤其是以理性预期假说理论为基础,来讨论经济危机的相关问题。"(Sims,2010)

▶▶▶ 超越机械的市场论：资产价格波动、风险和政府角色

着市场就会将资产价格设定在他们所谓的真实价值范围内，这与所谓的"有效市场假说"（Efficient Market Hypothesis，EMH）的主要观点相悖。① 理性预期假说只适用于如果假设所有市场参与者有适当的激励机制来搜索相关的信息，并且都有渠道得到这些信息，经济学家为了保护"理性预期"，而得出有效市场假说是错误的结论，经济学家应用模型的预测程序输入基本面变量的信息，市场参与者依靠解释信息的正式和非正式的知识之间的区别，以达到他们解释信息实现预测的目的。

在一个开创性的贡献，理性预期的方法用来分析市场的信息不完善，格罗斯曼和斯蒂格利茨（Grossman and Stiglitz，1980）指出，如果所有参与者理解所谓的真正市场资产价格波动的过程，他们将不会投入必要的资源，收集有关标的资产前景的信息。② 因此，完全的有效市场（根据有效市场假说，将所有可用的信息合并到价格中）是不可能的。

但由于各种原因，参与者没有平等的机会获得有关他们做市场决策的相关信息。所谓的"信息不对称"（asymmetric information）所导致的市场价格大幅偏离所谓的"真正的价值"，通过其完善的信息类似物产生真正价值的理性预期模型的思想形式化。③ 这些结论被普遍认为是用来解释危机提供科学依据的信息不对称、不充分的激励机制和不完善的市场竞争需要而产生的科学基础。

这有助于解释为什么理性预期模型（Rational Expectations Models）与信息不对称成为公众争论的热点开始于 2008 年金融危机的公开辩论。毕竟，严重缺乏透明度、明显的信息不对称和扭曲的激励机制对主要市场参与者在使金融体系处于崩溃的边缘起到了显著影响。

---

① 严格地说，这种说法是有效市场假说，它假设资产价格反映了所有可获得的信息。见第五章。

② 这种论点大致如下：如果一些市场参与者投入必要的人力和资源，通过理性预期假说来理解资产价格波动的过程，将这些信息纳入估价，可以简单地从昂贵的信息中通过观察价格获得回报，这种搭便车的问题会产生一种强大的抑制作用。

③ 对于理性预期假说和对市场的分析方法与信息不对称的概述，参见阿克尔洛夫、斯宾塞和斯蒂格利茨的研究成果（Akerlof，2001；Spence，2001；Stiglitz，2001）。

第一章 机械市场的产生 ◀◀◀

毫无疑问,理性预期模型与信息不对称达到了他们的目标,[理性预期标准,完善信息]范式不再有效时,甚至有被这看似很小的明显合理的假设变动(Stiglitz,2010:17)。这种模式的总体信息效率低下的市场仍然是一个深刻的结论,不是因为它是一个真实世界的声明,而是因为它表明,有效市场假说声称,市场是近乎完美的,即使仅是理性预期的假设。

理性预期模型与信息不对称被普遍认为提供了一个科学的解释,严重的信息问题暴露的危机始于2008年。然而,那些声称可以理解现实世界的模型,在市场危机期间,比起有效市场假说显露出更多问题,即依赖于理性预期模型,假设不受约束的市场分配资本的信息问题。

不管他们的信息的假设,理性预期模型假设了非常规的变化和它产生的不完善知识的重要性。因此,如果监管和其他措施可以消除市场扭曲,理性参与者的交易决策将决定资产价格围绕着它们"真正"的潜在价值随机波动,经济学家的特殊理性预期模型是如何刻画驱动价格过程的真相。

二 资产价格的波动是否是泡沫

除了市场管制严重失灵外,2008年开始的危机突出了有效市场假说的另一个缺陷:按照正规的"理性市场"的模式,那些发生在金融危机前夕房地产和股票市场的资产价格过快上涨等现象是不应该发生的。[①] 可以肯定的是,当价格波动在危机中上涨得愈演愈烈,信贷市场中的信息问题和其他扭曲现象是显而易见的。但是,很少有人明白,市场的扭曲导致价格的波动,股票和其他主要金融市场的长期波动。相反,在大多数情况下,他们选择相信市场是一个标准的宏观经济和金融理论市场设计的原型。其特点是大部分的买家和卖家很少有进入和退出的任何障碍,没有价格调整障碍,大量的可用信息很快

---

① 金融经济学家们试图证明的有效市场假说与观察到的长期波动的持久性和规模都没有成功。参见第五章。

在世界各地传播。然而，资产价格在这些市场往往经过长期的大幅波动主要是围绕历史基准水平。

三 市场心理与经济基本面

理性预期模型无法解释资产价格和风险的长期波动，但这并没有动摇经济学家对理性预期模型的信仰，他们坚信这种模型能充分描述每一种资产"真实"价值的作用机制。这个信念促使经济学家把金融市场的长期价格波动定性为偏离了所谓的"真实"性的价值。为了与当代的方法保持一致，他们用机械的规则和假设来解释这些所谓的"泡沫"，并且认为一旦心理因素和其他不理性因素被消除，市场会恢复到其"正常"状态：理性参与者的交易决策会决定资产的价格，而这反映了项目和公司的真实前景。①

资产价格的波动与所想象的那种投机热，反映了个人的情绪和信心，这些能够在某些市场的某些特定时间发挥作用，可以很快把投资以更高的价格抛售给下一个投资人。② 例如，这种行为的依据可以在2000年上半年美国几个城市的房地产市场中找到，如菲尼克斯（Phoenix）和迈阿密（Miami）。如图1.1所示，在美国20个大城市的房价从20世纪90年代末到2006年急剧上升。这个情节通常强调非基本面因素，如情绪、一夜暴富、心理偏见（过度自信）和炒房，从而导致个人哄抬房价（Shiller，2000；Cassidy，2009）。图1.1中的长期上升曲线被广泛称为"房地产泡沫"。

许多非学术评论家解释这些观点并提供有力支持，认为主要的资产价格波动与经济基本面无关。泡沫模型（Bubble Models）为该观点提供了科学依据。但模型忽略了一个关键点：即基本面因素在推动资产价格波动中起着重要的作用，但他们的影响并不能被机械

---

① 在《理性市场神话》一书中，贾斯汀·福克斯（Fox，2009）推广了该观点，认为尽管危机结束了理性市场的神话，但现代市场失灵和泡沫模型所延续的信念，完美的市场是可能的。

② 经济学家构建多种类型的泡沫模型，包括那些基于所谓的"交易趋势"的模型。参见第六章。

第一章 机械市场的产生 ◀◀◀

规则捕捉到。①

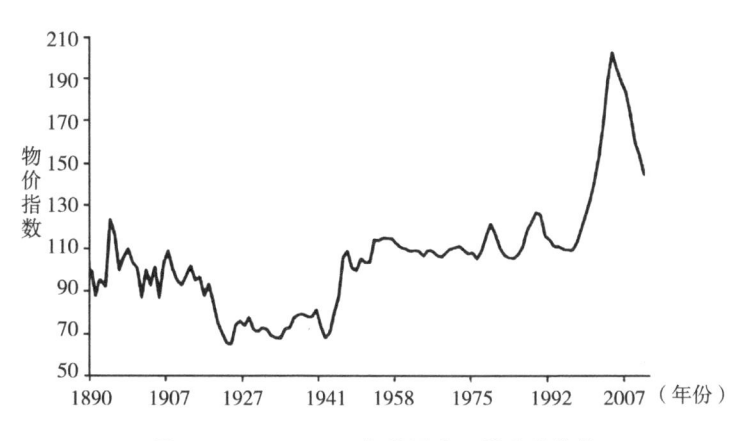

图 1.1 1890—2009 年美国实际的房价指数

注：图中使用的是凯斯—席勒指数（the Case - Shiller index），这是基于九次美国人口普查部门的独体家庭住宅价格指数。

资料来源：数据由罗伯特·席勒（Robert Shiller）提供。

基本面因素所起的作用通过两种方式表现：一方面，对个人的预测和交易决策有着直接的影响，另一方面也间接影响和维持市场心理。事实上，一些观察人士从 2008 年的金融危机开始讨论，认为经济基本面因素的关键作用是隐含在许多高涨的房地产价格中的，虽然这种增长通常被称为"泡沫"和许多纯粹的心理方面的解释，但一些观察人士还指出信贷宽松、房贷利率的下降和不断上升的收入水平在 1990 年至 2000 年对大多数人的购买力产生直接影响，并使市场的需求持续生长。

行为经济学家专注于他们试图解释为什么他们的"非理性"个人忽视基本面心理因素。但这种关注忽略了一个重要的角色：

---

① 诚然，一些行为金融学模型将影响价格的基本面因素纳入了考虑范畴。可尽管这些模型自称已囊括心理因素，但它们遵循的却是理性预期假说理论（REH）的规则。除了用机械的规则表现心理学这一点很奇怪，这些模型还同所有行为金融学模型一样——心理学促使市场参与者不断放弃显而易见的获利机会。有关泡沫模型以及基本因素和心理因素在引起资产价格波动中的作用对比，第六章和第七章进行了深入的讨论。

▶▶▶ 超越机械的市场论：资产价格波动、风险和政府角色

基本因素在维持市场参与者的乐观和信心中发挥着重要作用。① 毕竟，如果该趋势的基本面在2008年之前的十年中一直在相反的方向运行，那么偏离图1.1显示的历史波动就不会发生，更谈不上持续波动。

纽约联邦储备银行（Federal Reserve Bank）的研究人员杰姆斯·卡恩（James Kahn）在对美国房地产市场最近的一项研究中强调，基本可以通过对心理因素的影响而间接地影响其价格，他认为"生产力的复兴在20世纪90年代中期开始，促成了一种关于未来收益可能促使许多消费者支付高价购买住房"的乐观感觉。（Kahn，2009：1）

可以肯定的是，2000年美国大部分市场房价上升并达到历史最高水平，和随后漫长的衰退告诉我们这种波动只是过渡期。但是，正如我们在第二部分显示，这种过度波动不意味着资产价格波动与基本因素无关。

即使一个人只对短期回报有兴趣，基本因素使用相关数据预测这些回报值是非常有价值的。证据表明，关于基本面的各种消息在推动资产价格波动时所起到的作用是非常关键的。②

第四节　在经济学家的争论中不得要领

经济学家认为：基本面不直接影响资产价格的波动，因为找不到可以解释资产价格长期波动与基本面影响的总体性关系。经济学家考虑的约束是只有充分地预先确定的账户结果，导致许多人认为一部分甚至所有的参与者都是不理性的，在某种意义上他们完全忽略了基本面。他们的决定被认为是纯粹出于心理上的考虑。

相信科学的完全预定模型（fully predetermined model），在理性预

---

① 席勒以及他与阿克尔洛夫共同所著的书（Shiller，2000；Akerlof and Shiller，2009）对心理因素的影响进行了阐释，尤其是动物精神的概念，从而表明市场参与者是非理性的。不过，在关于泡沫的阐述中，他们经常讲到基本面因素变化对于动物精神转变的推动作用。

② 一个广泛讨论基本因素的作用在推动资本市场价格波动及其与心理因素的相互作用。请看第七章、第八章。

第一章 机械市场的产生 ◀◀◀

期假说描绘个人如何理性思考未来的充分性,远远超出了资本市场。一些经济学家认为,当这一假设被强加在完全预定的模型中时,得出的逻辑一致性是经济分析能力的前提,即塑造理性和真理。

例如,在一篇刊登在 2009 年 9 月纽约时报杂志著名的文章,保罗·克鲁格曼(Krugman,2009:36)认为,芝加哥学派自由市场论者"误以为美丽……为真理"。一个领先的芝加哥经济学家约翰·科克伦(Cochrane,2009:4)回答说,"逻辑上的一致性和可信的基础的确是美丽的,但对我来说,他们的基本前提是'真相'"。当然,科克兰赞同有着似是而非的理论基础的完全预定理性预期模型。但是在经济分析的基础上,由于充分预定模型的根本缺陷,专注于他们的逻辑一致性或不一致性,更不能被认为是相关的真理讨论的基本前提条件。

在克鲁格曼和科克伦之间的辩论中有一个讽刺。尽管克鲁格曼支持新凯恩斯主义(the New Keynesian)和行为模型,[1] 不同于其特定的假设,都很机械。此外,这些方法为假定的理性预期假说提供了标准,以确定理性和非理性。[2]

行为经济学提供了一个案例。揭露大量的证据表明,现代经济学的合理性标准未能充分地捕捉到个人如何做出决策,唯一的合理的结论是这个标准是完全错误的。相反,行为经济学家,运用布莱希特

---

[1] 例如,为了更好地理解危机和改革,克鲁格曼讨论了金融体系和其他经济领域联系的重要性,他支持伯南克和格特勒所采取的方法。[关于这些模型的概述,参见伯南克等人的文章(Bernanke et al.,1999)] 然而,由于这些模型开创性地将金融业纳入到了宏观经济学中,因而它们具备预先确定性且是建立在理性预期假说的基础之上。所以,它们与其他现代模型一样囿于同样的基本缺陷。在被用于政策的分析和选择时,这些模型一方面假定预期政策的效果可以由某个决策者预先确定,另一方面又假定不会出现预期外的其他情况。据此,市场参与者将会根据以 REH 为基础的预定规则来对政策变化作出反应。有关进一步的讨论,参见本书第 10 页脚注以及第二章。

[2] 当代宏观经济学的融合变得如此引人注目,现在无论是"淡水"的新古典主义做法与"海水"新凯恩斯主义方法的主要倡导者,不论他们其他方面的差异,推崇用理性预期假说构建当代模型的优点。见普雷斯科特和布兰希特的研究成果(Prescott,2006;Blanchard,2009)。人们还普遍认为,依靠理性预期假说,使新凯恩斯主义为中央银行政策分析特别有用。[见本章第 24 页脚注和西姆斯的观点(Sims,2010)] 进一步的讨论,参见弗莱德曼和高德伯格的成果(Frydman and Goldbery,2008)。

(Brecht) 的名言的一个变体，认为个体是非理性的。①

为了证明这一结论，行为经济学家和非学术评论员认为，基于理性预期假说投资者理性的标准，大多数人缺乏了解未来、正确地计算他们的决定所带来的后果所需要的能力。②

事实上，理性预期的假设，是不需要任何假设的（进一步讨论，见第三章和第四章）。而不是将超人的认知和计算能力给个人，假设参与者放弃使用他们拥有的任何认知能力。理性预期假说假设，个人不积极、创造性地开展改变了他们思考未来的方式。相反，他们坚定认为在任何时候、任何情况下要坚持一个单一的机械预测策略。因此，与普遍的看法相反，在现实世界市场的背景下，理性预期的假设没有连接到如何甚至是最低限度的合理的利润追求个人在现实世界市场的未来预测。当新的关系开始推动资产价格时，他们应该寻找其他方式，因此要么放弃追求利润的行为要么放弃显而易见的获利机会。

第五节 经济论述中的歪曲言论

人们常说，经济学的问题是对数学工具的依赖性。但我们的批评不是关注经济学家使用数学。与此相反，我们批评当代市场经济是作为一个机械系统来描述的。其科学的幌子，声称其结论遵循一个简单的逻辑问题做出通报各种政策选择来公开讨论是几乎不可能的。怀疑论者经常让人觉得那些否认进化论一样不合理或地球是圆的。

事实上，公开辩论进一步扭曲了经济学的形式化概念像"理性"或"理性市场"的事实，很少或甚至没有非经济学家尝试去理解这些术语。当经济学家调用他们的合理性或合法化公共政策建议，非经

---

① 1953年东德（East Germany）政府残酷镇压一名工人起义后，贝尔托·布莱希特（Bertolt Brecht）说："难道把普通民众和选举人在他们的地盘上分散开来不是更容易？"

② 甚至西蒙（Simon，1971）一个有说服力的早期批判经济学家的理性观念认为，这是一个适当的决策标准，但他认为这是不适合大多数人的各种认知和其他原因。为了强调这一观点，他提出了"有限理性"的术语，指的是偏离所谓的规范性基准。

济学家解释这些语句，真实的人暗示合理的行为。事实上，正如我们广泛讨论的这本书中，在现实世界市场的背景下，经济学家的形式化的合理性显然是不合理的行为。

这种反转的意义对经济学本身的发展产生了深远的影响。例如，接受了完全预定的理性概念，行为经济学家开始寻找原因，主要是在心理学和大脑研究，解释为什么个别行为是如此严重不一致的概念，其实没有合理的真实世界行为。此外，正如我们将要看到的，经济学家可以提供一个总体的市场，引发了完全预先确定的合理性，错过了市场真正需要做些什么。

第二章 充分预定历史的愚蠢

在现代经济中,个人和企业从事创新活动,探索新的方式使用现有的物质和人力资本,并在其中投资新技术。在发生的创新活动这种体制和更广泛的社会背景下,也以全新的方式发生变化。而创新活动本身影响的方式,没有人能够完全预见经济活动未来的收益和回报。因此,资本主义经济很大程度上是非常规的变化,它不能预先用机械的规则和程序充分捕捉到。

因为非常规活动是变化的一个重要组成部分,在现代经济中的投资决策本身固有非常规的成分。在绝大多数的情况下,投资项目的前景和未来的回报率是无法用标准概率条款来理解的。[1] 我们不可能知道所有潜在的结果,更不用说,它们可能会出现的概率。

这显然是真实的投资在创新产品和过程中的回报率估计不能完全基于现有产品和流程的利润历史。即使投资决策需要一个更简单的选择,例如在我们引进渔夫开关一个众所周知的技术的例子中,未来变化的各种因素,不能完全预见可能会产生显著影响的回报。描述非常规活动的后果有一个概率规则,忽略了一个事实:非常规的变化,其本质改变了一套未来可能出现的结果和它们的相关概率。

资本主义经济体的核心机构尤其是私有制和债权分配给它的金融市场使它们能够带动和促进创新活动,应对非常规的变化。尽管马克

---

[1] 弗莱德曼和高德伯格(Frydman and Goldberg, 2007)提出了一种方法,不承担非常规变化的概率描述的数学模型。

思认识到私有制和金融市场在促进资本主义的内在动力中发挥关键作用，但他还是把它们作为系统的、严重的社会和经济问题的最终来源。① 私有制助长了不公平，包括剥削和劳动异化，而金融系统的地方性和不稳定是造成经济危机的主要原因之一。② 这些论证奠定了基础，相信国家控制和配置社会资本是必要的，以避免危机和实现社会公正。

苏联在 1917 年强行实施这种经济模式，第二次世界大战后苏联"解放者"向东欧出口的结果远远低于预期：苏联的实验在 1989 年结束，并重新引入资本主义基本制度，产生了良好的经济和社会不公平的改进。

苏联的计划经济时代试图使用中央集中控制和分配资本来替代资本主义的金融市场。具有讽刺意味的是，虽然实验正无情地消亡，绝大多数西方宏观经济学家和金融经济学家接受了一种方法，与策划人的野心有着不可思议的相似之处。

第一节 重新审视致命的自负

苏联的共产主义社会蓝图应该用一个中央统筹规划的综合系统来代替私有财产和市场。③ 从理论上讲，集中进行计算将确定全部规划周期的最终和中间产品。规划者们还将决定社会的产出和投资的多少，以及如何分配投资以满足生产目标。

在实践中，五年计划是基于一个愿望清单和一份投入产出表（用于计算所需的生产计划物质平衡量）。计算生产计划所需的物料平衡量。当面对现实需求时，这些计划必须每年进行调整，以反映党

---

① 在后共产主义转型经济背景下，对私有制经济绩效的核心重要性的计量经济学研究，请见（Frydman et al., 1999）。

② 见（Marx, 1981）。马克思分析概述了金融体系和宏观经济之间的关系，请参阅克罗蒂 Crotty（1986）和其中的参考文献。对于有影响力的非马克思主义的论点，即金融市场的不正当资本很容易出现不稳定，见（Keynes, 1936）和（Minsky, 2008）。我们重新反思凯恩斯的观点在（第七章）和在 2008 年开始的金融危机（第八章）。

③ 本节借鉴了（Frydman and Rapaczynski, 1993）。

▶▶▶ 超越机械的市场论：资产价格波动、风险和政府角色

和国有企业之间的新的现实和政治贸易。① 作为苏联体系中最优秀的一名观察者，鉴于短暂性和不断变化的计划，一个国家级的中央计划要将计划进一步细分、协调并完善地在各个级层上实施，这只是一个神话。(Zaleski, 1980：484)

苏维埃制度 (The Soviet System) 不仅不能激励下级决策者传递有关本地信息的规划；也不能产生强大的激励机制，扭曲和隐藏了潜在有用的信息。这种信息失真促进了腐败和其他活动，使资源从国家转向私人用途。

但最终的原因，中央计划原以为一些计划制定者可以预测和塑造未来，但这是不可能的。在一定程度上，规划将需要预测未来社会资本的替代投资和展望未来整个经济的影响，规划者原则上不能在资本主义经济体中复制金融市场的方式来分配社会的储蓄。

事实上，在现代资本主义经济中，是由许多市场参与者决定如何分配稀缺的资本，他们使用各种各样的非正式或正式的程序。金融市场聚合这些决定，分配社会的储蓄，以替代投资项目的方式，从根本上不同于一个单一的尝试，以最大限度地提高他的尝试：

社会经济问题……不仅仅是如何分配"给定"资源的问题——如果"给定"的含义是将妥善解决资源分配的问题"给定"一个人来完成。它还是一个关于如何最优化利用社会成员已知资源的问题，这些资源的相对重要性只有这些人自己知道。简而言之，它就是一个关于知识利用的问题，且这种知识并非是一种大众化知识。(Hayek, 1945：519—520)

这种固有的不完善的知识，尤其在特别令人生畏的苏联式的计划经济时代的这种投资决策，金融市场在很大程度上受国家控制。例如，即使是在匈牙利，1956 年以后这个国家开始权力下放，进行社会主义市场改革，但仍保留了对新领域的投资和新公司的创造的关键控制权。

---

① 在投入产出表中核心指标是为任何给定的成品所规定的原材料和中间产品的比例 (Hare, 1981a)。第二次世界大战期间捷克斯洛伐克、匈牙利和波兰的投资过程分析，进一步引用请参阅 (Montias, 1962)、(Hare, 1981b) 和 (Vajna, 1982)。

这种非常规的变化构成了对其评估收益和另类投资项目的后果的问题，中央集权者企图想出一个解决办法来阻碍创新，包括原则上的创新，即使基于相对简单的想法，他们仍坚持。例如，找到一个方法降低汽车座椅使用材料成本，与计划投资和生产目标相冲突。采购的新材料或提高产量，或者为降低成本而取消产品的其他用途。

即使在改革浪潮之后，共产主义经济体创新速度很低，主要操作过时的资本存量，并制作出各式各样的破旧的小产品。他们在很大程度上依赖从资本主义国家进口现有技术。但即使这样，社会主义经济体也不能替代生产部分。① 这项对一个经济系统的处理需要的新技术实在太多了，而且主要集中在常规流程。②

第二节　精确知识的虚假性

资本主义经济之所以繁荣，是在他们身上试图避免和减少非常规活动，然而，西方经济学家似乎并没有被中央规划者所能理解和塑造未来，如果历史完全根据预定规则和机械规则来发展。他们着手建立数学模型，准确地捕捉不仅是现在，而且还是所有过去和今后一个时期，以及金融市场如何评估替代投资项目和公司的前景。这种完全预定的模型和他们所做精准的预测是现代宏观经济学和金融学的标志。

个人机器人 > 市场机器人

为了说明市场结果，如资产价格，经济学家将这种结果与市场参

---

① 例如，波兰进口的现有技术，例如在 20 世纪 70 年代大规模进口汽车，但是，当石油美元融资枯竭的最后十年，波兰不得不自己生产零部件。即使采用进口技术，无法制造出资本主义的汽车，因此波兰也无法偿还债务。事实上，它不得不借更多的钱来进口更换汽车零部件。可以说，波兰沉重的债务负担源于它的创新能力，加速了共产主义制度的崩溃。

② 共产主义制度注重例行程序的影响持续超越其在 1989 年崩溃时的影响。为了在资本主义竞争的新环境中生存，国有企业不得不削减成本或创新。为了在例如常规过程中削减成本，他们表现得像一个私有制的公司。但在创新的过程中，国有企业的经营绩效却远不如新型民营企业主。分析和实证证据请见（Frydman, 1999, 2000, 2006）。

与的个体决策关联起来。有两种主要的方法来模拟人的决定。① 几乎所有的经济学家都提出了一套先验的假设,它们用来描述个人如何在所有的环境和时间段理性地采取行动。②

与此相反,行为经济学家援引相当多的证据表明,他们发现个人做出决策的方式与传统的理性标准不一致。他们的研究已经在开放经济个人决策和市场结果的替代性解释是从根本上重要的。它导致了新模型的先验假设的一部分或全部替换为主要的实证结果。

尽管解释方式不同,但是那些行为经济学家,特别是那些参与了金融市场数学建模的经济学专家,却跟传统的同行一样,相信模型必须有精确的预测才符合科学。③ 因此,个人决策行为也被建模形式化,他们事先指定了市场结果与机械规则。无论是基于传统的标准的合理性或行为上的考虑,还是现代的宏观经济和金融建模的方法,从而很像"互动机器人"工程的运动。

但是,如果个人真的表现得像机器人一样,预测未来市场结果的任务将是相对容易的。这将只涉及常规计算的基础上的机械规则管理决策。在这样的世界里,机构和经济政策将在完全可预见的方式下展开。有关预测不会真正成为新闻的新信息。经济学家会知道所有可能的消息,可以采取在未来的每一个点,以及每个值出现的概率。他们还可以知道什么时候和他们的机器人如何修改他们的预测策略。其结果是,经济学者可以计算出每一种可能的未来价格和其相关联的概率。这些想象中的概率、有条件的最新信息,构成了他们理应敏锐的市场结果的预测。

第三节 像工程师一样的经济学家

在一个研究项目中,认为资本主义经济是"一个由交互机器人

---

① 本书借鉴了(Frydman and Goldberg, 2007, 2010a)在一个简单的代数模型的背景下,呈现当代个体决策和市场结果的建模方法。
② 这些假设的论述,请看(Gollier, 2001)和(Sargent, 1987)。
③ 请看拉宾(Rabin, 2002)及巴尔巴里斯和塞勒(Barberis and Thaler, 2003)的研究成果。我们在第六章回到这一点。

构成的机械人工世界"（Lucas，2002：21），一位当代经济学家寻找以机械的规则的方式来代表金融市场模型的每一个组成部分。通过绘制他是怎么做的，我们可以看到，为什么寻求合理的价格变动的合理解释这种方法很可能是徒劳的，因为中央规划是在试图完全远离市场。

在一个人的决策模型中，经济学家做出哪些因素会影响他的利益的假设。举例来说，人们通常会考虑购买的预期收益，比如股票的特定组合，以及实际收益与预期不同的风险，不同的组合就会有不同的预期收益和风险。在描述个人对另类投资组合的偏好时，经济学家通常认为他的效用会随着预期收益的增加而增加，而风险降低。还认为，他的决策规则是以他的方式购买并选择最佳的投资组合。

但要确定哪些是可能的投资组合，经济学家必须描述一个人如何预测未来投资收益和风险的替代投资组合。所以他将一个预测策略归因于对未来收益和风险的预测，例如，当前和过去企业的盈利和通货膨胀率。

然而，在现实世界市场中，个人对预期回报和风险的偏好有所不同，例如，有一些投资者的风险承受能力比较低。此外，个人在不同策略的基础上形成了他们的预测，这反映了他们对资产价格的不同理解。

经济学家有时也认识到这种多样性的重要性，因为个人偏好和决策规则不同，预测市场参数的策略也不同。为了确定在某个时间点的资产价格，经济学家计算个人的买卖决策模型和假设均衡价格的价值总需求和总供给达到平均。因为这些买卖决策取决于因果变量，该模型表示这些变量与价格之间的关系。这样一来，经济学家的模型提供了一个账户的因果过程的基础资产价格。

这些模型的问题在于，随着时间的推移，个人改变了他们做决定的方式。这可能是合理的假设，个人偏好和决策规则在相当长的时间内是稳定的。但它只是很牵强的假设，资本市场的参与者从来没有改变过他们自己的预测策略。

市场参与者不但修改他们自己的策略，而且还经常以他们自己的方式来做，这其中有很多原因，更不用说经济学家，不能使用机械规

▶▶▶ 超越机械的市场论：资产价格波动、风险和政府角色

则提前充分捕捉。经济政策，技术和社会环境变迁的新方式，随着时间的推移并开始改变的因果变量，影响个人如何预测未来的收益和风险。甚至在社会环境中的新的变化的情况下，金融市场预测社会资本的过程，本质上是一种非常规的活动。

金融市场参与者决定资产在购买和出售时的价格变化。这个过程会导致资本的替代分配，从而改变潜在的项目和公司的前景。在试图预测这些不断变化的前景，金融市场参与者会基于他们自己的策略，去寻求新的方式来使用相同的因果变量，或者可能更多的相关变量。例如，如果许多市场参与者（或大公司）决定，美国联邦预算赤字将成为重要的预测，一系列因果变量的本身可能会改变。

即使一个经济学家试图用概率论方式描绘未来，经济的变化通常会改变价格，在每一个未来的日期描述相关的结果的可能性。因此，产生了他们对一系列对未来每日价格和概率所谓的尖锐的预测，当代宏观经济模型必须充分预先指定经济中所有可能发生的变化。

值得注意的是，几乎所有经济学家创建的模型都认为在产生经济成果的过程中绝对不会发生任何变化。这些模型不只将个体描述为机器人，还将他们作为一种在每一个时间点仅服从一套预设规则的机器人。他们还假定一些政策变量，如利率和货币供应量持续呈现特定值。如此一来，当市场参与者得到一些新的消息时，可能会在同一个时间点上以同样的方式更新其对未来收益的预期。同样地，他们的偏好和决策规则被假定为一成不变。市场像机器一样运转，新消息的定期出现促使价格以预知的方式维持机械化的波动。

虽然有时当代的经济学家们也会认识到社会环境和个人决策的变化，但是他们仍然坚持构建模型来生成尖锐的预测，从而认为经济学家可以做，而市场的参与者不能做：预先指定社会环境如何变化，以及个人如何改变他们对市场的理解和预测行为。[①] 这些模型也可以在

[①] 有时经济学家会模拟这种变化的概率。当他们这样做，他们认为一组潜在的变化，并附加一组概率对这些可能发生的变化。关于这一点进一步的说明和引用，见第三章脚注1。

电脑上运行，因为他们把个人看作是机器人而市场像一台机器那样运转。

第四节 以理性的幌子坚持到底

如果我们拿"自发式"社会进程（西方经济学家从中获得信仰并在其核心假设中坚持的一种进程）与强制性社会组织（基于政府可以忽略不完全知识和压制非例行变化的全能全知论）进行比较，难免会误入歧途。但值得注意的是，尽管毫无疑问，这些观念体系之间存在很多根本性区别，可它们都坚持无视明显的认识论缺陷及失败经验，拒绝重构相关的经济社会发展观念。从这个角度来看，现代经济学家与苏联及东欧统治者们惊人地相似，他们在对失败的经济进行改革的同时，都保留了其制度上不可弥补的根本缺陷。①

一 成功经验的重新定义

没有什么能更生动地说明当代的经济学家拒绝重新考虑充分的预定模型的相关性，比起他们在面对重复失败经验时继续依赖理性预期假说的方式来模拟理性预测，甚至在2008年金融危机开始之前，理性预期模型的预测已经一次又一次地证明了资产价格和风险的实际变动是非常不一致的。弗莱德曼和高德伯格（2007，第七章到第八章）提供了由理性预期假说经济学家对在外汇市场的实证失败开展的几十个研究概述，研究其他市场，如股票研究，也发现严重的经验失败。

面对理性预期模型失效，经济学家通常以两种方式回应。几乎所有从事大量工作寻找完全预定的模型，同时保持了理性预期假说来捕

---

① 我们在这一段的论点建立在波普尔理论（Popper, 1946, 1992）的基础上，他分析了关于科学批评话语的限制的危险性和试图强加给社会的整体意识形态灾难性影响之间的相似性，如苏联的制度和中央计划。

捉市场参与者的预测行为，依赖于个人偏好、经济政策和社会环境等其他方面假设的修改，以弥补经验的失败。①

这种努力是挽救理性预期假说的一个重要组成部分，涉及重新定义实证失败本身的概念。在传统的方法中，经济学家和所有的科学家一样，主要依靠统计推断的标准方法来面对他们的模型与经验数据。相比之下，理性预期的倡导者认为，这些方法用来判断他们的模型是否妥善是太严格了。正如理性预期假说的主要支持者托马斯·萨金特讲述，"经过五年的对理性预期模型做标准的统计检验"，我记得鲍勃·卢卡斯（Bob Lucas）和埃德·普雷斯科特（Ed Prescott）都告诉我，"这种基于经验的测试否定了太多出色的模型"（Evans and Honkapohja，2005：568）。

传统经济学家不愿意拒绝"好处多多的"理性预期模型，转而抛弃了标准的统计试验并开发出一种替代方法，这种方法不再试图解释经济成果的实际时间轨迹。② 正如预期，降低构成充分模型的各项标准会将理性预期模型和经验数据之间的矛盾模糊化，从而不可避免地增加了此类充分模型的数量。[相关进一步论述，参见（Frydman and Goldberg，2007）]

二 失败经验的误读

行为经济学家对传统模式的失败提供了一个更为激进的回应。他们指出，传统的偏好和预测策略的形式化缺乏心理现实主义：个人行为的方式与这些模型的假设是非常不一致的。

许多经济学家已经发现了有说服力的行为洞察，而行为经济学家相对快速成功地削弱传统方法的垄断性，这是很明显的。毕竟，行为的现实主义批判主要集中在传统模型假设的基础上，这是宏观经济学

---

① 在一个开创性的研究中，席勒（Shiller，1981）发现股票价格的常规模型与实际运动完全不一致。梅拉和普雷斯科特（Mehra and Prescott，1985）提供了一个开创性的分析常规模型未能考虑股权风险溢价。

② 一种替代方法被称为"校准"，建议微调一台机器而不是测试经济模型。有关概述和尖刻的批评，参见（Kydland and Prescott，1996）和（Sims，1996）。

家和金融理论界历来很少关注的模型建立的一个方面。

然而，可以说行为学派的一个最重要的方法，就是可以解释为相对温和的阻力，它由许多经济学家和理论家所强调，他们的数学模型维护现代方法的核心假设（Camerer，2004：3）。因此，行为金融经济学家正式的实证研究结果表明，个人行为与机械规则，他们继续同意这样的观点，理性预期的假设提供了一个适当的理性预测行为模型。①

当然，并不是所有的行为经济学家都接受了完全预定的模式。事实上，一些行为金融学和宏观经济学的领导人继续依赖于一种主要的叙事模式的分析，对资本市场的风险和波动有着更生动的描述，可以提供完全预定的理性或非理性行为模式。② 但他们也读到了他们的研究结果的不合理性：个人在现实生活环境行为的方式与传统的理性标准不一致。

当然，失败的另一种解释是用理性的传统标准来解释经济结果：在资本主义经济有目的决策不能充分刻画出经济学家完全预设的机械规则。苏联阵营经济体的历史并没有机械地从过去展开。虽然弗里德里希·哈耶克这样的思想家是这样预言的，但苏联经济的瞬间崩溃在很大程度上是意外的。在现代资本主义经济中，真实的历史是一样不可能预测的。

可以完全地忽略这个基本事实的信念，不仅是不科学的，这也很可能继续破坏经济学家的努力。当代经济学家努力来证明自己的全面的预定模型的基础，认为他们充分反映个人如何理性看待未来，在现实世界中做出决定是对大多数人都会以最小限度合理行为的想法。

---

① 与传统模型一样，完全预定非理性决策潜在的实证困难，在测试行为金融学模型时，掩盖了被抛弃的标准统计方法。对于行为金融学理论的一项调查，请见（Shleifer, 2000）和（Barberis and Thaler, 2003）。

② 席勒（Shiller, 2000）的书中对股票价格的非理性繁荣描述已成为这类作品的经典之作。有关行为宏观经济学最近的叙述，请见（Akerlof and Shiller, 2009）。

第三章　奥威尔(Orwellian)的
"理性预期"世界

寻找完全预定的个人决策和市场结果，其实早于经济学家接受理性预期假说的理性预测行为特征。在此之前的假设，经济学家描绘了市场参与者的预测策略与机械规则，没有明确提及他们是如何对经济工作的方式或因果过程的基础，结果可能会随着时间的推移变化。约翰·马斯（John Muth）提出了理性预期假说，以此来将这种因素纳入预测模型。批评了预先理性预期假说的预测规则，他认为：

> 动态过程的特性通常很敏感，期望的方式会受到实际的事件过程的影响。此外，当可用的信息量或系统的结构改变时，对预期的变化做出明智的预测往往是必要的。（Muth, 1961: 315—316）

马斯的想法是，通过与参与者的预测策略，据说抓住了经济结构的经济模型，随着时间的推移经济学家能做出这样明智的预测。因此，他制定了理性预期假说作为一个假设，即市场参与者的预期与相关经济理论的预测在本质上是一样的。（Muth, 1961: 316）

马斯非常明白"理性预期"这个词意味着一些合理性的概念。事实上，他明确地认识到，他选择的名字作为他的假设会产生混淆的可能性。他警告说，理性预期假说不应该被视为一种规范性的假设，关于理性的个人应该如何预测未来。正如他所说的那样，在这纯粹的

第三章 奥威尔(Orwellian)的"理性预期"世界 ◀◀◀

描述性假设混淆的风险去声明一个公司应该做什么,我们称这样的预期的"理性"(Muth,1961:316)。

甚至被认为是一个纯粹的描述性假设,还远远不清楚应该如何使用理性预期假说来描述预测策略。为了实现它,经济学家不得不采取有关经济理论问题的假设。

马斯并未对在选择补充理性预期假说的相关理论时会遇到的内在困难进行讨论。大约十年之后,在一个引发了宏观经济学和金融学理性预期革命的重大决定中,他将该假设嵌入到了一个关于生产滞后农业市场的简单模型中。该模型在特定时间点上会对农产品价格进行描述,"t"取决于农民在过去某个时间形成的预期,而"t-1"是当他们必须决定目标产量时的预期。这一模型中理性预期假说的应用非常直截了当:农民关于市场价格的预期为 t 与经济学家模型中的价格预测 t-1 相等。

马斯使用了自己的模型作为相关经济理论依据,实际上就忽略了其他许多潜在的可用的相关理论。确实,不仅仅是市场参与者们持有各种各样的观点,经济学家自己也因为对成果的支撑因素,尤其是金融市场和宏观经济成果支撑因素的不同意见而为人诟病。因此,即使相关理论是一个基于经济理论的模型(经济学家对理性预期假说的定位即是如此),他们各种现存模型中的每一个以及其组合大体上都可帮助个人形成对未来的预期。另外,随着时间流逝,逐利的个人及忙于事业的经济学家们会发现旧模型中的不足,并努力构造新模型,从而扩大或收缩市场参与者在对未来进行预测时可能使用的一系列相关理论。

马斯的观点是市场参与者应该关注的经济结构的变化,形成他们的预测是令人信服的。然而,这一假设的相关理论,捕捉他们如何使用这些信息来思考未来的一个特定的经济学家的模式很牵强。然而,经济学家利用马斯的理性预期假说方式,当一个经济学家提出了一个涉及市场参与者的预测结果模型,他实现了假设将这些预测等同于自己模型生成的预测。

要描述市场参与者如何忽略众多现存经济模型和预测策略来进行预测,使用理性预期假说并不是唯一的重大缺陷。更为根本的问题

▶▶▶ 超越机械的市场论：资产价格波动、风险和政府角色

是，对于当代经济学家而言，相关理论是一个完全预先决定的模型。确实，马斯用来引入理性预期假说的农业市场模型是完全预先决定的。因此，正如前 REH 预测规则一样，该假设有意地排除了个人无规律地更正其预测策略的可能性。由于一个完全预先决定的模型就意味着某种全能全知论的预测策略，理性预期假说意在表达一个提前确定的策略充分地决定了市场参与者们在特定时间点上对未来进行什么样的思考和预期。①

通过当代实践完全预定模型的模拟结果，马斯颠覆了自己的见解。他认为经济结构的变化会改变市场预测的策略，只是演变成另一个机械的规则，假定参与者不会修改他们预测策略的方式，没有预见到经济学家的理性预期模型的方式。②

理性预期假说的早期批判主要集中在理性预测模型的认识论上。在这一过程中，批评家也指出马斯所设想的纯粹描述性假设的行为是难以置信的。问题的关键是在弗莱德曼（Frydman，1982）：有人认为人的信仰可以充分代表作为一个经济学家的理论成果，也有人认为市场参与者出于维护自身利益，这两者之间存在一种内在冲突。简单来讲，在通常情况下，人们在追求利润时不会坚持单一的预测策略。

托马斯·萨金特的理性预期假说是早期一个最有力的倡导者之一，承认这些关键的论点并认识到，将这一假设作为市场参与者预测未来的一种（似乎是可信的）描述是误导性的：

> 理性预期的想法有时会被非正式地解释，反映了个人检查和改变他们的预测记录的一个过程……有时也会说，［理性预期假

---

① 经济学家用一个概率分布模型对这一策略进行建模。弗莱德曼和高德伯格（Frydman and Goldberg，2007）细致地表明，即使一个经济学家可以预测策略的变化，正如汉密尔顿（Hamilton，1988）所做的，他完全预先指定这样的修改，从而影响了一个总体的战略预测，一个单一的概率分布能够预测所有时间：过去、现在、未来。

② 另一种方式来证实经济学家的模型可能会在模拟市场预测是有用的，可以查看弗莱德曼的理论：一致预期假设（Frydman and Phelps，1990）。弗莱德曼和高德伯格（Frydman and Goldberg，2007）证明这个假设可以用来研究经验的汇率波动，在分析中心用模型来替代不完美的知识。

第三章　奥威尔(Orwellian)的"理性预期"世界

说]体现的想法是经济学家和他们代理的建模应该放在平等的基础上：在模型中的代理应该能够预测利润最大化和效用最大化以及……构建模型的计量经济学家。

这些解释事物的方法是有启发性的，但有误导性的，因为它们使［理性预期假说］听起来比实际现实更少的限制和更多的行为。(Sargent，1993：21)

在政策或者其他环境因素发生变化时，预期会怎么进行相应的改变？在这一点上马斯希望理性预期假说可以帮助经济学家做出合乎情理的预测，但是作为一种描述性假设，理性预期假说的不真实性事实上使得它对这一希望无所裨益。[①] 然而，有些矛盾的是，作为预测真实市场的描述性假设，它的不真实性又与马斯关于不要将理性预期假说当作公司行为指南的警告完全相符。

第一节　被忽略的马斯警告

由于缺乏规范或其他理由使用理性预期假说来代表个人预测，宏观经济学家在20世纪60年代在很大程度上忽视了它的建模预测的行为。事实上，当埃德蒙·菲尔普斯在1969年组织的一个里程碑会议上建模宏观经济理论的微观预期的作用(Phelps，1970)，在会议卷中收集的论文没有使用假设，它甚至没有在索引中列出。

卢卡斯提出了合理的期望假设，以合理预测的方式来描绘合理的预测。[②] 他的理由是基于核心信念基础的宏观经济理论和金融的现代方法：完全预定的模型可以提供充分的市场结果。

[①] 世界各地的中央银行，普遍接受卢卡斯(Lucas，1976)的观点并认为，理性预期模型的刺激下，与传统的预先理论预期假设的凯恩斯经济模型不同，它提供了对经济政策的变化以及对市场预测策略的影响的方法，采纳了使用理性预期模型来预测行为提供了充分的描述。请看弗莱德曼和高德伯格(Frydman and Goldberg，2008)对宏观经济政策的分析，在这里有里程碑意义的讨论。

[②] 卢卡斯(Lucas，1995，2001)讲述了一个他来这里令人信服的理由和其在宏观经济和政策制定中的后续发展的重要性。

卢卡斯观察到，当一个经济学家制定市场价格的理论解释时，他像每一位科学家一样推测，充分地描绘了这些结果如何随时间而展开。一个经济学家称代理预测，不同于他自己完全预定模型的预测，他可以有效地假设显然是不合理的代理，他坚定不移地坚持一个预测规则：生成预测，系统不同模型的假设市场价格。

因为卢卡斯理所当然地认为，一个充分的预定模型可以提供充分考虑了实际价格如何随时间而变化的，他认为，一个非理性预期假说模型预测描述暗示了这些表面上不易察觉的预测错误。然而，实现在现实世界的市场获利机会。正如他后来着重所说，如果你的理论揭示了获利机会，你有一个错误的"实际价格"理论。（Lucas，2001：13）

在信仰上的飞跃，将改变宏观经济和金融几代人，卢卡斯不理会马斯警告[①]，认为"权利理论"是一个完全预定的模型，理性预期假说是用来描述个人如何预测未来的市场结果。卢卡斯的古怪要求得到宏观经济学家和金融学家的广泛认可。该假设被经济学家，包括芝加哥自由学派和麻省理工学院（MIT）的新凯恩斯主义学派所接受。值得注意的是，绝大多数的经济学家都认为，理性预期假说最终会把宏观经济学和金融学变成一个精确的科学。

第二节 理性预期革命：模型一致性成为理性标准

理性预期假说的精确一致性，市场成果由经济学家自己完全预定模式所隐含的预测，个人的预测策略很快成为标准的方式用来代表理性的个人如何思考未来。

由于它可以应用在每一个完全预先决定的模型中，基于理性预期模型的标准对于相信通过经济分析可以完全预先计算市场成果的经济

[①] 对于广泛的讨论和一个正式阐述的背后原因，卢卡斯的规范解释的理性预期假说，他的地位和马斯（Muth，1961：316）警告之间的显著差异，它不应该被混淆于"一个企业应该做什么的声明"。请见（Frydman and Goldberg，2010a）。

第三章 奥威尔(Orwellian)的"理性预期"世界

学家来说有许多可取之处。因为相信经济学理论的神圣性，经济学家们假设，每一次当他们中的某一个构建其完全预定的模型，他就发现了对市场成果进行计算的一种方法。一旦一个经济学家心存此种天马行空的假设，也就有理由假定，对利益的追逐会迫使市场参与者去搜寻此类模型，而他们终究会发现这个模型，毕竟经济学家自己已经有了这样一个模型。

第三节 理性预期的虚假叙述

在这个世界上，一个理性的个人应该相信在每一个时间点上，他找到了一个真正的市场结果如何对不确定的未来展开。

但是，无规律变化和不完全知识并不是阻碍将理性预期假说看作理性预测标准的唯一问题。在金融市场等环境中，以下两者之间相互依存：一是结果如何随时间呈现，二是市场参与者总体上如何预测。因此，具有理性的个人可以将他们观察到的关于其他人如何预测的信息纳入其预测策略中。

然而，一个支撑理性预期的世界附加假设，需要确保一个理性的个人并不需要担心其他参与者的预测。因为经济学家把他的理性预期模型归因于每一个理性的个性，他假设他的模型已经充分捕捉和发现了真相。在多大程度上研究的一个明显的例子，基于幻想的逻辑假设可能会误入歧途，一个理性预期世界构建的前提是，如果其他参与者都是理性的，继承者的预测策略将是相同的一个人。

在理性预期的世界里，理性预期假说所提供的所谓理性预测标准是与理性背道而驰的。经济学家想象中的关于世界的理性预测，对真实世界中的任何有一丁点儿理性的人而言都是明显不合理的。毕竟，任何一个理性的、追逐利益的人都知道，周围的世界是会以无规律的方式发生变化的。他就是无法相信找得到一个真正的全能全知的预测策略，因为这是与他的经验相反的，更别说其他人也要能找到。另外，他会找寻新的、无法完全预先决定的方法进行预测。

第四节 一个发展停滞且思想统一的世界

如果经济学家、政治家或者社会的计划者们（更不用说追逐利益的市场参与者们）可以毫无后顾之忧地忽视无规律变化、不完全知识以及思想多样性，这应该是怎样的一个世界啊？[①] 想想股权市场吧。就像其他的资产价格一样，现实世界的股票价格依赖于市场预测，而这些市场预测是基于市场参与者的预测策略和他们认为有关的原因变量，如利率、通货膨胀率以及国民生产总值增长率。还有，一些原因变量，甚至所有的原因变量都会直接影响价格，即独立于他们对个人预测的影响。

大多数依靠理性预期假说的经济学家认为，市场预测对价格的影响和随意变量的直接影响绝对不会改变。[②] 他们还认为社会背景，包括技术、管理实践、机构和经济政策，仍然是保持不变的。在这个世界上，因果变量的过程是随着时间的推移不断变化的，而关于它们的新闻则是以严格的常规方式展开。

即使在底层结构的市场经济非常地稳定，但与股票价格相关的一系列因果变量过程中，在通常情况下仍然会发生变化。每一次都有大量的参与者改变他们的预测策略，对价格波动的因果过程将改变。因此，要排除非常规的变化，就必须构建社会环境不仅是非常稳定的，而且追求利润的参与者都坚持一个预测策略的一个世界。

一个自私的、理性的个人仍将继续忠实于一个预测策略，只有当他认为有另一个更好的策略是远远超越它的。一个理性的个人可以相信，如果他被说服，发现了准确地捕捉到了经济结构真正不变的一个模型。但是，即使相信，也不可能坚持一种策略，因为价格的问题不是对任何特定的个人预测，而是市场的预测。

为了解决这两难之局，理性预期世界里的每一个市场参与者不仅

[①] 本节和下一节构建在弗莱德曼（Frydman, 1982, 1983）的论点上。
[②] 一些理性预期的理论家们在思考一个这样的变化会发生的世界，但它是严格机械的。由于这个原因，我们观点的主旨不会受到影响，考虑到这稍微复杂的设置。

第三章 奥威尔(Orwellian)的"理性预期"世界

必须相信自己了解经济的确切深层结构,而且必须知道其他每一个人都具备这种知识。① 此外,每一个参与者必须相信,其他每一个人都将其预测策略建立在这些知识之上。只有当一个人相信他所生活的世界上的每一个人不但对驱动市场价格及其风险的过程,而且在依据这些知识进行结果预测方面都与他自己有相同的想法,他才能理性地运用某一基于自身知识的、固定的预测策略。②

因此,理性预期假说会引导经济学家想象出一个具有完全知识并且思想普遍统一的世界。在理性预期的世界里,个人可以完美地预言所有企业及投资项目的前景,除非出现随机预测误差,这些随机预测误差会随着时间流逝而相互抵消。同时,因为所有理性的个人都将其对价格和风险的预测建立在这些预言之上并且具有同样的思想,市场在进行预测时也变得无所不知。除此之外,在理性预期的世界里,市场本身也近乎完美:除去相当于零的随机误差,它设定的价格等于真实的基础资产前景的贴现价值。③

想象出一个思想统一而又全能全知的世界,实在使得经济学家远远脱离了现实世界。但是,他仍然无法从中获知一个具有理性的个人如何进行预测。在他到达理性预期世界平静的海岸前,他还必须穿过另一个认知的动荡不安的海洋。他必须忽略经济学家们在现存理论的相对有效性方面缺乏共识,并且假定他自认为真实的理性预期模型确实是所有其他人都认为真实的模型。正如其想象世界里的理性个人一

---

① "只有将其他参与者的预测策略平均起来,而不仅仅是单个的策略,才能符合所谓真实的过程驱动的结果",严格从逻辑层面上来说,将这一观点归因于理性预期世界里的某一个人是足够的。但是,如第四章所言,这个看起来比较弱的假设需要一个经济学家对所谓理性预期世界的定义做出更为强硬的限制:其他参与者的预测之间刚性的、完全预先决定的联结。

② 一些具有重大影响的行为模型忽略他们的实践研究结果,续使用理性预期假说来模型化预测行为(De ong et al., 1990a, 1990b)。在这些模型中,有一些不知道情况的市场参与者将其预测建立在错误的思考之上。"聪明的"或者说理性的个人应当完全了解那些不知道情况的参与者如何进行预测。正如我们在第六章所讨论的一样,这种理性与非理性的参与者混合的情况甚至比理性预期世界更不合逻辑。

③ 在理性预期的世界中,参与者可能会从他们所知道的真实的基本价值观中,陷入自我实现的价格波动中的牺牲品。我们将在第六章回到这种可能性。

样，经济学家们相信他们已经"解决了（他的）'科学难题'"（Sargent，1993：23）：他已经找到了一个可以准确预言未来所有可能的意外事件及他们之间相关可能性的模型。经济学家假定其模型正确地预言了真实的基础价值以及未来每一项数据中的价格和风险。

这种建模方法来预测个人的行为，假设任何市场参与者都认为在现实世界中是非常不合理的。在他们心里没有人会认为，发现了市场和经济结果背后的真正因果过程，并且每个人都不认为这是他做的。[①] 如果思想统一和无所不知占了上风，就没有必要对公司和项目的前景进行定价和评估。所有的经济学家和每一个理性的市场参与者都能够完全依靠自己来完成这一壮举。

第五节 经济学家的理性及社会主义计划经济

经济学家们相信，他们在理性预期世界里关于思想统一的假设使得他们可以将市场结果模型化，这些结果来源于数量众多的个人的决定。这种模型化可以通过研究某一个具有代表性的公民的决策来实现。同时，由于已经无法区分理性预期世界与现实世界，经济学家们很容易认为要将他们虚构的这一个公民的目标——自我利益或个人福祉的最大化——转嫁到整个市场和社会。从其模型中消除无规律的变化以后，一个经济学家可以简单地事先预测所有的改变并将自己对未来的这一固定化认识转接给社会。经济学家只需要解决那个具有代表性的个人的最大化问题，而他的理性预期预测策略将会被推而广之，就像社会主义规划师一样，一个经济学家认为他能完成伟大的壮举，因为他认为，他终于发现了完全预定的推动市场结果的机制，他的模型充分捕捉到了市场参与者是如何思考未来。通常相信使他确定是否需要国家干预的理论，比方说，纠正市场失灵或应对资产价格波动的

---

① 即使在一个静态的世界中，有许多潜在的因果变量，可能是相关的解释结果。但经济趋同的市场参与者，学习一个"真实"的这样的变量设置比那些定义一个理性预期的世界需要更强大的假设。请见（Frydman，1982）、（Frydman and Phelps，1983）、（Phelps，1983），以及（Frydman and Goldberg，2010a）。

第三章 奥威尔(Orwellian)的"理性预期"世界

影响。他还用自己的理论来规定政府应该如何制定宏观经济政策,并研究这些政策对社会福利的影响。

困扰着理性预期假说的问题和注定失败的社会主义计划经济的问题是一样的:可以在原则上发现,推动市场的结果并没有完全充分预定的机制,市场结果对于一个人决策的解释,是根据经济学家的理性预期模型来预测,但忽略了知识的分工,正如哈耶克(Hayek,1945)指出的那样,这是一个由一个单一的个体对资源分配的所谓"最优"资源分配的区别。① 事实上,卢卡斯(Lucas,1995,2001)对理性预期假说的解释,致使他接受代理结构与哈耶克的立场形成了鲜明的对比。

在对竞争性产业的市场结果进行讨论时,卢卡斯(Lucas,2001:13)称,"从市场结果可以看出,一个产业在运行的过程中是为了最大化其贴现的、消费者盈余部分——这个问题在数学上并不比现在一个公司面临的价值最大化问题要难"。随后他问道:"到底是谁在解决计划问题?"与哈耶克相同,他意识到,答案正是"亚当·斯密所说的'看不见的手',无疑并不是某个真实的人"(Lucas,2001:13)。然而,令人震惊的是,仿佛一百八十度大转弯一样,卢卡斯又声称,通过解决单一一个公司所面临的价值最大化问题,作为真实存在的人的经济学家可以充分代表市场上看不见的手所做的事。

在哈耶克(Hayek,1945:520)看来,"知识分工在其整体上不给任何人机会"是他的论点的关键,中央计划者不能在原则上替代市场。相比之下,卢卡斯认为,因为理性预期模型排除了非常规变化和知识分工,它们使一个经济学家能够使用单一代理的优化技术,因此是用合适的工具来理解市场结果:"规划问题的求解被证明是合适的设备需要了解大量生产者的分散式互动。"(Lucas,2001:14)

事实上,卢卡斯认为,斯密(Smith)的"看不见的手"其实是可见的和可明白易懂的,毕竟,要了解市场,经济学家们只需要学习

---

① 本节基于弗莱德曼的理论(Frydman,1983),表明他们直接适用于由卢卡斯(Lucas,1973)开发的一类具有分散信息的理性预期模型,从根本上来说这是存在缺陷的,哈耶克用一些相同的原因来表明证明社会主义计划经济原则上是不可能的。

▶▶▶ 超越机械的市场论：资产价格波动、风险和政府角色

如何解决一个虚拟的中央计划者所面临的最佳分配问题，但实际的规划者们却永远无法解决的问题。实际上，经济学的研究是要求花大部分的时间来解决这样的问题。

哈耶克认为，将社会资源分配问题看作某一单个人的最大化——一个经济学家、计划者，抑或是政治家——并不是分析市场结果的"正确配置"，而卢卡斯无疑并不是第一个忽略哈耶克这一论点的经济学家。斯卡·兰格（Oskar Lange）认为市场不具备解决资源分配问题的能力，因此提倡社会主义市场经济（他最终离开了芝加哥大学成为波兰共产主义政府的一名高级官员）。兰格关注市场价格在长期决策中的不足，他追溯理性预期理论家的观点，认为在更为长期的项目中进行资本分配时，计划者们的数学和计算模型能比市场做得更好。

> 在建立一个目标函数和约束条件后，可以计算未来的价格。这些价格作为经济核算的长期发展计划的一种工具。实际市场的均衡价格并不能满足，预编未来价格的知识是很有必要的，数学规划是优化经济规划的重要工具。在这里，电子计算机并不能取代市场。它履行了一个市场永远无法完成的功能。（Lange，1967：161）

正如我们所看到的那样，理性预期模型同样假定市场在配置社会资源方面并没有发挥重要的作用。因此，有理由认为，兰格认为规划者可以使用后来的单个数学市场理性预期模型来废除市场和充分预测未来。

第四章 虚构的"理性市场"

在提出理性预期假说时,马斯并没有把它作为一个规范性的假设,个人是无所不知的,或者他们都以为一致好评。他也不认为假设每个市场参与者必须根据相关经济理论预测:理性预期假说"并不主张抓工作的企业家以任何类似方程组的方式的经济学家模型"(Muth, 1961: 317)。此外,这并不意味着"个人的预测是完美的,或者他们的期望是一样的"。(Muth, 1961: 317)

然而,马斯做出的承诺:有一天,经济学家会制定一个全面的前定模式,充分描绘了市场参与者如何综合预测未来。事实上,他认为理性预期假说,就好像一个经济学家的完全预定的模型可以提供一个充分的市场预测策略和过程驱动市场结果的写照。理性预期假说认为,两者"本质上是相同的"[①]:

  该假说可以稍微更精确地描述如下:……参与者的期望(或者更普遍的是,主观概率分布的结果)往往是分散的,对于相同的信息组,有关预测的理论(或者是客观概率分布的结果)。(Muth, 1961: 316)

[①] "本质上是相同的",马斯表示,当一个经济学家在他完全预定的模式规定的理性预期假说,他推测,他选择充分捕捉相结合的市场参与者预测策略的因素和权重,每个潜在的不同的因素和不同的权重来重视他们。

▶▶▶ **超越机械的市场论：资产价格波动、风险和政府角色**

马斯呼吁使用目标分布的概念来阐明人们"相关经济理论"的内在含义。除此之外，他对理性预期假说的重述蕴含其主要推测：有理由假设某一特定经济学家的完全预定的模型即是相关理论。同时这个模型还提供了市场价格和风险的独一无二的客观（可能是真实的）概率分布：未来所有可能结果及其可能性的集合。确实，这正是很多（可能是大多数）宏观经济学家和金融理论家阐释理性预期假说的方式：只有市场，而非任何个体参与者可以做到无所不知并且能正确地获知价格。

但是，假设一个完全充分预定的模型是不假设市场定价的方式，可以理解为好像没有什么真正的新的事情发生过，无论是在个人或总水平。马斯的理性预期假说假定，一个完全预定的模型可以描述市场如何预测未来是虚假的，假设这样一个模型可以充分地描述每一个参与者如何追求利润和预测未来。

在经济学家的话语中，"市场"是一个总结了所有参与者行为的隐喻。因此，"理性市场"的概念假定了一个与理性预期世界有些不同的想象空间。① 但是如果使用理性预期模型来分析真实市场的结果或者来指导政府决策，则无异于空中楼阁。"理性市场"的基础是这样一种无足轻重的观点，即每一次一个经济学家构建了一个理性预期模型，他就发现了如何解决（并且能够准确表达）针对哈耶克（Hayek，1945）所说的在社会上使用知识的问题以及它会如何随时间分化的问题。

第一节 "理性市场"的伪多样性

什么变量对于预测是重要的？这些变量如何与未来的结果相关联？在现实世界的市场中，参与者必须依赖于他们自己关于这两个问题的不完全知识。没有任何参与者，更别说经济学家，预先知道会怎样修订其预测策略，抑或将来社会环境会如何变化。无数可能的改变

---

① 第五章中，我们广泛讨论了市场的隐喻和经济学家如何形式化建模结果。

第四章 虚构的"理性市场"

可能导致股票价格的涨落。在每一个时间点上，一些参与者有理由认为价格会涨，而另一些则认为会降。一些个体甚至有理由在股价保持平稳的一段时期内维持相反的一致看涨或看跌。诚然，恰恰因为股价与期望的水平背道而驰，个体可能因此决定增加其多头或空头的持有量。

马斯回避这种多样性，制定了理性预期假说作为对市场的预测策略的假设。① 然而，他认为这一假设是兼容的。这种信念似乎是广泛共享的。许多经济学家认为理性预期假说作为一个近似值，使他们能够以一个简洁的方式捕捉他们的预测策略的多样性和市场参与者的修正。②

然而，马斯和其他人所忽略的，是理性预期假说需要微观层面的多样性的参与者持有未来的预测策略的具体意见的比例，必须以一个完全预定的方式展开。③ 相同的机械规则被假定为在任何时候都可以形容这个伪多样性参与者的预测策略。事实上，在牛市和熊市，在市场或修订他们的意见比例的任何变化必须机械依赖于对方，以保证，在总体上，市场参与者的预期基本保持不变作为一个经济学家的充分的预测预定的模式。

在空中看到这些理性预期假说的城堡，在所谓的"理性的市场"考虑一个特别简单的例子的多样性：两组参与者说，牛市和熊市中的

---

① 由于理性预期模型产生一个单一的总体预测策略，他们不能在现实世界市场的设计明确代表这些策略的多样性。然而，这些模型已被用于模拟差异化市场参与者的预测。这样的表述假定每个参与者的预测根据理性预期假说，并在他们的预测中出现的分歧完全来自参与者的访问，或他们的选择依赖于不同的信息。这样的规划包括卢卡斯（Lucas, 1973）分散信息的模型与和斯蒂格利茨（Stiglitz, 2001）的信息不对称模型。弗莱德曼（Frydman, 1982, 1983）细致地表明，我们将在第一章讨论。我们批判标准的理性预期模型，忽略了分散的信息也适用于模型，市场参与者在形成他们的预测时允许信息的差异性。

② 尽管重要的是，宏观经济学家认为基于个人的市场结果理性预期假说在建模微观基础上起着核心作用。在宏观经济学中，很少有关于把这一假说只适用于市场的宏观经济学的讨论。请查看弗莱德曼和高德伯格（Frydman and Goldberg, 2007，第三章；2010a）细致的分析当代经济学家对个人基金会相关市场结果的计划和他们坚持以这些基础完全预先确定的方法建模之间的固有矛盾和冲突。

③ 高德伯格（Goldberg, 2007，第三章；2010a）对于本节提出的要求进行了细致的论证，请看（Frydman and Goldberg, 2010a）。

▶▶▶ 超越机械的市场论：资产价格波动、风险和政府角色

股市，其预测的策略是由两个完全不同的、完全预定的预测规则按照现代的方法所描绘的。经济学家通常假设，一个多头和空头的总体预测未来的结果决定了在每个时间点上的股票价格和风险，以一个完全预定的方式。[①] 此外，他认为他的理性预期模型描述了这些预测策略的总和。

假设，在某些时候，有些人想进一步修改他们的预测策略，并从牛市转为熊市，反之亦然。在现实世界的市场中，这样的修改常常发生，在原则上没有一个参与者，更不用说经济学家可以完全预见到。此外，没有一个参与者可以预见到各种替代的策略，他们将进行切换。为了与理性预期假说相兼容，由此产生的多样性将在一个完全预定的、机械的方式中展开，这种机械的方式与现实世界中的多样性出现在现实世界中的最抽象、最基本的意义是不相似的。

为了说明这一点，我们将之简化并假设看涨者们遵循同样的一个预测策略，看跌者们也是如此。考虑这样一种情形，一些看涨者转而认为看跌的策略更为恰当，因此决定变成看跌者。在看涨者和看跌者的预测策略都不发生任何变化的情况下，由于看跌者的比例更多，当然就会影响到整体（也就是市场）的预测。但是，一个理性预期模型在各个时间点上会将相同的完全预定的预测策略纳入市场。因此，为了在每一个时间点上对市场预测进行充分描述，模型中看涨者和看跌者比例的变化将会伴随有特定的修订，比如看跌者的预测策略的修订。理性预期假说机械地决定了这些修订：考虑到市场中看跌者的比例更高以及另一群体（看涨者）预测未来的方式，由看涨者转变为看跌者的人，以及本身就是看跌者的人，都必须采取同样的修订了的策略。即使这些以前是看涨者的人转向某种不同的看跌策略，所出现的三种策略也必须机械地相互联结，以保证与一个完全预定的基于理性预期假说之上的模型的兼容性。

通过专注于市场，理性预期假说确实从看涨者和看跌者的预测策略的差异中进行了归纳。但是，该假设假定一个经济学家的完全预定

---

① 在第五章中，我们讨论了这样一个模型的典型公式。

的模型基本充分接近整体预测,而众所周知,它这个模型与接近现实市场中多样化的基础性的基本的结果并不相近;所谓的接近只在经济学家想象出的理性市场中才得以实现。在这个虚构的世界里,归纳层层叠加:每一个理性预期模型都从一个已经建立的伪多样性中归纳出来,这种伪多样性根据刚性的、预设的机械规则层层展开而与真实市场中随时间展示出来的不同观念相差甚远。①

第二节 "理性市场"的不相关性

大家所知道的理性预期策略在宏观层面上接近多样性的观点,和参与者修改其在真实市场中的不同预测策略的方法具有内在的不兼容性,但是,除此之外它也与理性市场的概念呈现出不连贯性。如果这些理性市场中的参与者使用不同的预测策略,他们中的每个人总是会忽视系统性的预测误差,并且因此不断地放弃获利机会。②

对多样性的认识表明,即使理性预期假说模型只适用于市场,也不能被视为一个对其合理性的声明。与此相反,理性预期假说所谓的"理性市场"是由非理性的个体组成。

为了避免这种不一致,经济学家必须回归到一个理性预期的世界。但在这个世界上,多样性被思想统一所替换:每个参与者都认为,他们一个代表代理人的预测,捕捉到个人和总水平的预测。但即使一个人认为理性预期假说是关于一个像所有其他人一样的有代表性的代理人,而且是"市场"。假设市场参与者忽视的非常规变化并中断了所谓理性的市场任何联系,描述什么是真正的世界市场及其参与者实际上应该做什么。

---

① 一些当代的经济学家将马斯关于理性预期假说的思想解释为:假设市场参与者的预测策略与整体策略——即"市场"策略——不同,这个不同之处是平均值为零的随机误差项。大部分人的法则应该是为这种假设提供保证。但是,这种差异性只不过是另一种相对较弱的一致性假设:平均而言,每一个市场参与者的预测策略都符合同样的机械式的规则。

② 弗莱德曼和高德伯格(Frydman and Goldberg, 2010a)进行了细致的论证。

▶▶▶ 超越机械的市场论：资产价格波动、风险和政府角色

非常规的变化在推动成果的重要性意味着，即使一个理性预期模型，以充分反映在选定的历史时期的因果变量和汇总结果之间的历史关系，这将不再是相关的时刻，不能被任何人得到充分的预见。① 逐利者应该明白，在市场的变化和经济不能归结为一个模型，假设了非常规的变化的重要性，机械地连接未来和过去。事实上，我们在第十一章讨论得更充分，利润在金融市场的一个重要来源是从活动中致力于发现和应对非常规的变化。

第三节　谨防理性预期模型

特别惊奇的是，在经济模型之中强加一致性并不会达成其支持者们所做出的承诺：模型化理性个人对未来的看法本是一个令人生畏的难题，但支持者们承诺会得出一个出奇简单的解决办法。相反地，它强迫经济学家们探寻解释市场结果的方法，这些方法还要假设市场参与者的预测不会自发地对上述结果产生驱动作用。一旦一个经济学家确定了如何模型化参与者的偏好以及他们每次做决定时的环境，他就不再需要担心参与者怎样看待过程驱动的结果以及怎样预测未来。他的模型告诉了其思考方式："在理性预期模型中，人们的观念是建立在我们理论化的结果之上的。它们并不是由现实输入的。"②

在理性预期模型中，即进入市场每一个参与者的预测策略的因果变量是那些经济学家选择代表他的喜好和约束。此外，要施加理性预期假说，呈现总体和个体水平上的模型预测的结果相同，经济学家必

---

① 下一部分我们将讨论到，理性预期模型不只完全预先决定，而且组成了一个特定的关于此类模型的限制性模板。除去隐含一系列原因因素，他们还要求重视这些因素在满足严格限制条件方面（即所谓的"交叉等式限制"）的作用，这些严格限制条件在时间序列数据的基础上经历过反复的失败。尽管不强加这些限制条件的完全预定的模型——如传统的前 REH 凯恩斯模型——可能会在描述特定事件方面有所裨益，但在有限的时间内理性预期模型不会具有这种特征。

② 托马斯·J. 萨金特与埃文斯和洪卡波希亚（Evams and Honkapohja, 2005: 566）的采访。

须设置权重模型的因果变量是完全相关的参数模型的其他组件。① 通过这种方式，理性预期假说禁止一位经济学家预测，考虑和探索其他比那些出现在他的其他的非预期成分的型号规格参数的因素的解释。

这种缺乏一个独立的市场参与者的预测，理性预期模型已被视为他们的主要优点，因为它是经济分析的学科，这在以前的模型中是不存在的。事实上，卢卡斯的狭隘，"注意理论者的自由参数和自主预测的因果因素"② 对经济的发展产生深远的影响。但是，正如我们所指出的，经济学家和公众都应该提防理性预期模型：它们与真实世界的预测完全没有联系，因而不能作为思考市场和公共政策的基础。

第四节 理性预期假说的致命自负

尽管一些经济学家可能坚定地认为建立一个理性预期模型可以提供一种推动经济学进步的方法，但是，他们所构建的世界（在这个世界里，模型可以充分反映不同时间的市场结果）绝没有理由变为现实。即使是有巨大的国家力量进行支撑的共产主义政权也无法真的创造出这样一个世界。他们不仅摒弃那些他们无法完全预料到的变化，而且，正如我们所看到的，他们无法迫使、说服整个社会遵循同样的未来观念——那是他们的观念。

理性预期的宏观经济研究方法的先驱之一——托马斯·萨金特接受记者采访时，乔治·埃文斯（George Evans）和塞波·洪卡波希亚（Seppo Honkapohja）问道："你认为人们的模型之间的差异是宏观经济政策辩论的重要方面吗？"萨金特回答说：

> 事实是，你根本就不能谈论那些典型的理性预期模型中的差异。有一种共产主义的模式，在该模型中的所有代理，计量经济学与上帝共享相同的模型。理性预期的强大的和有用的经验启

---

① 一个简单的代数例子，请看（Frydman and Goldberg, 2007）。
② 由卢卡斯归因于萨金特（Lucas, 2001：73）。

示……从共产主义的模型中获得。（Evans and Honkapohja, 2005：566）

但是，市场在现代经济中发挥重要作用的原因证实非常规的变化是重要的，而知识是不完善的，从而产生不同的看法。因此，基于"共产主义"理念的任何社会的设计和科学的程序，每个人都相信在未来同样的看法，市场参与者、经济学家、社会计划者或政策官员完全可以预见或确定的未来，在原则上都不能兑现承诺。

理性预期假说的基本缺陷将继续阻碍经济学家寻找有用的市场结果。其关于市场作用的影响，以及各种政府政策所带来的后果的评估，也没有科学依据。历史经验表明，这种基础性缺陷的理论，在实践中实施时，都可能产生经济损失和社会危险的后果。

第五章 空中楼阁：有效市场假设

理性市场理论作为一种尝试，为有效市场假说提供科学基础，是金融经济学的基石。根据这一假设，资产"价格总是充分反映"可用信息。(Fama，1970：383)

正如其所代表的，有效的市场假说认为很了解市场的价格如何随着时间的推移来展现，或者市场的资本分配是否良好。参与者选择这一信息流的信息，形成他们的未来价格和风险的预测。这些预测将支撑市场总量，购买和销售时设定价格。通过这种方式，价格充分反映了参与者认为相关的预测信息。

如果"有效信息"意味着一个是特定的参与者在思考未来的特定信息，那么有效市场假说只是对市场的一个描述性假设。为了把它变成一种资产价格理论，经济学家不得不采取一个立场，什么是"所有可用的信息"，以及如何得到"充分反映了资产价格"。

通过假设的理性预期假说充分抓住多么聪明、理性的参与者预测未来的价格和资产的前景，有效市场假说的假设转化为市场配置社会稀缺资本几乎完全通过设置价格随机波动在他们的"真实"的基本价值观。这种说法应该适用于个人投资、部门、资产类别或整个市场。其结果是，有效的市场假设还意味着，利用现有的信息，试图赚取超额收益后，必然要考虑到失败的风险。

当这些惊人的主张进入公共辩论，假设支撑他们留下的学术文献。但是，正如我们在第三章所看到的。在一个理性的期望的世界中遵循的结论是没有连接到现实世界市场需要做什么，以及他们的参与者表现如何。经济学家描述的金融市场成为一个完全预定的理论有效的转变，理性的市场提供了一个引人注目的演示，不切实际的假设如何使经济学家们建造空中楼阁。

第一节　市场隐喻

当经济学家说到"市场"时，他们是"在隐喻一种对个人投资者的决策以及这些决策如何相互作用决定价格进行归纳总结的便利方法"（Fama，1976：135）。他们形成这种隐喻所使用的假设通常是通过复杂的数学运算来作为表达方式。然而，剥离了数学运算，这些假设远远不只是方便二字可以概括的，可以看出，他们忽略了金融市场中个人决策的一些重要特征。

在这些市场中，参与者的商业决策取决于他们对未来收益的预测，也取决于对真实收益与预设收益之间出现差距的风险及可能性的预测。[1] 例如，在股票市场上，今天购买某公司的股票所获得的收益取决于未来的股票卖价、持股期间公司所支付的红利以及通常由现行利率来进行衡量的资本成本。为了预测价格、红利和风险，参与者们必须从众多的可能相关因素中进行选择，这些相关因素从特定公司的相关变量（例如公司盈利及行业发展趋势）到宏观经济的相关变量（例如央行公告、通货膨胀率及整体经济活动）不等。每一个参与者形成一种预测策略，这个预测策略反映了他自己关于哪些是相关因素的知识，也反映了他在对未来进行思考时人应该如何解读这些因素的知识。

在每一个时刻，参与者的预测都不同。在撰写本书时（2010年夏季），例如，美国整体经济在过去两个季度活动有所增长，这意味着开始于2007年年底的两年的经济低迷已经结束了。企业盈利率、整体就业率、出口也都在上升，美联储宣布计划在未来一段时间内维持很低的短期利率。这样的新闻经常被解释为股票要上涨，这可能会导致参与者预测未来更高的价格和红利。

---

[1] 在标准模型中，风险与资产收益之间的互相关联。

第五章 空中楼阁：有效市场假设

然而，也有大量的新闻指向相反的方向。整体经济活动的大部分的增长到目前为止都来自企业补充的库存。新工厂（设备）和设备的消费支出显示，并没有从历史低点走出来的真正迹象。金融改革、卫生保健和环境的混乱，创造了法律和监管相当大的不确定性，支持民营企业的框架可能会改变。而且股票市场已经上涨到历史最高水平，基于盈利和分红的消息，这一消息被认为会使一些参与者预测更低的价格和红利。

在每一个时间点上，因为新的信息或新的方式思考未来，参与者可以修改他们的预测的收益和风险，如果一个人的回报率可能与他的预测不同，他买了股票，如果它下跌，他就会卖掉。① 价格会使一个给定的股票总量和需求之间的平衡，从而反映了一种对未来看涨和看跌观点的无形的权重。

为了模拟这一过程，经济学家通常假设，在每一个时间点上的股票总购买超过总销售的额外值，就是参与者的平均预期收益率和他们的保费。如果这些平均数意味着市场预测大于市场溢价，总购买将超过总销售。为了平衡总的购买和销售，价格必须以他们的方式将市场预测的收益与资本成本的核算后的回报等同起来。

总的来说，市场的预测策略取决于一个无形权重的当前和过去的信息，其参与者认为相关的变量，形成他们的预测回报和风险。由于市场对价格、分红还有预测的变化，所以价格也不一样。为了使这些变化形式化，经济学家们通常关注新的信息相关的变量。但预测的变动，因此价格的产生不仅从新的信息，而且从市场预测策略而修订。直到一位经济学家表态变化源于两种来源，他的市场隐喻说，股票价格将随着时间的推移会怎样发展。

第二节 想象市场在一个完全预定的世界

当代经济学家们会用完全预定的概率模型来模型化经济结果及预

---

① 经济学家把这种补偿作为"风险溢价"。他们通常把该溢价标准统计的方法联系起来，比如收益的标准差和个人的承担风险程度。

▶▶▶ 超越机械的市场论：资产价格波动、风险和政府角色

测行为，这是非常具有典型性的。他们知道很多变化都无法实现预知。没有人可以确定下一年某个公司的盈利前景以及红利情况，更不要说十年或二十年的相关状况了。这些结果的价值依赖于许多变化，包括还没有发明的技术、组织内部新的人力、有形资本组织方式以及世界范围内无法预料的制度和经济政策变化。正如保罗·萨缪尔森（Samuelson，1965a：147）所言，通过在模型中加入"随机冲击"或者误差项，经济学家试图获知这些无法预知的变化。

> 正如埃伦费斯特（Ehrenfest）和其他物理学家不得不增加概率的物理因果系统，是为了解决经典力学与热力学第二定律的不可逆性等特征不一致，因此，我们必须以现实主义的利益，增加随机概率分布到我们的经济和生物的因果系统。

经济学家的概率模型假设变化对经济结果的影响可以用双组分来捕获：一个涉及一个完全预定的预期未来值，该值的条件是可用的信息和另一个是随机新闻即不相关的可用信息。

为了使其概率描述的结果完全预先确定，经济学家提前指定的概率分布控制新闻，一组未来可能值和结果的随机成分及相关概率。随着时间的推移，随机新闻冲击被假定为平均为零。

要知道这一论点的必要性，考虑未来的股息流的公司建模的问题。该规范的完全确定的组成部分，包括一个机械的规则，试图捕捉所有未来的变化，可以预期的基础上，目前和过去的信息。这条规则可能与未来股息的其他原因变量，如行业发展趋势和整体经济活动的价值。但在经济学文献中，一个特别简单的规则是，一个公司的分红倾向于以一个固定的速度增长，每年1%。因此，如果今年的股息为1美元，明年的将是1.01美元。

在分红过程的描述中加入随机消息冲击就预示着，各个阶段所观察到实际红利值取决于上一年某一个完全预定的变化以及本年度新出现的消息的价值（实现）。然后下一年度的红利则通过一个概率分布进行描述，以其当前值作为条件。如果同样的条件概率分布要一直应

第五章 空中楼阁：有效市场假设

用的话，随机冲击就会相互抵消，而平均而言红利也会遵循他们年增长率为1%的完全预定的时间路径。这样，这些描述就严格限制了完全预定路径中随机偏差会出现的不可预见的变化。

经济学家使用这样一种条件概率分布来描绘参与者在各个时间点上的预测策略。按照我们所用的例子，一个参与者今天所进行的关于下一年红利的预测将会是各个可能值的平均值，这个可能值存在随机误差项，并且仅仅比今年的红利高1个百分点。由于随机冲击，下一年的红利当然会与今年的预测有所不同。而且，因为这个冲击可以呈现许多值中的任何一个，预测误差就变得可大可小了。

制造业价格随机波动

在一篇具有重大影响力的论文中，萨缪尔森（Samuelson, 1965b）针对市场构建了一个完全预定的概率模型。他的这一构建行为表明，除去"没有效率"以外，资产价格运动最好的描述方式就是抛硬币。

要把市场的隐喻转变成市场的数学模型，经济学家必须具体说明市场如何预测股票在今天和未来一段时间内的收益。今天的预期收益率取决于下一时期市场预测的价格和分红。反过来，今天和下一个时期的价格走势取决于市场对未来价格的预测以及在此期间分红情况如何变动。

要了解萨缪尔森在所谓的"现值模型"中如何将这些运动形式化，假设今天的市场对明年的股票价格和股息的预测分别为100美元和1美元。市场将愿意为此付出的代价是今天的预期收益取决于今天美元的价值，或经济学家所说的"贴现值"。如果我们假设每年的资金成本为1%，明年收到的101美元就是今天的100美元。这个价值，预期股息只会抵消资本成本，在未来的一年市场期望的价格没有变化。

一年内的价格是否为100美元，或者其他一些价值取决于市场对明年的价格和分红的预期。为了得到实际价格变动在模型中的影响，因此，萨缪尔森必须描述在一年的时间内，市场的思想是如何不同于

▶▶▶ 超越机械的市场论：资产价格波动、风险和政府角色

今天的思考。

经济学家们坚持他们模型中的完全预定性，这就忽略了任何他们无法预设的预测策略的修改。萨缪尔森也是如此，他假设根本不会发生任何变化；他使用同样的条件概率分布来描绘无限的未来中每一个时间点上市场的预测策略。通过预设市场对价格及红利的预测策略永远不变，萨缪尔森可以将今天市场对下一年价格的预期和两年内对价格及红利的预期联系起来。萨缪尔森将这种向前的反复进程纳入无限的未来中，告诉我们市场可以推动今天的价格等同于它的预估值，即经济学家们所称的"固定"值：在将来与过去机械重复的假设下，未来时间内市场所预期的所有红利的现在贴现值。

举例来说，假设一位经济学家认为，市场对股息的预测遵循一个简单的机械法则：他们预期每年增长1%。在这种情况下，一个简单的计算意味着，每年的内在价值是当年股息的固定倍数。如果利率是每年6%，这个固定的倍数将是约20。① 随着股票的内在价值等于当前股息的一个固定的倍数，它将在该股息假定增长同为1%，按年率计算增长的平均水平。

目前的价值模型是否意味着价格将实际增长1%，取决于市场是否被推定为准确预测的方式，随着时间的推移开展分红。至于价格变动的预测，萨缪尔森忽略了所有的变化，并假设相同的条件概率分布，其特点是在每一个时间点的分红。他还认为，市场准确地知道，直至完全预定的随机误差项，随着时间的推移分红是如何实际展开的。因此，他设定了市场对股息的预测策略，他实际发展的股息是同一个。在预测未来所有的股息都是正确的，市场对公司内在价值的估计会偏离真正的价值，只有一个与现有信息不相关的随机预测错误。

股票价格的所谓"鞅性"（martingale property）——实际价格围绕预设的完全预定的时间路径随机波动，而且随着时间的推移，可用信息无法使用来持续获得高于平均的收益——遵循一系列的直接逻

---

① 在这种情况下，股息的固定倍数等于一加上股息增长率除以利率和股息增长率，也就是 (1.0+0.01) / (0.06-0.01)。

辑。市场被预设为对项目及公司的前景进行近乎完美的评估，同时被预设为可以精确预测红利的发放，在这样一个世界里，股票价格与市场关于公司固定值的可真可假的预计相等。这种预计将所有可用的信息（当前股息）和预设会发生的所有完全预定的改变（每年1%的预设红利及股价增长率）都纳入了考虑。

每一个时期的实际价格变动都被推定为不同于市场的1%年增长率的预期，只是因为新信息的随机冲击到达并影响收益。这些冲击被假定为随机的，因此与之前的信息不相关。因此，有没有使用可用的信息来预测价格变化时，将不同于他们的1%增长率的可能性，因此，不可能获得持续高于平均水平的收益。

萨缪尔森鞅的结果对金融经济学有着重大的影响。它规定参与者利用现有资料，并相信资产价格反映其真实的所谓基本价值观测之间的理论联系。此外，鞅的结果被认为是细致地证明，没有人可以利用现有的资料，在现实世界中一致地战胜市场。

第三节　萨缪尔森的疑虑

萨缪尔森本人对自己关于模型化现实市场分析的关联性相当困惑，完成以后十多年才将结果发表。在发表的著述中，他"承认在这些年中曾经动摇过……不知道是将之看作非常浅显（几乎是非常空洞）还是非凡的重大成果"。他指出："这个模型在真实经济中的应用必须区别于关于模型内涵的逻辑问题"（Samuelson，1965b：45）。他劝诫读者不要将他的研究结果看得太重要，并强调：

> 它没有证明真实的竞争市场运转良好……也没有证明预测是一件好事或者价格变动的随机性是一件好事……或者预测中的追逐利益的某个人……已经完成了一件利于社会、他人或自己的某件事。这些当中，也许所有的都是对的，也许全然皆错，但是，世界需要一项与众不同的调查研究。（Samuelson，1965b：48）

▶▶▶ 超越机械的市场论：资产价格波动、风险和政府角色

萨缪尔森疑虑，在描述一个总体模型的经济结果时，预期许多固有的困难。他列举的疑虑开始观察，他已经"不在这里讨论其中基本概率分布从何而来"（Samuelson，1965b：48）。他可能会感到不安，他的基本分布假定没有变化没有发生过。在他的模型世界里，个人永远不会改变他们对未来的思考方式，以及公司的盈利前景以同样的方式展现在过去、现在和将来。

它可能在某些时间段是合理的假设，在短期内（在总量至少）市场参与者的预测策略和过程中的因果变量不发生很大的变化。但是，迟早逐利者会修改他们的预测策略，以及原因变量移动的方式而不是机械的方式，因此不能得到充分的预先设定。尽管存在随机误差项，一个单一的条件概率分布是无法捕捉到这样的变化。

举例来说，假设一个公司的股票价格与其条件概率分布相关，比如说，其在过去一年中的收益和当前的利率足以说明市场在过去的预测策略。如果一个相当数量的市场参与者今天决定，经济的通货膨胀率也是相关的预测未来的价格，原来的随机规范将不再为市场的预测策略进行充分分析。

问题是没有一个参与者，更不用说经济学家，可以完全预见到他在一年内如何修改他的预测策略，更不用说在更长的时间范围内。套用卡尔·波普尔（Karl Popper，1957：xii）的话："没有社会［或群体，如市场参与者］可以预测知识的未来的状态。"

萨缪尔森表明，强大的结论假设一个总体的分布在任何时候都可以充分捕捉的结果。[1] 但他是第一个警告，这样的做法个人和市场确实没有什么关系。事实上，他对自己的市场模式提出了质疑：

> ［基本概率分布］应该属于整个市场吗？这是什么意思？他们是否应该属于"代表个人"，而他是谁？他们是不同的预期期望模式的一些防御性或必要的妥协？（Samuelson，1965b：48）

---

[1] 有时经济学者允许在不同的时间点预测不同的特征。然而，这样的模型完全预定的变化意味着一个单一的总体分布的结果的表征。进一步讨论和参考，请看第三章中脚注1。

弗里德里希·哈耶克如此明确地回答，是他们中没有一个人有头脑。金融市场的参与者根本不能坚持一个无休止的预测策略。改变，它产生和反映的不完美知识，导致参与者之间关于他们如何思考未来的多样性。正如哈耶克（Hayek，1945：519）所说，"事实上，我们必须使用不存在集中或集成形式情况下的知识，所有的单独的个体拥有这些完全分散的但不完整并且经常相互矛盾的知识"。

在得出他的鞅结果时，萨缪尔森认为市场"知道"关于价格和股息如何随时间发展的真相。参与者当然没有这方面的知识，萨缪尔森想知道"谁的思想基本概率分布是在事前的"，是否有"任何事后验证"的预测策略（Samuelson，1965b：8）。

然而，一旦将市场无所不知这一假设放弃，该模型就不会再认为一只股票价格就可以正确预测它可能的实际固定值——或者，其鞅性所示的固定值。思考这样一个简单的例子：假如在每一个阶段市场预测红利的涨幅为1%，而实际增长率为2%。每一个阶段内，在占掉红利中的1%以后，市场会推动股价按照预期在对应时间进行1%的增长。然而，价格比固定值低，因为固定值是建立在更高的红利增长率之上的。每一个时间段内，红利都会比预期的要高，因此股价也会比预期中增长得快。很明显这种股价的增长会被与可以获得的信息联系起来，因此是违背鞅性的。

萨缪尔森本人并没有试图"宣布这些有趣的问题"，无论是在他于1965年首次出版（Samuelson，1965b：49），还是他在股市上的后续文章（Samuelson，1973）。然而，法玛和其他金融经济学家认为，他们已经发现了理性预期假说的正确答案。

第四节 理性市场的虚假稳定性

有效市场假说的支持者认为这一点很简单，这意味着逐利的参与者会很快发现价格的系统行为。试图利用这样的行为，他们会导致价格围绕其内在价值随机波动。

在理性预期革命之前，经济学家们对这种说法进行了非正式的论

超越机械的市场论：资产价格波动、风险和政府角色

证。例如，米尔顿·弗莱德曼认为，在货币市场的投机行为将努力稳定物价的基本价值，因为如果"高买低卖，一般来说投机者就会赔钱"（Frydman，1953：175）。

法玛认为，在一个有效率的市场"一个安全的实际价格是其内在价值的一个很好的估计"。不过，他也指出：

> 内在价值本身可以跨越时间而改变，因为这样的事情作为当前的研究和开发项目的成功、管理层的变化、由外国强加给行业的产品关税、增加单独的生产或其他任何实际或预期的改变这一因素可能影响到公司的发展前景。（Fama，1965：56）

因此，法玛（Fama，1965：56）承认："在一个不确定的世界里，一个安全的内在价值是不能完全确定的。"事实上，即使一个人可以在短期内对公司的盈利有一个合理程度的未来估计，更何况是一个概率分布估计，这充分说明这些前景在十或二十年是超越任何人的。一旦承认了变化和不完善的知识，

> 市场参与者之间总是存在着不同的意见，只是个人安全的内在价值是什么，这样的分歧会导致实际价格与内在价值之间的差异。（Fama，1965：56）

尽管如此，法玛（Fama，1965：56）认为，如果这种差异是"系统性的，而不是随机的，参与者将尝试利用这种知识和抵消这个系列的价格"。

由于法玛自己的说法，在聪明的参与者之间的竞争是无法建立真正的内在价值。因此，即使所有的参与者的交易决策基于内在价值的估算，市场价格也将反映这些估计的加权平均值。参与者确实根据自己的想法和观点进行推测，但没有人能准确地确定其内在价值。个人行为的观点认为，如果他们能够在实际价格和内在价值之间进行套利，根本没有意义。

第五章 空中楼阁：有效市场假设 ◀◀◀

承认非常规的变化和不完美知识，像法玛一样，意味着金融市场的资产价值评估不完善。然而，通过接受理性预期假说和萨缪尔森鞅的结果，法玛本人，以及其他金融经济学家却得到了一个截然不同的结论。

理性预期假说转变了有效市场假说，资产"价格总是充分反映可用信息"从一个描述性的假设市场到一个所谓的规范资本市场理论的核心含义：除非信息不对称和其他市场失灵，"理性个人"的市场是稳定的，在这个意义上，他们的价格是围绕内在价值随机波动的。

理性市场的稳定性表现在两个方面。第一，平均价格和公司的短期以及长期利润率直接相关。因此，他们可以准确透露出哪些公司可以最大效益地利用社会资金。当公司的未来前景提升时，其股票价格上涨，使之有能力通过新股份来筹集更多资金。在合理预期世界中，金融市场发出的价格信号使社会可以近乎完美地分配社会资金。第二，稳定的理性市场说明获得的信息在价格上得到了很好的反映。收益随着时间不断变化，所以已获得的信息不能一直用来获得高于平均水平的收益。

理性预期假说似乎补足了萨缪尔森鞅性结论背后的假设所需的理据。然而，这只在理性预期中起作用。在那样一个空中楼阁中，价格只在获取相关基本变量的信息后，才会发生变化。在获得相关信息后，所有的投资者通过股票的固定值来对它进行解读。例如，如果他们认为股票价格会涨到与新的预测固定值持平，所有人就会投入大量资金。试图进行预测的投资者会立即将股票价格推成最新预测的固定值。

法玛（Fama，1976：167）认为，把有效市场假说的理性预期假说不提供"一个完全正确的世界观，但正式的测试需要正式的模型"。到20世纪70年代末，市场有效的假设已经成为"资产价格是由理性行为共同决定"的代名词。（LeRoy，1989：1584）

由于理性预期假说与逐利者在金融市场上如何预测之间的混乱，言下之意是，理性的市场会围绕真实价值随机波动与资本的分配几乎是完美的已经被混为一谈，通常因此不能被打败。

但是，在理性预期的假设与逐利的决策之间没有任何关系。金融经济学家们在理性预期革命之前就离开了：没有任何的理由执着于非正式的论证，更不用说科学依据，因为有效市场假说强烈主张市场的稳定和完美。

法玛（Fama，1976：168）认为，"我们真正想到的是一个市场在投资者之间存在分歧，但在这里共同判断的力量足以产生新信息的价格有序调整"。但是，究竟什么是"共同判断"和"有序调整"，到底是什么现象导致价格围绕神话价值随机波动，却没有回答。

第五节 有效市场假说和资产价格波动

2007年开始的全球危机严重破坏了资本市场定价接近完美的观点。早在2006年，这场危机就引发了房地产的衰退和股票价格的长期恶化，在之前长期上涨过程中，相比于普通基准水平的估值，使价格处于一个非常高的水平。这种过度的波动是很难解释有效市场假说的。

然而，即使在危机之前，经济学家也明白，所有的资产价格是由供求力量自由决定的，但会有一种倾向，即经历持续性的波动，远离和接近基准水平。图5.1和图5.2提供的两个例子。他们绘制的标准普尔500指数（S&P 500）10年的平均收入和德国马克兑美元的汇率，连同一个典型的基准水平的估计。

经济学家已经发现了大量的证据表明，这种基准水平作为资产价格波动的一种锚。[①] 最终，价格波动远远高于或低于大多数估计的基准水平被认为市场过度评价；这样的波动紧随其后的是持续运动回归到基准水平。正如约翰在最近的一次采访中所说的那样，"我们都同意这一事实：当股票价格相对于高市盈率的时候，这似乎是一个低收

---

① 我们将在第十一章讨论这个现象。

益的时期"。(Cassidy, 2010b: 1)

但有效市场假说的支持者指出,这种"股票价格的波动并不能否定市场效率"(Cochrane, 2009: 2)。毕竟,关于股息或其他信息变量和折现率的变化的消息应该导致真正的内在价值的变化。有效的市场意味着物价稳定,而不是传统意义上的"固定",但在某种意义上围绕内在价值的随机波动。

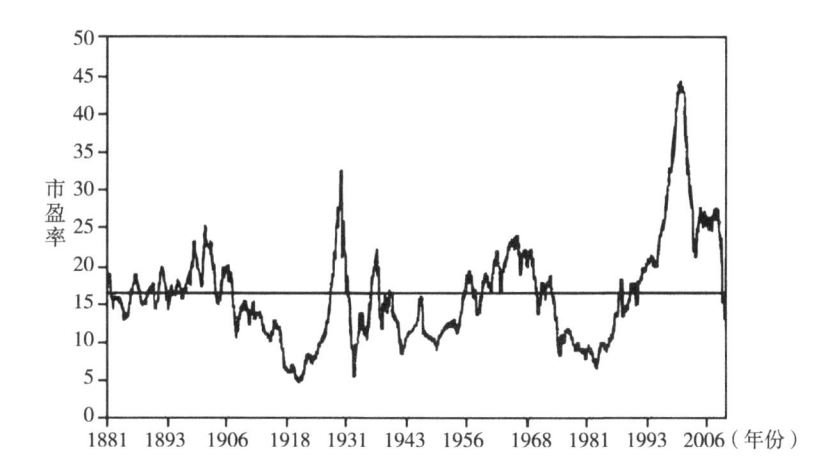

图5.1 1881—2009 年 S&P 500 市盈率(Price – Earning Ratio)

注:每月的市盈率是基于10年的浮动平均收益,利用席勒(2000)的数据,这是他的网站上更新的。图中的水平线是过去128年来历史平均水平的市盈率,等于16.4。

他们试图调节长期波动,图5.1和图5.2中有这样的稳定性是显而易见的,金融学家认为,资产本身的内在价值观经历了长期的波动,远离或接近估计的基准水平。根据这种观点,这种长期波动中真正基本价值的产生是因为它们基于银行贴现率(Discount Rates)的波动。

在现值模型(Present – Value Model)中,贴现率不仅与利率成反比,而且与个人总体上如何评估持有股票的风险,以及他们畏惧风险的程度成反比。例如,如果一个人评估风险或要规避的风险会降低,他们会缩减预期的超额回报来确保收益,这就会弥补在股票投机头寸（Speculative Positions）的风险。当个人的风险溢价（Risk Premiums）和贴现率降低时，他们就会更愿意购买由这些资金所产生的不确定的未来现金流。因此其固定值就会提高。

图 5.2　1973—1998 年德国马克兑美元汇率和购买力平价
（Purchasing Power Parity）

注：每月德国马克兑美元汇率与购买力平价价值，这意味着，无论是纽约还是法兰克福，一美元的购买力都是相同的。购买力平价汇率（Purchasing Power Parity Exchange Rates）被学术界、政策制定者和市场参与者广泛使用，以确定汇率是否被高估或低估。

正如对未来价格的预测，理性预期模型假定个人可以大体上正确预测资金的风险度，一般通过对波动性的标准化测量来进行记述。然而，从梅拉和普莱斯考开始，经济学家就已经知道理性预测假设基础上的额外风险模式和市场风险额外费用的时间序列行为非常不符。即使对于风险的态度的周期性的变动并入了这些模式，它们仍不能解释普通股及其他资本市场数据的基本特点。正如两位著名财政学家指出的那样，"传统的（理性的）框架极其简单，[然而]经过数年的努力之后，有一点逐渐明显：总体期货市场的基本事实，即平均收益和个人贸易行为的交叉部分，在这种框架中很难了解"（Barberis Thaler，2003：1053）。

尽管有这样一个证据存在，预期市场假设的倡导者仍然继续在市场风险额外费用中鼓吹虚构运动，从而使这种假设理论和资金市场的

第五章 空中楼阁：有效市场假设

大幅度波动保持一致。在股权市场中，他们预测个人对风险的畏惧厌恶程度可能和商业周期相反："在经济不景气时期，人们更加不愿意承担风险。"（Cochrane，2009：2）因此例如在 20 世纪 90 年代，美国股票价格的提高是因为在该时期经济的繁荣增加了使期货理性市场参与者更愿意承担风险的能力，而理性市场参与者越愿意承担风险，反过来又会使固定值稳步增高。同理在 2001 年第二季度开始的经济萧条期，可能降低了参与者承担风险的意愿，从而导致当时股票的固定值下降。

虽然这一事件的合理性与实证证据在很大程度上是不一致的。这并不令人惊讶，在时间序列证据面前，以理性预期假说为基础的风险溢价模型已经在研究中遭到否定。金融学家们的一些实证研究报告中指出，在美国股票市场风险溢价的估计与商业周期成反比，而市盈率和其他估值指标在助长周期性波动。（Fama & French，1989）

然而，资产价格和经济波动的时机根本不按排队的方式，与传统经济学家风险溢价的故事是一致的。例如在 1990 年之前美国股票价格保持长期上涨，1991 年后经济衰退，但股票价格保持上涨的势头有增无减。此外，股票价格的长期下降趋势始于 2000 年年中，之前的一年美国经济和就业率低迷。在这期间有一个反周期的风险溢价一直推动价格的波动，我们本应该在 1991 年看到股票价格开始下滑，并在 2000 年年中开始有大幅下降趋势，不应该直到 2001 年年中才开始看到这一现象。

还有一个问题值得探讨，统计研究用于支持有效市场假说的长期波动：它是基于评估模型，假设长达 60 年样本数据不变的模式。在这么长的时间内，描述相关的参与者是如何预测风险，以及数据的相关性都必然发生改变。统计模型强加的稳定性，仅将来自不同时期与不同关系的数据合并，很有可能掩盖潜在的模型。[①]

郑（Zheng，2009）和曼格（Mangee，2011）提供的经验证据表

[①] 我们回到这个问题，这困扰着大多数宏观经济学统计研究，在第十一章，我们讨论的经验证据表明，有效市场假说的支持者坚决支持他们的理论。

明，情况确实是这样的。使用每月的数据，他们发现了推动股票市场风险溢价关系的不稳定。一旦郑（Zheng，2009）接受这种不稳定性存在，取得了明显不同于早期的研究结果。图 5.3 是来自他侧重于从 1997 年年中到 2008 年年底的研究。该图表明，估计风险溢价趋于上升和下降，协调市盈率相对于基准的差距，而不是相反。

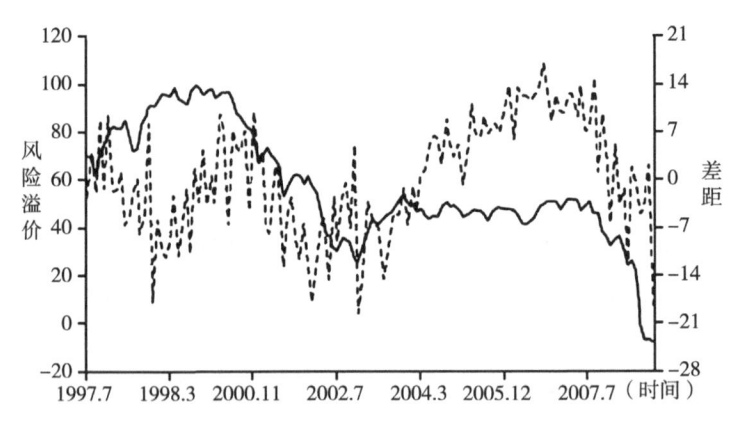

图 5.3 股市风险溢价和差距（1997—2008 年）

注：市场风险溢价是以回归实际未来超额收益利率和席勒（2000）的市盈率。这个差距变量是基于对其历史平均水平 16.4 的偏差。

数据来源：Zheng（2009）。

市场风险溢价和其资产价格，以及基准水平估算之间的差距是一种正相关关系的结论在弗莱德曼和高德伯格（Frydman and Goldberg, 2003，2007）、乔乌肖鲁（Cavusoglu，2009）和史蒂瓦根（Stillwagon,2010）等研究中可见，是基于对 14 个货币市场的发达国家和发展中国家的考察。图 5.4 是每月的风险溢价，以及英镑兑美元汇率和购买力平价之间的差距。对于货币风险溢价的趋势与相对于购买力平价基准汇率的波动是惊人的积极移动。

有效市场假说的倡导者们试图将股权市场的长期波动看作是基于 REH 的固定值的变动，这与溢价和资产价格波动同步这一事实南辕

第五章 空中楼阁：有效市场假设

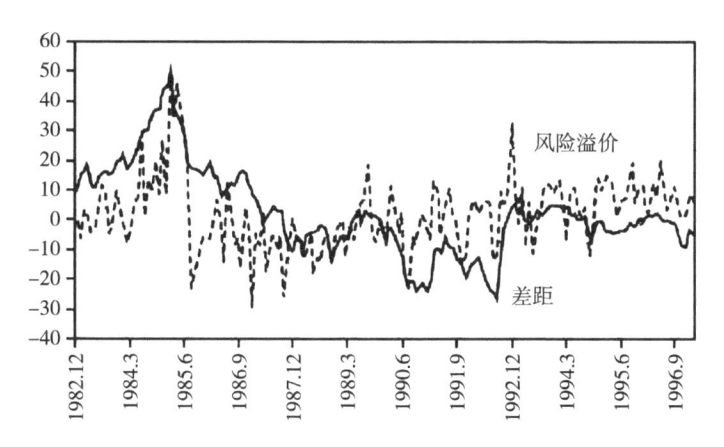

图 5.4 英镑兑美元的风险溢价和差距（1982—1996 年）

注：市场风险溢价是代理利用国际货币市场服务的调查数据，对市场参与者进行每周一次的调查，提前 1 个月的汇率预测。如需了解更多详细信息，请看弗莱德曼和高德伯格（Frydman and Goldberg, 2007, 第 12 章）。

数据来源：Frydman and Goldberg（2007）。

北辙，根据图 5.1 中关于价格波动原因的解释，当价格上涨时，风险溢价会降低；反之，则会提高。然而，证据表明这种关系的描述与事实是相反的。①

针对股票价格波动的有效市场假说和理性预期假说在对股票价格波动的原因进行分析时所遇到普遍的困难已经引起了传统经济学家以及行为经济学家的大量研究。在开发可替代模型发展相关模式时，很多经济学家遵循了他们的现代科学观念，将自己限制在完全预定模式中价格波动原因的研究。他们同时也相信，信息透明、具有竞争力而又由理性个人组成的市场会使资产价格围绕其固定值随机波动。这种想法使传统经济学家以及行为经济学家将价格浮动视为泡沫，认为价格浮动脱离了可能真实的基础值。

---

① 这些研究结果表明，参与者如何评估投机性的风险不在于波动标准的措施、参与者的观点与普通基准水平的偏离。这种看法使我们制定的"多头"和"空头"的风险溢价，抓住这一行为的 IKE 模式。我们将在第十章勾画这种模型。

第六章　价格波动泡沫的寓言

始于2008年的全球金融危机，导致许多观察家质疑当代宏观经济和金融理论的相关成果和指导政策。很多经济学家也认识到个人行为和市场是有缺陷的，但仍坚信，他们应该继续寻找更好的，甚至更完善的、完全预定的结果。①

可以肯定的是，住房、股票和其他市场因素的波动，往往归咎于金融危机，大大削弱了对金融市场和理性参与者分配社会资本能力的信心。然而，理性预期资产的内在价值，继续作为建模的价格和风险波动的基础。例如，在模拟资产价格的波动中，经济学家描绘所谓真实的价值的前景和公司时以偏离理性预期假说为基础。

因此，尽管理性市场和泡沫理论很可能不同，它们却都遵守现代宏观财政理论的核心假设。它们都在理性预期假说下描绘出实际的内在价值，并且用完全预定的模式来塑造资产价格运动。因此，两种方法具有围绕可能"真实的"基本价值所设定的固定价格的理性市场模型，以及描绘对上述值的偏离的泡沫模型——都曲解了资产价格的因素，并有使实际市场动荡的危险。

---

① 克鲁格曼（Krugman, 2009）忽略了这样一点，那就是经济学家是否需要重新考虑要不要继续坚持市场的完全预定性。作为对很多人都持有的一个观点的回应，克鲁格曼认为，在理性预期宏观经济模型中的财政领域增加一个机械量（正如伯南克1999年所做的那样）将会修正这种模型（理解结果和指导方针的模型）。获取更多有关这方面的评论，请看第一章第17个脚注。

第六章 价格波动泡沫的寓言

第一节 重塑非理性

现代宏观经济模式对资本价格的预测取决于它对个人投资者预测行为的设想。正如我们看到的，理性预期模型预设个人的行为和预测都是以经济学家自己的全能全知的模型为基础。这些模型所针对的是市场价格，它们所强加给个人的是同一化的东西。相反地，行为经济理论模型则在研究不强制同一化模型的应用，从不完全理性特征出发。但是如卢卡斯（Lucas，2002：21）所明确提出的，所有的全能全知的模型都能"在电脑上机械式地运行"。因此，即使已几乎了解了完全理性预期的不合理性，它们也仍旧只是对经济结果的错误阐释，但这些阐释是在无规律变化的驱动下发生的。

金融市场的变化比任何地方的变化都要重要。因此，在提前预定的模式下，个人和市场的总体决策如果一致，与真实市场的理性也毫无关联，如果不一致，也并非是在这些偏离真实市场中完全理性的预兆。直白地说，参与者完全预设的预测策略和经济学汇总的结果就算一致，也已经无关紧要了。将这些策略输入市场参与者仅仅说明每个人都在放弃获益的机会。

可以肯定的是，心理和情绪对于理解个人如何做出决策非常重要，行为经济学家对这类行为做出了重要的启示。他们的模型不从完全理性的特征出发，但他们的上述见解与总体的机械规则仅仅是明显的非理性行为的另类写照。

第二节 非理性预期世界泡沫：机械的从众心理

市场参与者有时会抬高资产价格并远离基于基本面的估值，由于从众心理和狂热导致他们预期不断上涨，哄抬价格，此现象在金融界和大众媒体报道中已有历史。[1] 爆发于17世纪至18世纪的两次标志

---

[1] 从这一角度看金融危机的历史，参见金德尔伯格（Kindleberger，1996）。

▶▶▶ 超越机械的市场论：资产价格波动、风险和政府角色

性事件：荷兰"郁金香狂潮"（Tulip Mania）和英国南海泡沫事件，通常被视为一个纯粹的投机泡沫两个最好的例子。

这些事件表明，在市场中从众心理和狂热在当时和现在都可以发挥作用。但用狂热等因素来解释主要资本市场中股票、债券和货币价格波动，认为长期上涨是对市场设定资产价格中所谓"真实"基本价值的偏差。而事实上，图5.1和图5.2中所显示的长期波动是正常的，而不是特例。

"理性泡沫"模型忽略了对这一事实的观察，试图坚持理性预期假说的同时，描述资产价格急剧上升的原因。在这些模型中，从众心理会导致对理性的个人预测未来的价格产生影响时，淡化了资产的内在价值的重要性。

在极简模型中，所有的投资者都会相信，其他人都期望在连续的时间段里资产价格会上涨而高于公认的固定值。是因为所有的市场参与者的预期都包含这种观念，导致价格平均地偏离预测的基本价值。理性预期假说预设个人所拥有的模型对资产固定值，以及对主导市场的从众心理学的发展无所不知。

什么情况下会引发参与者思考在模型中并没有涉及从众心理对资产价格的影响。据推测，几个连续的价格上涨会导致一种狂热兴奋并产生这样一种可能，价格将在一个较长的时间内持续上涨。

假定所有这些泡沫最终会破灭，是什么导致泡沫的破灭，正如是什么导致泡沫产生的，一直没有明确的说明。该模型只假定一些外部事件会导致狂热的退却。当狂热退却意味着资产价格会立即下降，回到了其理性预期假说指定的伪内在价值上。一旦泡沫破裂，那么市场就会将资产价格恢复到他们所谓真正的价值上。

我们的论点有力地说明了当从众心理被纳入分析时，理性预期模型描述严重非理性的行为不会被削弱。相反，很难理解怎么可能有人预测这种短暂的现象，更不用说相信它会根据一个总体的机械规则随着时间的推移而发展。

像所有以理性预期假说为基础的模型一样，理性预期泡沫模型也遭受到实证的困难。在泡沫时期，除了几个随机的相反方向

第六章 价格波动泡沫的寓言

的震荡，价格本应该逐步上升。然而，在图 5.1 所示实际价格急剧上涨和图 5.2 所示资产价格经历了长期稳定但部分价格回到基准价值。

考虑到在 1980 年上半年所发生的德国马克兑美元汇率长期上升。到 1983 年 1 月，美元的价格已经开始上涨并远高于基准价值的估值。在随后的两年里，汇率从 2.37 上升到 3.40，这意味着美元进一步升值 44%。在其鼎盛时期，美元相对于购买力平价被高估了大约 60%。类似于美元价值急剧上升的情形，经济学家和其他人士称其为泡沫（Frankel，1985；Krugman，1986）。

图 6.1 为泡沫时期的德国马克兑美元汇率，图中显示了汇率持续变化但有时会逆转向购买力平价的几个阶段。例如，1984 年 1 月 9 日开始的九个星期，美元从 2.84 持续下降到 2.55（图 6.1 中的 A 点和 B 点）事实上，美元在九周里有八周都在下降。如果长期的增长真的是因为从众心理，那在 1984 年年初就会停止。而根据理性预期泡沫模型，美元应该迅速回落到基准水平。然而，这并未发生，到 1984 年 3 月中旬，美元价值继续持续长时间上升。

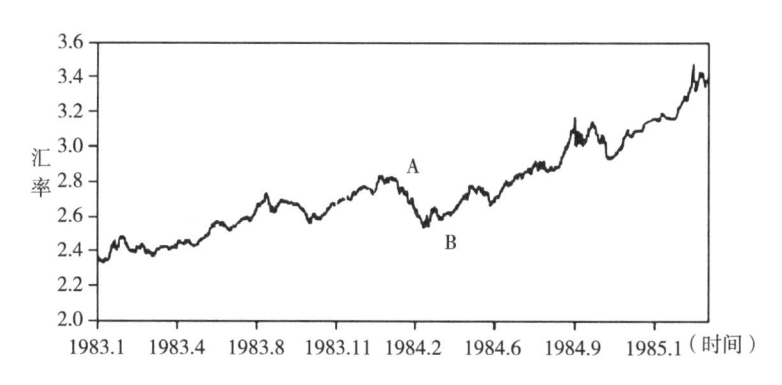

图 6.1　1983—1985 年德国马克兑美元的汇率波动

理性预期泡沫模型也不能解释资产价格漫长的衰退期。首先，尽管泡沫破碎后的低迷期内，按照理性预测假说应该出现骤降到不真实的伪固定值的现象，这些泡沫模型不会导致伪固定值之下的长期变动。① 当然，确实存在一天中价格的大规模下降的情况，例如 1929 年 10 月 24 日美国股票价格的戏剧性下跌（"黑色星期一"）。但是，图 5.1 和图 5.2 中所示数据经历长期上升之后是延续数年的持续下跌的情况。例如，在 1929 年 9 月和 2000 年 3 月，美国股价达到最高，然后开始下降，两次都是在大约 3 年之后才达到最低点。②

实际上我们观察到的资产价格上升和下跌的频率、持续时间等特点表明，理性预期的泡沫模型根本无法提供针对这些市场波动情况的近似描述。

第三节 行为泡沫的诱人叙述

行为经济学家试图将市场参与者的行为纳入他们的模型。他们已经认识到，虽然集体狂热（Collective Manias）时有发生，但价格波动是资本市场的固有特征，因而不能以从众心理的特殊表现作为解释基础。这一观察结果使他们寻找在策略中考虑长期波动因素的不寻常的模式。

市场参与者的调查报告中发现的一个关键问题是关于市场参与者的交易策略。这些调查表明，参与者使用技术交易策略很普遍，至少在某种程度上影响其交易决策。许多这些所谓的"图表专家"策略只不过是以这样或那样的方式来推断过去的价格趋势（Schulmeister，2003，2006）。因此使用这种策略看起来似乎是建模资产价格波动的一个非常有用的途径。

行为模型也是从很多控制变量的实验结果中得出的，在实验中与回报相关的结果并不确定。这些结果说明个人的决策通常来源于在标准的概率规则基础上的预期，这些变量经常展示一些范式。例如，在获得新给定信息的情况下以后，个人通常倾向于慢慢将其对

---

① 下降的理性预期气泡排除，因为他们要把价格推到零的可能，这意味着这样的下跌不可能开始。

② 对于理性预期泡沫模型无法解释的外汇市场价格波动的计量经济分析，见弗莱德曼（Frydman, 2010b）等。

第六章 价格波动泡沫的寓言 ◀◀◀

不确定结果可能性认知与机遇的内容，即认知心理学家所称的"保守主义"现象联系起来（Edwards，1968；Shleifer，2000）。心理学家认为这种范式说明个体依靠有益的启发来在不确定的世界里做出决定。在现实市场世界里，在市场参与者一直不知道应该使用哪种新策略的情况下，他的这种修改其预测策略的趋势会逐渐地、不急不慢地起作用。

然而，尽管行为经济学家和心理学家积累的大量证据表明，个人不按照当代经济学家的合理性标准，许多行为的泡沫模型的使用理性预期假说刻画了一批这样的决策所谓"聪明"或"知情"的投资者（Fama，1965：56）。[①] 通过这样做，这些模型都拥有相同的基本叙事构成有效市场假说：如果市场里面全部是"聪明的投资者"，那么资产的价格与其"真正"的内在价值是大致相等的。

为了将泡沫的变化从伪固定值中区分出来，经济学家假定了所谓的"不理性"或者"无知的"投机者的存在（Abreu and Brunnermeier，2003：173）。这些人受非理性的、跟随潮流的、自负的以及可能导致动量交易（Momentum Trading）的相关心理偏差思想控制。无知的投机者的预测行为一般通过一条或多条技术性交易规则来体现，参与者机械地使用这些可以运用过去的价格推测趋势的规则。投资者用机械的方式来推断过去的价格趋势。这导致无知的投机者抬高价钱，即使这个价钱可能已经比"聪明的"投资者所估计的固定值高了。

通过图表分析使用纯机械规则，行为经济学家转变什么是合理的启发式，这可以基于固有的不完善的知识补充评估，成为一个战略在现实世界中的市场有什么人会认为是明显不相符的即使是最小的合理

[①] 种子行为气泡模型包括弗兰克尔和弗鲁特（Frankel and Froot，1987）和德隆（Delong et al.，1990b）。欲了解更多最新型号，见阿布雷乌和布伦纳迈尔（Abreu and Brunnermeier，2003）和德格洛瓦和格里马尔迪（DeGrauwe and Grimaldi，2006）。弗兰克尔和弗鲁特（Frankel and Froot，1987）和德格洛瓦和格里马尔迪（Grauwe and Grimaldi，2006），假设所有交易者可以访问，这将是与资产价格的基本面在没有其使用图表分析规则的真正和首要的模型。

的行为：参与者从来不寻找非常规变化，永远忠实于自己的机械技术的交易策略。

第四节 有限套利：机械理论的神器

对全能全知的模型的坚持导致另一个难题的出现。如果聪明的投资者真的大概知道资产的"真实"基本价值，在任何偏离这些值的情形下，他们都应该乐意将大把的资金作为赌注。但是如果他们真的这样做了，他们会努力使价格随机性地围绕它们可能的现实值进行波动，也就意味着泡沫不会产生，尽管无知的或"不那么聪明的"贸易商确实存在。

这个困难已经导致许多研究试图解释为什么聪明的投资者并不总是套利，而是偏离了所谓真正的内在价值。在一个完全预定的世界建模所谓的"限制套利"的文献已经表明，经济学家是聪明人，他们会规避风险，所以会自愿限制成本，他们投入的价格回归到他们所谓的真实内在价值。[1] 精明的投资者知道无知投机者的存在，其交易行为会增加投资者的套利头寸的风险。这种风险进一步限制了这些头寸的规模，使投机者的交易行为创造了泡沫。[2]

经济学家也看了几个机构特性的交易市场在实际建模时限制套利。例如，他们强调，所有市场参与者都面临各种资本约束，限制了双方的多头和空头头寸的大小。阿布雷乌和布伦纳迈尔（Abreu and Brunnermeier，2003）承担这样的约束，并且他们的"理性"投资者信息不对称。在他们的模型中，动量交易者可以创建一个泡沫。假设信息问题创建了两种类型精明的投资者：哪些人知道泡沫已经形成，哪些人不知道。然而，最终的价格膨胀，以至于聪明的投资者意识到有足够的泡沫存在，此时泡沫的破裂和聪明投资的者竞标价格一路回到其伪内在价值。在模型中有一种可能性，聪明的投资者谁了解一个

---

[1] 见（Gromb and Vayanos，2010），这一文献的回顾。

[2] 实证证据表明，图表专家的规则和趋势交易的重要性，是不是几乎一样大，往往是认为，实际上在波动的过渡阶段减退，见第七章。

泡沫早期可能不会套利价格的背离其所谓的真正的基本价值。相反，他们最初可能下赌注为了延续上升到"骑泡沫，虽然他们知道泡沫最终会爆"（Abreu and Brunnermeier, 2003: 175）。[1]

第五节 行为泡沫带来的麻烦

当然，需要限制模型，套利的发生只是因为经济学家推测资产价格根据总体的机械规则展开，而理性的个人在某种程度上知道真实的过程驱动的市场结果。这个核心的前提下，导致不仅对贸易体制和其他功能，促使套利有限，而且对所谓非理性的启发式和心理偏差，可能证明机械动量交易者泡沫模型存在一个密集搜索。

毫无疑问，参与者面临资金限制，一些人依靠技术交易和其他的启发式方法。但是通过关注这些问题，经济学家们错过了面对市场参与者的关键要素：非常规的变化和不完善知识的重要性，这意味着，即使是所谓的非理性行为，不能充分模拟具有完全预定的机械规则。

脱离有缺陷的基础很难使行为泡沫和我们在资本市场中观察到的长期波动一致。很多模型，［例如阿布雷乌和布伦纳迈尔模型（2003），它依靠信息灵通的精明投资者来产生泡沫］就是不能让人信服地解释主要资金市场的结果，这种市场包括股票市场和货币市场等。在这些市场中，过多的公开可用信息会在全球扩散。当然，公司的知情人拥有私人信息，并且在个别案例中这类信息的交易会影响股票的价格。但是这并不能解释大盘股价指数的波动或者货币波动，如图 5.1 和图 5.2 所示。

阿布雷乌和布伦纳迈尔（Abreu and Brunnermeier, 2003）模型和许多其他的理性预期泡沫的说法认为，一旦泡沫破裂，资产价格立即返回到其真实的内在价值。但是，正如我们所看到的，这样一个账

---

[1] 艾伦和戈顿（Aller and Gorton, 1993）表明，基于短期（季度或年度）业绩的代理问题和薪酬结构也可能会导致投资组合经理，他们理应知道资产的真实价值，以从这一水平的运动中进行押注。

户，甚至没有提供一个近似的描述金融市场的恶化程度。

一些行为泡沫模型产生长期衰退。例如，弗兰克尔和弗鲁特（Froot，1987）、德格洛瓦和格里马尔迪（DeGrauwe & Grimaldi，2006），长期波动远离伪内在价值发生，因为所有的交易者都逐渐切换在一个再融资的基础上，基于预测的基本模型和图表规则。价格长期上涨是因为市场参与者慢慢放弃基本模型中的基本规定，而长期下降趋势是因为这个过程最终逆转。

行为泡沫模型表明，有一个相对简单的政策，官员们就能一开始抑制泡沫。而不是承担艰巨任务的战斗心理和狂热，官员只需要启动一个短期的价格走势政策，就能让其回归到公认的真正的基本价值。根据行为模型，这种行为会导致分析师和聪明的投资者都机械地应对新趋势，从而加强和维持它。

但这个含义与经验相矛盾。在持续的资产价格产生反向运动中，政策官员面临困难的一个众所周知的例子是由美联储前主席（Federal Reserve Chairman）艾伦·格林斯潘（Alan Greenspan）试图警告美国股票市场在1996年12月5日的"非理性繁荣"[1]。最初，这一宣告导致股票价格急剧下降。但如果行为的泡沫模型真正捕捉到了推动资产价值的过程，这种趋势的变化就足以引发持续逆转。相反，美国的股票价格恢复了上升趋势，持续了四年。[2]

第六节 被遗忘的基本原理

尽管他们有明显的差异，但以基本机制为基础的理性预期和行为的泡沫模型本质上是相同的：在总体上，高涨远离了伪内在价值的产

---

[1]（Greenspan，2007）对引出这些针对市场提出的著名警告的时间，以及后续的一些时间点进行了说明。

[2] 对货币市场官方干预的有效性进行研究也表明，行政人员在持续影响资产价格方面面临困难。研究者普遍发现，尽管政府干涉在使利率预期朝方向发展时短期内有效，但是并不会引起长期的持续好转。案例分析可参照多明格斯和弗兰克尔（Dominguez & Frankel，1993）、法图姆和何金鑫（Fatum & Hutchison，2003，2006）的论述。

生是因为参与者,由于种种原因,越来越淡化了基本面因素的重要性。据说,在资本市场的波动从长期基本面因素变动断开,这意味着市场往往严重滥用社会稀缺的资本。正如我们在第七章和第十一章的讨论,这种预测与对资产价格波动的经验记录严重不符。

第二部分　替代模型

第七章 凯恩斯与基本面

人们认为,在房屋、股权及其他资本市场发生的快速积累和紧随其后发生的暴跌,直接导致了2008年金融危机的爆发;这一切也让人们更坚信资产价格涨落与基本面在很大程度上毫不相干。而市场参与者们毫无理性、情绪化、不稳定的交易决定,以及参与动量交易,则被认为是导致价格泡沫的产生和破灭的原因。

很多观察家将20世纪90年代美国股市价格的长期上涨,即广为人知的"dot.com或者互联网泡沫",作为这种行为的一个主要例子。当时,伴随着许多首次公开募股的公司股价的大幅上扬,对互联网股票的自信、乐观甚至乌托邦式的情绪充溢着市场。单举Globe.com和eToys两例:这两家公司的股票价格在交易第一天就分别上涨了606%和280%。1999年10月,最大的六家技术领域的公司包括微软、英特尔、IBM、思科、朗讯(Lucent)和戴尔——合计占有了1.65万亿美元的市值总额,占美国国内生产总值(GDP)的20%。2000年8月,广义标准普尔500价格指数再创新高,攀升至其基本收入的43倍(图7.1)①,达到1929年10月市场价格33倍,让这一

---

① 图中的股价——收益比率(市盈率)是以十年的移动平均为基础建立的,解决了当前的收益报道中每月波动过大,甚至在公司的亏损较大时出现负值的问题。移动平均收入同时也能更好地测量股票价格波动的基准线。请看坎贝尔和希勒(Campbell & Shiller, 1988, 1998)。当然,其他的收益测算方式(如运营测量)或者周期更长、更短期的移动平均会产生不同的股价——收益评估。不过这些方法也可能将1999—2000年的历史过高股价与基本收入关联起来。

保持到90年代的市场价格最高纪录相形见绌。

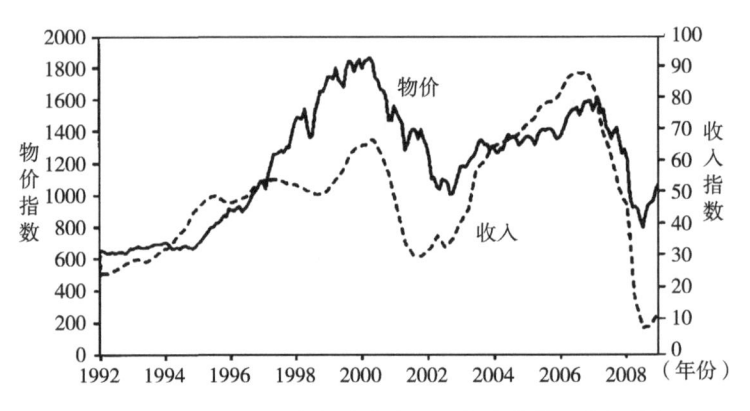

图 7.1 1992—2009 年标准普尔 500 股市价格和市场收入

资料来源：数据来自罗伯特·席勒（Robert Shiller）的网站，www.econ.yale.edu/~shiller/。

当然，在 20 世纪 90 年代主要的参与者们炒高股票价格时，心理因素确实发生了作用。技术型交易也为价格高涨出了把力。但泡沫主义假设这整整十年间的价格上扬的维持是完全由于这些因素的作用却是很不合理的。技术型交易大多只在几分钟或几小时内发生。舒尔梅斯特（Schulmeister，2003）指出，技术型交易规则的不同之处在于，在价格趋势开始后，在多短时间内能产生买入或抛出信号的情况。这些不同可能导致投机者延续已开始的价格趋势。① 尽管如此，大部分技术型策略的触发时间点之间只有几小时或者几天的差异。这样的投机完全无法解释持续许多月甚至几年的长期上扬。

综上所述，要解释市场上实际观察到的资产价格涨落，我们的视野必须要比心理学家和技术型交易的考量看得更远。实际上，单纯用心理学来解释资本市场忽视了一种可能性，即为了预测未来的价格运动，参与者会考察基本面因素，因为无论在长期或短期范围内，基本

---

① 另见舒尔梅斯特（Schulmeister，2003，2006）对这些假设状况的分析。

面都被认为是市场走向的驱动力,而参与者为了评估投资回报会关注基本面。一旦收入和整体经济活动持续地往相反方向运动,在市场上可能存在的任何自信和乐观情绪都将迅速蒸发。

在20世纪90年代的很长一段时间内,包括公司营收、国内生产总值、就业率、出口、生产力水平在内的很多经济指标都增长强劲,而通货膨胀率则不断下降,保持在良性范围内。自由贸易协定、其他政治和制度改变以及宽松的货币政策,都促进了经济增长。当这些发展逐渐展开后,无疑为"美国和其他正处于信息技术革命浪潮中的经济体"这一广为接受的信念注入一针强心剂。基础面因素的牛市发展和由该牛市引发的高涨的自信,提高了长期及短期市场参与者对股票收益的预期,由此抬高了股价。

在图7.1中,我们可以很容易观察到基本面因素在驱动资产价格方面的重要性;图中标出了标准普尔500价格指数以及区间内的基本收入。两条曲线的运动趋势有着惊人的相似之处。除了总体趋势的同起同落外,它们在2000年、2003年、2007年的主要转折点都接近同步。此图证明了泡沫主义认为长期股价上涨与基本面因素以及对未来预期的担忧无关的观念是不正确的。

准确说来,历史上和后续长时间下挫告诉我们,20世纪90年代的广义股市指数上涨水平确实过度了。但是,如后文章节将讨论到的,这样的过量波动并不是因为市场参与者的交易决定忽略了基本面因素导致的;而是因为参与者在预测未来结果时,必须使用不完善知识来解读基本面因素趋势导致的。

事实上,即使个体投资者们只关心短期回报——这是在许多市场中非常常见的交易特色——用历史数据和关于基本面因素的新闻来预测回报都是很有用的。大量的官方和非官方证据证明,各种广泛的基本面趋势在驱动资产价格涨落的过程中起到了关键作用。

第一节 凯恩斯是一个行为主义经济学家?

约翰·梅纳德·凯恩斯(John Maynard Keynes)常常被用来支

▶▶▶ 超越机械的市场论：资产价格波动、风险和政府角色

持心理因素可独立驱动资产价格的论点。然而，这类对凯恩斯的解读，似乎遗漏了他在对资本市场的解释中所提到的基本面扮演的角色。

在一段被大量引用的文献里，凯恩斯（Keynes，1936：156）将在资本市场中专业投资者和投机者面对的问题与下文联系了起来：

> 在一次报纸举办的比赛中，参赛者需要从一百张照片中选出六张最美丽的脸孔，奖品将被授予选择了与所有参赛者的平均偏好一致的那位参赛者；因此每位参赛者需要选择的，不是他自己认为最美丽的面孔，而是他认为会吸引别的参赛者的面孔，所有人看问题的立足点都一样。这不是个人如何运用最佳判断选择真正的最美脸孔的案例，甚至不是选择平均观点认为最漂亮脸孔的案例。我们已经进入第三层次的预测，即把自己的全部智力运用到预测平均观点会期待怎样的平均观点中去。而且还有一些人，我相信，会运用第四、第五甚至更高等级的预测。

行为主义经济学家和其他观察家常常引用凯恩斯（Keynes，1936）的选美比赛比喻来支持他们关于价格涨落的泡沫观点（见 Akerloff and Shiller，2009：133）。面对揣测"平均观点会如何预测平均观点"的难题时，他们认为参与者在预测时会忽略基本面因素，成为从众心理学、感情、心理偏见和动量交易的受害者。[①] 确实，整个十二章中，凯恩斯重复引用心理学因素来描写投机和投资，例如"我们自信地……预测"（p.148）、"从众心理"（p.154）、"原生性的乐观"和"动物精神"（p.162）。他甚至将在资本市场里的短期投机与"赌场活动"（p.162）相提并论，就像当下的许多观察家一样，提出市场也许是在杂乱无序地分配社会资本。

然而，凯恩斯的泡沫理论在对资本市场的解释上有着本质的不

[①] 例见希勒（Shiller，2000）、布伦纳迈尔（Brunnermeier，2001）、阿克尔洛夫和希勒（Akerloff & Shiller，2009）及其中的资料。

同。最主要的一点是,他将不能预知的改变和不完善知识置于金融市场分析的中心。① 因此,完全预定式的行为主义金融模式以理性预期假说为基础,制定假定正确的基本面价值,将价格涨落描写成机械化地偏离这一假定正确的价值的说法,必定会被凯恩斯当作无稽之谈。尽管心理学因素毫无疑问地在他关于金融市场的思想中发挥着作用,在凯恩斯(Keynes,1936,chapter 12)中的内容却说明了基本面因素对于他的资产价格波动观点来说相当重要。②

凯恩斯(Keynes,1936)明确地指出了基本面在预测平均观点时扮演的角色以及基本面是与心理学考量相关联的方式。要预测在短期内平均观点如何分析平均观点,需考察建构平均观点的要素。即使将自信、乐观程度和动物精神作为主要考量,要测量或直接观察这些心理因素依然是很困难的。此外,如凯恩斯所言,这些心理因素实际随着各式各样的基本面因素的发展而发展。实际上,当我们审视这个选美比赛的问题时,就能清楚地看到,基本面考量,在大部分情况下,是人们在猜测市场的情绪变化时唯一可观察的实际因素。

第二节 不完善的知识和基本面

关于凯恩斯的学术文章和书籍、凯恩斯的著作包括《通论》(Keynes,1936)和关于金融市场的思考,以及其他的经济学、政治学和社会学的著作,足以装满整个图书馆。③ 在他去世50多年后的今天,许多关于他著作的真义及其关于公共政策的暗示意义的辩论仍未平息。

举例来说,学者们对凯恩斯的"动物精神"这一短语的真正含

---

① 他终生强调对"不确定性的标准概率式描写"不够充分,也可见于凯恩斯(Keynes,1921)。

② 我们研发了一个资产价格涨落的数学模型,该模型中,基本面如何影响收益的不完善知识被置于分析的中心位置,同时涵盖行为性的理解,见弗莱德曼和高德伯格(Frydman & Goldberg,2007,chapter 14;2010b)。关于非理论技术的讨论见本书第九章。

③ 关于凯恩斯和他的思想的权威记录,参见斯基德尔斯基(Skidelsky,1983,1992,2000,2009)。

▶▶▶ 超越机械的市场论：资产价格波动、风险和政府角色

义及该短语在他的资本市场思想中的重要程度，依然争论不休。这个短语被行为主义经济学家和许多其他观察家用来说明，驱动决定作出的主要因素是心理的，或是非理性的、与理智和前瞻性思考背道而驰的因素。然而，另一些学者也提出，动物精神的概念，是"完全理性的，因为它直观地使用知识"（Dow and Dow，1985：52）。梅尔贝里（Melberg，2010：4）指出，凯恩斯直到《通论》的第十二章的结尾才提出这个短语，回顾整部著作，可知"尝试用凯恩斯的动物精神来为讨论经济波动的理论提供行为学基础，不太可能成功"。

然而，我们也需要注意，凯恩斯认为资本市场是由不完善的价值评估成员组成的。专业投机者的短期性和心理学因素对于理解该问题十分很重要。但是，市场不完善的基本原因则是因为我们每个人都必面对不完善或不确定的知识。在第十二章的开头，他写道：

> 一个明显的现实是，我们预测未来投资收益所需依赖的知识基础是有待完善的。（Keynes，1936：149）因此，没有人可以将某个准确的概率分布与某个未来结果联结起来：
> 不确定的知识，让我解释一下，不仅局限于用来区别确定知晓与有可能发生的情况。在这个环境中轮盘赌游戏不属于不确定性……这个词是用来描述类似以下情况的不确定性：欧洲战争是否爆发，或者20年后的铜价和利率，或者一个新发明被淘汰，或者在1970年私有财富拥有者的社会地位。关于这些问题，没有任何科学根据可以用来计算它们的概率。我们单纯的就是不知道。（Keynes，1971—1989：113—114）

凯恩斯认识到，知识的不完善性，为自信和乐观等心理学因素打开了大门，让它们在市场参与者的决策制定过程中发挥作用。然而关于对资本市场的分析，他首先讨论的是"预期未来收益回报"是如何从一开始就根植于个体对基本面或者"事实"的理解上。参与者会"倒退到一个传统认知上，即假设现存事件会无限地持续下去，直到我们知晓特别的原因期待改变"（Keynes，1936：152）。现存的

第七章　凯恩斯与基本面◀◀◀

事件中蕴含的"知识可能影响投资产出的事实",以及"现存的市场价值……只会与这个知识的改变发生比例的改变"之意(p.152)。

凯恩斯对短期投机的性质和心理学因素的讨论,并不是因为他认为参与者的预测与现实知识无关;而是因为这些考量能够帮助我们理解"传统价值"有时会受到诸多变量影响的原因。在尽心阐述"某些不稳定性的催化因素"(p.161)的章节中,他引入了选美比赛的比喻。而动物精神则在第十二章的倒数第二小节,作为另一个"因人性特点导致的不稳定性"的原因被引入(p.161)。但是,在这节的结尾,凯恩斯警告道:

> 我们不应该由此得出这样的结论:非理性的心理波动决定一切。这仅仅是为了提醒我们自己……虽然我们理性的自我会尽可能地进行计算做出最优选择,往往最后落入的动机却是由一时的奇想、情绪或碰运气决定的。(Keynes,1936:163)

凯恩斯,不同于行为主义经济学家,并没有把在决策制定中依靠心理因素当作一种非理性的症状。他强调当理性的个体在现实世界中运用事实知识时,因为知识的不完善,单靠谋划计算不足以作出决定。虽然心理因素在个人决策的制定中起到一定的作用,单靠这些"非理性的心潮起伏"却无法维持资产价格周期性的长期涨落。实际上,理解基本面的改变,对于理解自信或其他情绪如何随时间受影响而改变,是至关重要的。

第三节　基本面是否与选美比赛无关

不论评委在猜测其他人的想法时,需要经过多少个"更高级别"的思量,最后他必须选择某些标准来作为决策的基础。此时,他可能会选择的因素,是他认为其他评委在做决定时可能会运用的因素。

其中一个可能因素是参赛者的美貌。美貌,当然是因人而异的。所以如果某个评委认为其他评委的猜测也是基于这个标准,那么他将

▶▶▶ 超越机械的市场论：资产价格波动、风险和政府角色

尝试了解其他评委的文化背景，因为美貌是受文化背景制约的。一组来自美国中西部的评委，可能会与来自纽约市或者尼日尔河三角洲的评委使用不同的标准评估美貌。

美貌以外的因素在猜测胜者时也有可能同样重要。评委们在做最终选择时，可能会被参赛者的社会经济背景打动。要了解其他评委选择的因素，或者在决策过程中各种因素占了多大比重，都是非常困难的。虽然心理因素起了作用，说到底，其他人的心理活动并不是完全随机的；他们也必须选择某组因素作为猜测其他人的猜测策略的基础。

在尝试预测金融市场的平均想法时，短期投机者会密切地关注基本面的新闻。实际上，有很多市场参与者会仔细梳理公司财报，研究行业发展，考察宏观的基本面因素的发展趋势，来寻找那些在他们看来，被市场低估了未来前景的公司。这是因为市场不久以后会发现这些遗珠并随之抬高价格。伯克希尔·哈撒韦公司（Berkshire Hathaway）的沃伦·巴菲特和波彭斯特集团（The Baupost Group）的赛斯·卡拉曼就是两位以善于做此类投机闻名的例子。当其他行业发展和趋势的基本面因素在短期内逐渐显露出来后，价值投机者会修改他们对未来的预期。他们的交易反过来又影响了价格。那么，要预测未来几小时甚至几天内的一般观点，参与者必须预测报道基本面的新闻，以及这些新闻报道将会如何被价值投机者甚至短期投机者解读。

准确来说，心理学因素和其他考量，与某资产的预期收益并无直接关系，却在投资者评估市场的平均想法的运动方向时被考虑了进去。实际上，凯恩斯（Keynes，1936：148）引入这次选美比赛的例子就是想把这些考虑进去。他把"自信程度"看得很重，因为它是"人们最密切、最急迫地关注的因素"。

投资者的自信，当然，一部分是单纯地建立在心理因素上的，而要直接观察到其他投资者的心理，对任何人来说都是不可能的。那么，一个投资者是如何对市场的自信程度投以密切关注，更不用说预测它的未来走势的呢？在报纸选美比赛中，投资者需要选择的是，对其他人而言也可观察的因素，即影响他人的自信和其他心理

第七章 凯恩斯与基本面

产生的因素。

凯恩斯非常明确地指出,这些因素与基本面考量有着很大的关联。实际上,对他而言,心理学考量,例如自信,是通过影响投资者运用或者修改他们所拥有的知识来发挥作用。为了阐明"自信程度"的作用,他指出投机者并不是:

> 单单依靠最可能的预测……(而是)依靠我们做出该预测的自信程度——即评估我们做出的最佳预测结果是完全错误的可能性。如果我们预测会发生很大的变化但很不确定这些变化会以怎样的形态发生,那么我们的自信心就会减弱。(Keynes,1936:148)

凯恩斯所说的"很大的变化",指的是基本面和对基本面进行解读的发展方向。

将自信程度与对知识的不确定性联系起来,说明了自信程度与参与者用来预测未来投资回报的基本面因素也有关系。确实,在凯恩斯指出投机必须预测"市场在大众心理的影响下如何评估(某资产)在三个月或者一年后的价值"之后,他揭示了该如何关注自信程度以及如何玩那个选美比赛的游戏:"因此,专业投资者强迫自己在新闻中关心那些从经验中已知即将发生的变化,……即最能影响市场中大众心理的新闻。"(Keynes,1936:155)。

在第十二章的最后部分,凯恩斯将"原发乐观注意"和"动物精神"添加到他的心理因素清单上。这里,他指出这些促使人们投资新资本的情绪的基础都建立在基本面之上。这些乐观情绪和动物精神的作用暗示了"不仅衰退和经济萧条在某种程度上被夸大,经济繁荣也过分地依赖于适合一般生意人生存的政治社会环境"(Keynes,1936:162)。

凯恩斯(Keynes,1936:162)指出,自信和乐观的来源也可能是"神经质和歇斯底里"的。总的说来,短期投机者需要那些情绪产生的基础,即可观察的因素,来预测这些情绪对平均观念的影响力。如同我们在下一小节将看到的,"经验告诉我们",自信、乐观和其他心理学考量都产生于一组广义的基本面因素的基础之上,包括公司营收、利率以及关于政治和社会环境——参与者们做出决定的环境——的报道。

当然,要预测哪些新闻会影响市场是很困难的,更不用说确认它们各自影响力的性质和范围。没有人会期望自信和乐观与基本面考量会以任何机械死板的形式相关联。同时,新闻的报道和情绪的散布会非定式地影响个人使用基本面来预测一般观点和未来前景的方式。同样的,修改预测策略的时机和性质,以及政策和制度的变化,都是无法被全面预测的。

那么在金融市场中,我们可以期待,在不同的时期内,基本面因素会以不同的方法来支撑价格,而这些方法是无法"被输入计算机而后自动运行的"(Lucas, 2001: 21)。凯恩斯对于不确定的知识、投机的短期性、"选美比赛",以及自信程度和其他心理学因素的作用的观点,并非在暗示基本面的不重要性。恰恰相反,他实际上认为基本面是资产价格运动的中心驱动力。

第四节 基本原理与股票价格动作:来自彭博社市场报道的数据

心理学考量,例如自信和乐观,是很难被测量及纳入决定资本市场价格波动因素的正式统计分析中去的。但是这些情绪在一定程度上都以基本面为基础,实证研究者和市场参与者通过检查基本面和资产价格之间的关系来解读这些情绪的效果。

然而,心理学考量和不完善知识的重要性,意味着这些关系有时会以无人可预知的方式发生改变,因此,实证研究者们在检查资产价格和基本面的关系时,需要考虑到诸如此类的偶然性变化。在第十一章中,我们会讨论考虑到以上变量的正式统计学研究。如同我们在思考选美比赛的比喻时预期的一样,这些研究发现了明确的证据,不仅可证明恒变关系的存在,也可证明不同的基本面因素在不同的时间段

第七章 凯恩斯与基本面

内发挥不同的作用。①

此外，尽管统计学分析对测试各种不同的经济学理论的相关性十分重要，足够多的非正式的证据也证明了基本面因素在资本市场上扮演的中心角色。实际上，我们只需要花上一两个星期看彭博电视台或消费者信息与商业频道（CNBC）就能意识到关于各种基本面因素的报道驱动着主要资本市场的价格。一旦发布了收入公告或华盛顿特区的政策发展，我们便可看到市场的反应，也可观察到基本面的影响力会随着时间的推移而改变。

一 彭博新闻社作为了解市场的窗口

每一天，商业记者们都在记录着哪几则新闻推动了资产价格。他们也调查市场参与者关于当天市场发展的看法，以及哪些因素影响了他们的交易。在这些商业报道中包含的信息提供了每天推动资产价格的关键因素的记录②：（Mangee，2011）从彭博新闻社的每日市场总结（交易结束后）关于美国证券市场自1993年1月4日（彭博社的第一篇报道）到2009年12月31日③的报道中提炼出了以上信息。彭博新闻社是彭博有限合伙企业的子公司，后者是全球最大的金融新闻和分析公司，为全世界主要金融机构的专业参与者提供服务，在它25万多位客户之中也包括政策制定者们和学者们，以及全球约450家报纸和杂志。它的新闻报道和分析是专业投资者的领航者。

在撰写市场总结报道时，彭博新闻社的记者们的信息来自一两百位基金经理和其他直接参与到市场活动中的关系者。每个总结故事包含至少一句直接引述，引自一位或多位参与者关于驱动市场的关键因素的看法。这些报道由此提供了一个窗口，让我们得以观察那些决定价格的专业选手是如何做交易决定的。

---

① 但是，几乎所有的关于资本市场的实证研究，都完全忽略了这一变化。毫无意外的，他们也报告了极少的甚至完全没有关于基本面的影响的证据。详见第十一章。
② 我们在此和本章余下小节中的讨论引自马吉（Mangee，2011）的数据和分析。
③ 彭博金融有限合伙企业慷慨地允许我们检阅彭博总结报道档案。

▶▶▶ 超越机械的市场论：资产价格波动、风险和政府角色

彭博社的总结报道显示，一系列范围甚广的基本面因素影响了市场参与者的交易决定。在表 7.1 中列出的类别和特殊分类支持了马吉（Mangee，2011）关于基本面报道的文本数据。他追踪了样本中某特定类型或基本面被报道为影响股票价格的因素的天数占每月总数的比例。

与常被研究者用来进行正式统计学分析的量化数据不同，在彭博社的总结报道中包含的文本数据不局限于记录基本面因素的重要性。彭博社的记者们在他们的报道中指出的心理考虑（例如自信、乐观及害怕）以及技术考虑（例如动量交易、获利抛售以及一月效应）也在专业参与者的每日交易决策中发挥着作用。表 7.2 和表 7.3 分别列出了特定的心理学和技术类的考量，引自马吉（Mangee，2011）的分析。

马吉对在每日总结报道中提到的，对当日价格驱动产生重要影响的基本面、心理或技术性因素进行评分。例如，如果一篇报道中提到，在某日只有收入和利率影响了市场，那么这些因素则在当日各得 1 分，而其他在表 7.1—表 7.3 中列出的因素得 0 分。[①] 马吉总共统计了 4206 篇总结报道。

很自然，人们会假设彭博社的记者们可能更倾向于报道心理学和技术性因素的重要性大于基本面。毕竟相较于收入和利率等市场驱动因素而言，乐观、幸福、恐惧和动量都更感性，因此更需要如彭博社这样的新闻社的关注。

然而，马吉的数据显示，在他的样本中，表 7.1 的基本面因素中，每天都至少有一个作为驱动股票价格的因素被提到。55% 的样本中都至少提到了一个心理学因素，意味着它们也在资本市场中对支撑价格的涨落起着重要作用。相反，技术性因素作为重要的价格驱动力被提到的次数，平均每月 20 个交易日只有一次（6%）。表 7.4 列出了在马吉的分析中记录的所有基本面、心理的以及技术因素的分类，连同在样本中作为驱动市场的因素被提到天数的比例。

---

① 马吉的数据也记录了表 7.1 和表 7.2 的运动与股票价格间的定性关系。例如，他发现当公司收入被报道有影响力时，收入的上扬或下沉总是会影响价格往同方向运动。见马吉（Mangee，2011）中更多关于他的评分系统和发现。

表 7.1　　　　　　　影响每日股票价格的基本面因素

类别	新闻主题	类别	新闻主题
经济	GDP		引入欧元
	GDP 增长	销售	总收入
	综合领先经济指数		零售销售额
	工业生产		汽车销售额
	生产力	交易	协定（NAFTA、GATT）
	消费者收入		配额
	服务部门		补助
	就业（非农场）		国际收支经常项目逆差
	失业率		国际收支经常项目顺差
	失业申报	公司变量	破产
	制造就业		CEO 或 CFO 离职
	制造业指数		玩忽职守，法律或账务问题
	工厂订单		公司加入成分股（added to index）
	持久性		公司市场价值
	不可持久性		公司组织
利率	联邦基金		并购和收购
	贴现率		订购运销值比
	国库券收益率		公司裁员或员工罢工
	国债收益率		股票拆分
	记账式国债收益率		股份回购
通货膨胀	生产价格指数		公司持有大量股份
	消费者价格指数		IPO
	制造业价格指数		商业支出或投资
	周薪	中央银行	货币政策
收入	收入和利润		备忘或意见
距离/价值	与历史水平相较差距		紧急救助
	过高估价	恐怖主义	一般恐怖主义或袭击
	过低估价	世界其他地区	世界其他地区发生的以上因素
房屋	房屋开工率	政府	财政政策
	国内销售额		管理意见
	取消抵押品赎回权		CEO 奖金的税率和规则
	房地产价格		信贷价值
	房屋贷款利率		经济刺激计划
	商业地产价值		紧急财务援助
石油	原油价格		银行和医疗保健的国有化
	OPEC 供应		预算盈余
货币市场	美元价值		
	外币价值		

续表

类别	新闻主题	类别	新闻主题
	预算赤字	金融、信用市场	金融市场或行业
	政治活动或选举		信用市场的弱点
	政治冲突、不稳定或腐败		信用等级
	武装冲突或核试验		缺乏资本融资
	FDIC/SEC 重组、监管规则压力测试		信用卡违约
	财政部长离职		重组或重新规范
消费	消费者花销或要求		
	消费者信心		

注：见马吉（Mangee，2011）中关于分类和各种基本面类型的描述。CEO：首席执行官；CFO：首席财政官；FDIC：联邦存款保险公司；GATT：关税暨贸易总协定；GDP：国内生产总值；IPO：首次公开募股；NAFTA：北美自由贸易协定；OPEC：石油输出国家组织；ROW：世界其他地区；SEC：证券交易委员会。

表 7.2　　　　　　　　影响股票价格的心理因素

乐观	关切
悲观	幸福
自信	大众心理学
多愁善感	情绪激昂
贪婪	担忧
恐惧	

注：见马吉（Mangee，2011）中关于不同类型的心理考虑的描述。

表 7.3　　　　　　　　影响股票价格的技术交易因素

非动量	动量
获利抛售	股价上扬
公司加入成分股（added to index）	市场动量
假期效应	动量交易者
一月效应	从众效应
月末效应	价格循环
季末效应	移动平均
周五效应	图表分析师

续表

非动量	动量
年末效应	
回馈效应	
三重魔力效应	
圣诞老人效应	

注：见马吉（Mangee，2011）中关于技术考量的类型。

表 7.4　　　　**在整体样本中各因素出现的频率**

因素	频率（%）
基本面	99
收入	65
心理学考量	55
心理学与基本面	54
经济	47
利率	38
销售	23
公司变量	23
通货膨胀	20
石油价格	19
世界其他地区	14
距离/价值	12
政府	12
消费	12
中央银行	11
房屋	8
技术型交易	6
货币市场	6
金融或信用市场	6
不确定性	6
技术型（非动量）	5
泡沫经济考量	3
技术型动量	2
恐怖主义	2

续表

因素	频率（%）
交易	1
纯心理学	1

注：因素出现频率指出在样品中作为综合市场驱动力被提到的天数比例。样品时间跨度为1993年1月4日至2009年12月31日。

二 基本面的非常规重要性

在过去16年的报道中，彭博社的记者们持续地讲述了一个清晰的故事：基本面因素是股票市场日常价格波动的中心驱动力。以下的三篇摘录展示了这些因素的重要性是如何被报道的。

> 在市场价值位居美国第二的通用集团宣布1999年的收入将达到预期后，美国股市上涨，将道琼斯工业指数推到六天来的第一个收益点。（1998年12月15日）

> 美联储在今年第四次降低利率，这一惊喜让投资者和股市重整旗鼓。纳斯达克指数NASDAQ飙升至它的第四高收益点。（2001年4月18日）

> "现在的环境对股市真的很好"，在费城管理着7.25亿美元的怀纳资产管理有限公司的主席伯特·菲利普说道，"收入似乎比预期更强劲"。（2004年3月1日）

如我们可能预期的那样，如图7.1中股票与收入紧密的共同运动形式一样，彭博社的报道显示，收入因素在样本中作为一个主要价格驱动力，在65%的日子里被提到（见表7.4），是基本面中最重要的类别。[①] 但即使是收入和股票价格之间的关系，也并非机械化。

[①] 对于收入在彭博社总结报道中提到频次的测量，包括了公司盈余公告和收入预测。它也包括提到股票价格的上涨是由其他的信息变量——例如利率或销售量引起的；并导致参与者修改他们的收入预期。马吉（Mangee, 2011）提供了另一种仅测量记录公司盈余公告和收入预期公告的方法，他发现这些公告在45%的天数中，作为一个主要的股票价格驱动因素被提到。这一频率也许高得有些令人吃惊，因为很多公司通常在每个财报季末的两周内发布盈余公告。但是，公司在非财报季内发布盈余公告也并非罕见。

第七章　凯恩斯与基本面

图 7.2 描绘了以 12 个月定位的移动平均数，以便于观察收入的重要性随时间变化的趋势。图 7.2 描述了每个月中个别重要因素作为影响市场的因素被提到的天数比例。该图显示，在大部分的情况下，这类因素的重要性大致保持在 50%—80%。

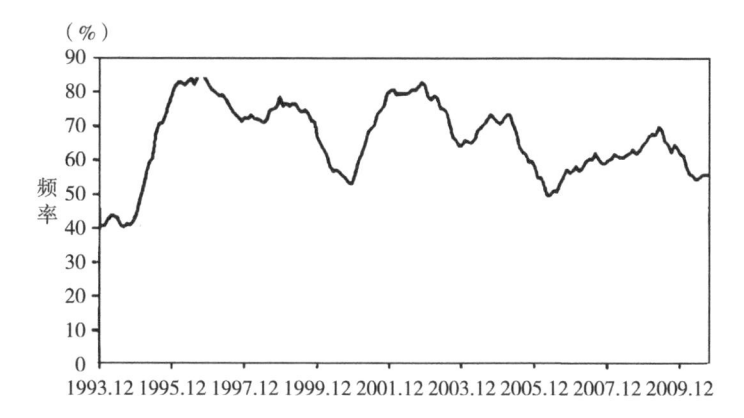

图 7.2　在总结报道中被提到的月平均频率：收入

尽管收入的重要性在样本中以大量的变体出现，这种非常规性的变化与其他基本面因素一起被提到时更为显著。考虑一下，以石油价格、通货膨胀以及利率为例，它们的月移动平均数如图 7.3、图 7.4 和图 7.5 所示。

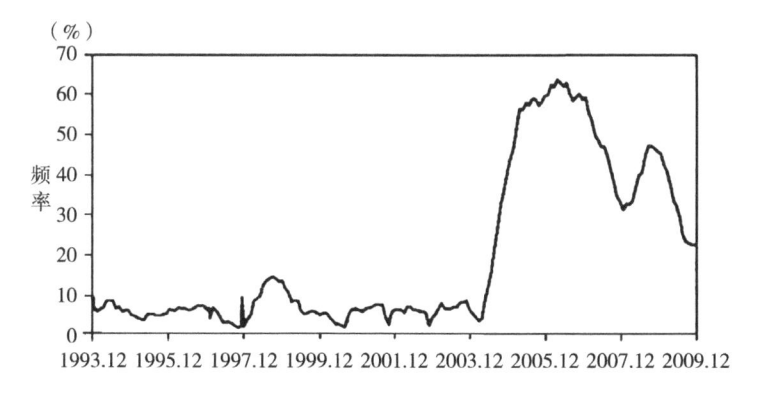

图 7.3　在总结报道中被提到的月平均频率：石油价格

▶▶▶ **超越机械的市场论：资产价格波动、风险和政府角色**

图7.3显示市场在2003年年底之前对石油价格并未投以很大的关心，之后它的重要性开始戏剧性地增长。在2004年年底，60%的每月总结报道中都提到了这一驱动市场的因素。以通货膨胀来说（图7.4），它的重要性在样品中的起伏很可观。在2002年和2003年，通货膨胀报告没有被得到很多关注。但在2004年年初，投资者们开始更多地关注这些报告。最有可能的解释是，在短期利率开始升高之时，通货膨胀为未来货币政策的走向提供了线索。这一解读与图7.5的信息一致，即市场在2004年年初开始认为利率涨落的重要性在不断提高。到2006年年底，这一因素已在60%的每月总结报道中被当作主要价格的驱动因素。

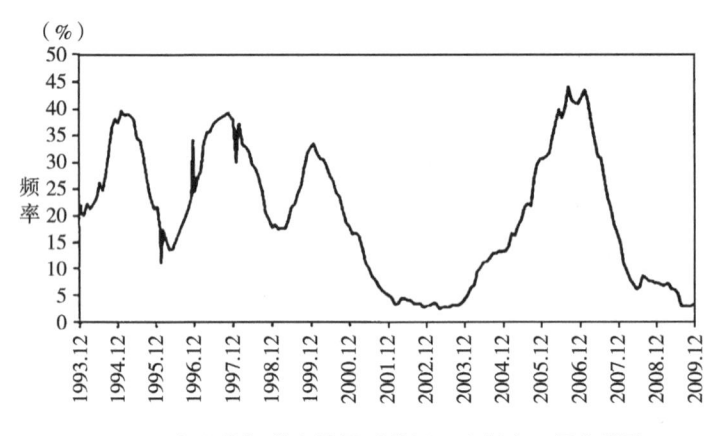

图7.4 在总结报道中被提到的月平均频率：通货膨胀

通过跟踪各个基本面因素在每月总结中作为驱动因素的平均次数，马吉为股票价格与基本面之间非常规性的关系提供了另一个指标。图7.6的数据显示在某些时期（例如2000年和2001年），平均三个基本面因素对市场有影响；而其他时期（例如2005年和2006年），平均有五个。当然，由于知识的不完善，没有人能完全预测到哪些基本面因素可能会产生影响，它们的影响范围，或是在什么时候相关的基本面因素及其影响力会改变。

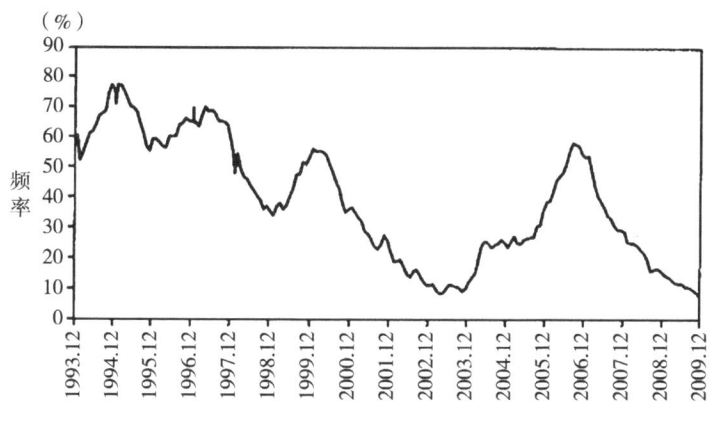

图7.5 在总结报道中被提到的月平均频率：利率

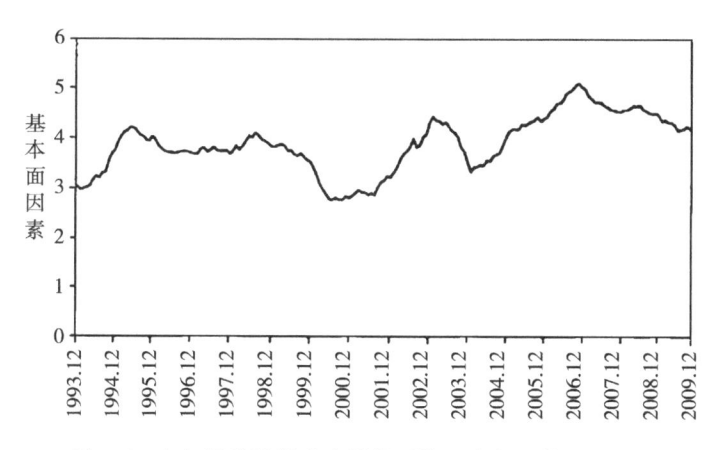

图7.6 在每月总结报道中被提到的平均数：基本面因素

三 通过基本面新闻合理化心理因素

马吉（Mangee，2011）的文本数据显示，在市场总结报道中心理因素被提到的频率相当高（见图7.7）。但最显著的发现是，彭博社的记者们，与他们采访的市场参与者一样，几乎都尝试通过关于基本面因素的新闻报道和市场参与者对基本面因素影响资产价格走向的解读合理化心理因素所扮演的角色。下面两篇彭博社的报道正可为这一紧密关系作出例证。以2009年4月21日，标题为《美国股市上涨：高通收入推高纳斯达克综合指数》的报道为例。

▶▶▶ **超越机械的市场论:资产价格波动、风险和政府角色**

"IBM 的财报收入非常鼓舞人心",掌管 70 亿美元的皮尔格姆投资公司(Pilgrim)投资经理霍华德·科恩布鲁(Howard Cornblue)说道,"这将给市场带来信心和稳定"。

图 7.7 在总结报道中被提到的月平均频率:心理因素

同样,在 2009 年 3 月 2 日一篇以《美国股市动荡,连续三周小幅损失》为题的报道中,包含了以下评论:

"在财务收入方面目前有很多恐惧心理",约翰·尼克说道。他在匹兹堡市管理 10 亿美元,其中包括在过去五年中击败了 74% 的市场竞争者的联邦股票收入基金(Federated Equity Income Fund)。

表 7.4 显示,某个心理学因素与某个基本面因素相关地被提起的天数,占了整个样本的 54%,而所有心理学因素被提起的比例是总天数的 55%。这一差额并不能完全反映单纯的心理因素(心理学因素独立于基本面因素被提起)的影响力,因为在某些报道中,心理因素关联基本面,以及单纯心理因素都被提到,而整个心理类的统计记录的是至少有一个心理因素被提到的天数的比例。下文的两个例子将说明彭博社的记者们是如何报道单纯心理因素的影响的:

第七章 凯恩斯与基本面

"我认为这确实是一种狂热症",管理260亿美元的波士顿银行(BankBoston)集团的首席投资官内德·莱利(Ned Riley)说,"任何时候,只要某一天内股票升值了30%—50%,就开始实践'最大笨蛋理论'(The greater fool)。人们总认为一定会有别人支付更高的价格"。(1998年8月21日)

"现在的抛售是自噬",管理300亿美元的波士顿银行集团的首席投资官内德·莱利说,"人们对股票价格和价值毫不关心。现在他们害怕了"。(1998年8月4日)

表7.4显示单纯的心理因素在样本中被提到的天数只有1%。

同样,石油价格和通货膨胀在样品中被提到的天数比例可能掩盖它在某些特定时期内的重要性。泡沫模型宣称,大众心理和狂热,在资产价格波动中长期走势上扬期间,起着主要的作用。

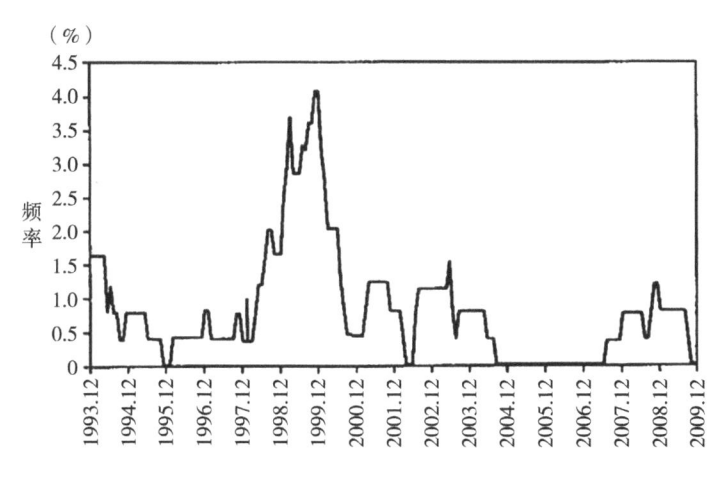

图7.8 在总结报道中被提到的月平均频率:单纯心理因素

如图7.8所示,单纯的心理因素的重要性确实在1997年年末开始急剧地上升,但即使在其最高峰的时候,即1999年11月,这些因素平均每月被提到的次数依然少于一次(4%)。这一观察,加上基本面因素的证据说明,单纯的心理因素对股票价格的影响力是十分微小的。更重要的是,股票价格的上扬,很多情况下与公司在 1997 年前的净盈利相关(见图 5.1),而在当时单纯心理因素几乎从未被提到过。同时也没有任何证据证明这些因素在 2000 年股价长期走高期间发挥了任何作用。

四 动量交易在价格上涨中的作用

行为主义泡沫经济模型依靠动量交易——要么由于心理因素或者依赖技术交易——来解释价格波动的长期上浮。然而,即使我们将单纯的心理和技术性因素结合起来,在彭博社的总结报道中也鲜见可以支持这一泡沫经济观点的证据。

图 7.9 展示了以 12 个月为区间,在彭博社的总结报道中,技术作为影响市场价格的因素,在每月中出现至少一次的天数占全月天数比例的移动平均数。图 7.10 提供了类似的线性图,展示的是与次分类:动量相关的技术因素及其他证明过去价格趋势的反馈作用可能影响当下价格的因素的出现频率。

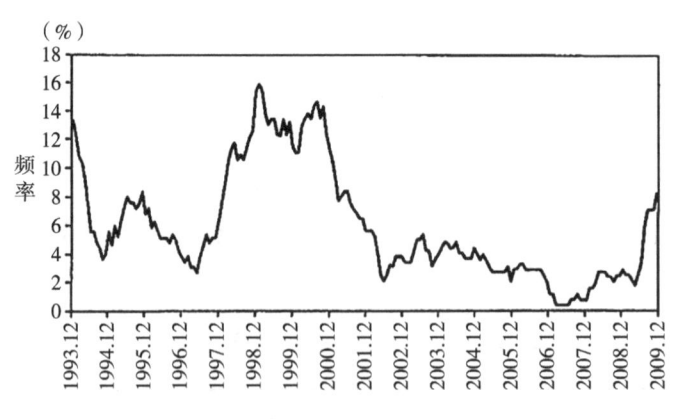

图 7.9 在总结报道中被提到的月平均频率:技术因素

以下三个从彭博社的市场总结报道中抽选出的例子提到了这些因素:

第七章 凯恩斯与基本面

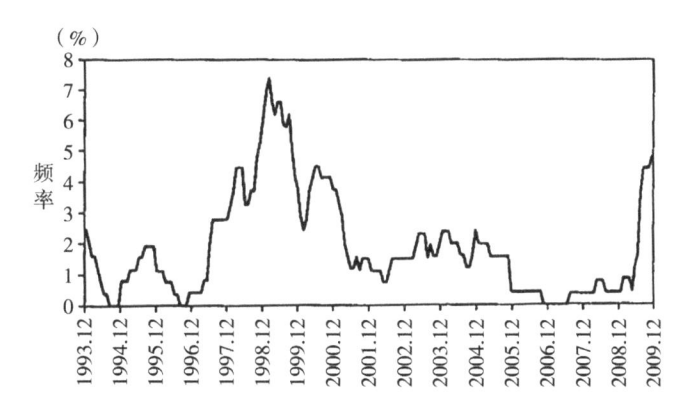

图 7.10 在总结报道中被提到的月平均频率：动量相关技术因素

"IBM 导致道琼斯平均跌至 50 日移动平均线以下……是所有的道琼斯指数（Dow Jones Indexes）下跌的原因。"（1999 年 8 月 2 日）

纳斯达克在下午一点后继续上涨，在一小时内冲高 2 个多点。据股票交易员解释，这是由于"动量"投资者，或者那些对股票走势进行短期投资的参与者们疯抢股份造成的。（2001 年 1 月 11 日）

所谓的动量投机者一直在购入科技股票，因为"他们必须得把脚落回到门里，不能被落在后头"，里滕豪斯的沃特蒙说道。（2001 年 10 月 4 日）

其他属于技术范畴的因素，如获利抛售以及周一效应等，不太可能维持动量交易。[①] 下面用两篇摘自彭博社的总结报道来进行阐释：

今日的季末股票期权和股指期权到期，在最后一个小时内市场进入混乱，并且触发了一场抛售，美国股市最终收盘全盘较低。（1993 年 6 月 18 日）

[①] 获利抛售包括通过降低或消除可获益位置来实现部分或全部的利益。周一效应指的是周一的股市回报倾向于低于其他工作日。见马吉（2011）对这些和其他效应的讨论。

▶▶▶ 超越机械的市场论：资产价格波动、风险和政府角色

美国股市今日下跌，终止其1994年连续的上涨纪录，这是由于投资者赶在明天关于批发价格的关键报道发布前进行获利抛售造成的。"这是可以预料到的反冲"，BT经纪行的交易员吉姆·本宁（Jim Benning）说道，"过去的几天的价格实在是太高了"。（1994年1月11日）

图7.9和图7.10显示，在样本中技术考虑因素和动量相关的技术因素的重要性随时间不断改变。它们最有影响力的时刻发生在20世纪90年代的后半期，为泡沫经济模型对长期上涨的解释提供了一些可能的支持。另外，这些技术考虑在作为影响价格的因素被提到的频率急速地上升，从1996年的0最高上升到1999年2月的7%。

尽管如此，图7.10显示，支持行为主义泡沫模型的证据少之又少。首先，动量相关的技术因素和单纯的心理因素一样，在20世纪90年代的股票上涨期间几乎从未被提到过。这些因素的重要性确实在1999年有了提高。但是最高7%的频率意味着它们在每月20个交易日中被提到的次数平均不超过两次。不管它们对股票产生了什么样的影响，它们都不是价格上涨的主要驱动力。

对于支持泡沫模型的数据来说，另一个问题在于，动量相关技术因素的重要性在1999年2月以后急速下降。此时距2000年年中发生的资产价格剧烈反转，即价格上升最激烈，亦是泡沫模型观点认为动量相关技术因素理应发挥最大作用的时段，还有一年。另外，彭博社的总结报道显示，这些因素在2003年开始的股价长期上扬中完全没有任何影响力。一定要提的话，图7.10显示这些因素在2007年后半期的价格下滑中倒是有一些作用。即使我们把单纯的心理和动量相关技术因素结合起来，得到一个泡沫经济模型认为的潜在影响力的总度量，我们的结论也和之前相差无几。（见图7.11）

彭博社的市场总结报道可推出一个异常有力的结论：在几乎所有情况下，心理或技术考虑因素都无法独自推动市场。更重要的是，泡沫经济因素在加速价格动荡中起到的作用似乎十分微小。即使这些证明心理和技术考量无法独自驱动资产价格运动的惊人证据在某些人看

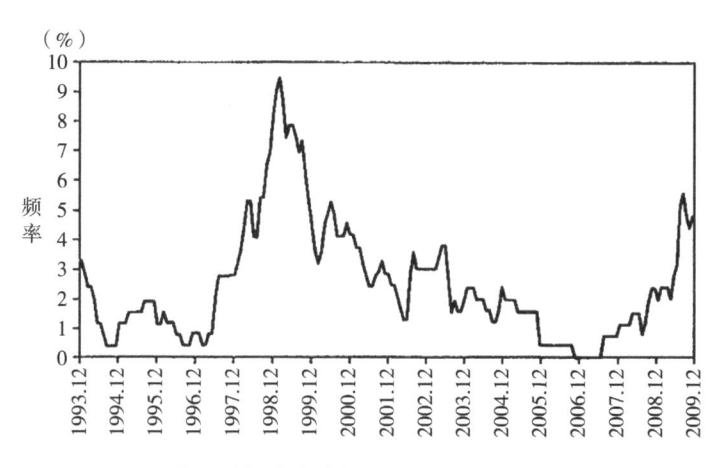

图 7.11 在总结报道中被提到的月平均频率：泡沫因素

来不够有说服力，无法作为正式否认泡沫经济理论的基础，彭博社的新闻报道至少毫不含糊地指出了基本面因素在维持长期价格波动中的重要性。

即使如此，这些报道也显示，基本面因素以毫无规律可循的模式发生作用，这一结论已为很多先前的统计学分析所支持，而我们也将在第十一章中进行进一步讨论。为了能够以基本面因素为基础，解释资产价格和风险，同时给予心理学因素在价格和风险的运动中的作用相应的认可（而非预设市场参与者是完全非理性的），我们需要抛弃完全预定模型和对理性的机械化理解。在第八章到第十章我们会讨论如何实现这一点。

第八章　金融市场的投机和资源配置性能

金融市场为公司资产的相关前景提供评估。股票价格被用来反映已有投资和正在融资的新投资项目的未来预期回报。市场依照以下的价格信号来分配资本：公司资产的价格越高，就越容易吸引到金融资本，而价格越低则越困难。市场想要有效地执行这一分配功能，市场参与者针对某些公司股份的买卖决定，应该能够反映公司相关前景及投资风险方面的变化。

金融市场内的交易决定天生具有投机性，因为这些决定的基础是对未来回报和风险的评估。因此，依靠金融市场来分配社会资本，意味着假定投机，相较于其他方式，从整体而言可能为投资者和社会带来更好的长期回报。资本主义经济的成功经验，特别是与苏联不依靠金融市场进行资本分配的实验相比，证实了这一推测的可靠性。

即便如此，高度发达的金融市场的成功，并不能被用来证明这些市场能全面地预测其他投资项目的长期前景。但这恰恰是理性预期假说对金融市场的描绘：假定那些所谓的"理性"投机者的行为，可以几乎完美地确保资产价格反映出其神秘的真实长期价值，从而确保社会资本得到近乎完美地分配。

在本书中因各种原因提到的其他当代经济学理论，却同时走上了另外一个极端，即过分简单地解释金融市场在不同项目中分配资本的过程。完全预定式行为主义金融模型认为，资产价格主要由心理学因

第八章 金融市场的投机和资源配置性能

素驱动,并导致了杂乱无序的资本分配。

后一种观点——金融市场实际上是投机主义的赌场——常常被回溯到凯恩斯的理论。当下世界正处于金融危机的余波中,加上凯恩斯观点的分量之重,这种解读影响了大众对是否应该开展必要改革的辩论。这一场论战未能成功识别在当代经济中,投机与金融市场的最基础角色的内在关系,即人们需要将注意力转向投机管理,从而提高资本分配效率,抑制过量以避免引发危机。然而,这场辩论的前提却是大部或全部的投机者都是非理性的,受控于情绪,盲从于大众心理,而他们的大多数行为都在伤害当代经济,最好的情况是对社会毫无作用。

凯恩斯认可市场心理学的角色,他的某些论点也确实可以被解读成短期投机可能损害金融市场的分配表现。但他也强调,基本面因素对维持市场心理的重要性。实际上,他最终明确的结论是,总的来说,要提高市场在各个经济活动中分配资源的表现是很困难的。特别需要指出的是,他坚信政府无法提供更好的分配方案。

更重要的是,凯恩斯主要担忧的,并不是心理因素强度是否会大力阻碍金融市场在现存的投资项目中分配资本的能力。实际上,他的分析关注的是专业投机者在抑制——企业家非常愿意接管的——整体投资项目的容量时所起到的作用。

凯恩斯认为,短期投资的主要问题,是即使以基本面因素为基础,也会导致市场的"变化多端"或不稳定,"会为当前如何获得足够投资制造出不少的问题"(Keynes,1936:153),进而无法创造足够的就业机会。"如果有效的需求不足,我们不仅无法接受这类浪费资源的社会丑闻,更会让那些尝试资源转化成结果的企业家雪上加霜"(Keynes,1936:379—381)。为了降低短期投机的影响力,降低市场的不稳定性,凯恩斯倡导"引进一种可持续的政府交易税目,对所有的(资本市场)交易征税"(Keynes,1936:160),这一措施在现今被称为"托宾税"。

凯恩斯呼吁降低利率,刺激投资和消费开销,使其上升到与全面就业一致的水平。只要"政府能够定出可投入的(投资)资源总量

▶▶▶ **超越机械的市场论：资产价格波动、风险和政府角色**

和对（资本）拥有者的基本奖励……即可顺利完成所有必需之事"。（Keynes，1936：378）

凯恩斯也担心单纯靠利率政策的不足之处，而"某复杂的社会化方式将成为唯一可能得到接近全面就业率的方法"。但是他想要的是"公众权威……（来）与私人动机合作"（Keynes，1936：378），而不是取代它。如凯恩斯最伟大的传记作家所说："公共从未要代替私有，仅为其补充。"（斯基德尔斯基，2010：1）

实际上，凯恩斯在《通论》第十二章中对金融市场的分析提出，短期投机除了可能引发不稳定，进而压抑总体投资以外，也会与资产长期前景看似毫无相关的因素发生反应，推动价格。

现有投资的每日盈利波动的不持久和无影响力的性质，却常常对市场产生过度甚至不合理的影响。据说，例如，美国制冰的公司夏季股价通常高于冬季，而夏季是它们的季节性高利润时期，因为在冬天没有人想买冰。（Keynes，1936：154—155）

即使没有这些效应，凯恩斯相信心理因素也在资产价格运动和长期前景的变化之间挑起纷争。但是他也承认，个别"严肃的参与者"会"用他们所能架构出的最真实的长期预期来进行投资……相对其他玩家而言，他们的影响力是否占主导地位，会为资市场带来巨大的不同"（Keynes，1936：156）。无论如何，以下是"游戏玩家"可能占主导地位的理由。

在当下，以真实的长期预期为基础的投资是非常困难的，也几乎无法预测……（它）是无法忍受的无聊和过度兴奋……（那些）忽略短期市场波动（需要）更多保障资源的人，即使无法完全阻止，至少不能让他们进行大规模操作交易，特别是用贷款进行交易。（Keynes，1936：158）

但是，凯恩斯从未提出政府应该取代私有资本市场。相反，他在《通论》的结论处非常坚定地讨论了"个人主义"和私人动机的"优势"。"他们的"，他写道。

部分优势在于高效、去中央资源和个人利益竞争；与19世纪的预期相比，这些优势更加显著……反对个人主义的呼声可能有些过

第八章 金融市场的投机和资源配置性能

激……如果我们弄清（个人主义）的所有缺陷和滥用，（它）就是个人自由，生活多样性的最好保障……（它）保存了先辈们最安全和成功的选择，用自己的多元取向丰富当今社会；同时，作为实验、传统和取向的侍从，它是走向未来最有效的工具。（Keynes，1936：380）

凯恩斯所指的"缺陷"指"经济社会……提供全面就业"的"失败"，"及其对财富和收入专制不公的分配"（Keynes，1936：372）。但在讨论经济复苏，实现全面就业过程中政府所应承担的角色时，他强调对私有市场优越地分配性的推崇。实际上，虽然凯恩斯在第十二章暗示了以市场为基础的分配是杂乱无序的，在《通论》的结论章节中他最终宣布：

> 人们没有理由认为现有系统严重误用生产要素。当然，预测的失误确实存在，但是通过决策中央化即可避免。当一千万名有工作能力且愿意的工人中的九百万人有工作，并没有证据可以说明这九百万名工人的就业存在失当。针对现有系统的不满不是因为这九百万劳动力应该被分配到别的任务上，而是应该将这些任务提供给剩下的一百万失业工作者。问题的关键在于控制在现有系统中实际就业率的数量，而不是方向。（Keynes，1936：379）

凯恩斯用《通论》来解释这些数据可能分解的方式，而政府政策可能重新审视这些分解。但是他从未解释在他短期投机阻碍金融市场分配资源的观念和无条件宣称"没有理由认为现有系统严重误用生产要素"之间的矛盾关系。

凯恩斯从未深入探究，不完善知识和基本面因素的重要性在（通过影响心理因素）直接或间接驱动结果时，可能合理化他对私有市场的良好分配表现的断言。若非如此，他很可能会重新考虑他关于短期投机在帮助金融市场制定资产价格，反映长期预期时毫无作用的观点。

第一节 短期和价值投机者

凯恩斯关于玩家倾向于主控金融市场交易的论点很有说服力。由于短期投机者大部分只关注近期回报，他们的交易决定常常建立在关于一系列基本面因素的短期发展趋势的新闻之上。这方面的信息几乎免费，可以通过众多可靠的新闻社轻易获取，例如彭博社、华尔街日报或者金融时报等。

这些基本信息被短期投机者消化，从中获取预测公司股票回报率的线索，包括在未来几个月或者季度中的公司营收、销售、成本以及未来的利率，通货膨胀和其他可能影响公司短期预期的基本面因素。某些投机者在一定程度上依靠技术型交易。但马吉（Mangee，2011）通过分析彭博社的数据，得出股票价格和公司营收之间的同步运动的结论（见图7.1）证明了在预测短期前景及回报时依赖基本面因素的情况是很普遍的。

也有投机者尝试预测未来一年以上的公司前景和回报。例如，很多共有基金就采用一种所谓的"增长收入"策略，即选择某些长期收益能在未来几年内稳定地支付股息，同时有潜力创造资本收益的股票。

这些"价值投机者"，如我们给他们的称呼一样，通常会将可观的资源投入到收集额外的公司结构和运营细节信息上，例如它们的管理控制、研究开发项目以及生产线升级和生产过程等。通过这一手段，他们可以识别出哪些公司会有强健的长期发展，而这一切对于仅靠短期发展趋势进行投资的市场参与者而言，是很困难的。

即便如此，即使关于发展新研究项目的信息可能提高对公司长期前景的评估，这样的信息依然很模糊，将其纳入考虑为预测添加了不确定性。因此，当预测长期前景时，价值投机者会尝试解读那些关于基本面因素的短期可量化的即时变化的新闻对短期投机者的影响：

在建构预期时，对不确定的事实添加过大比重是很不明智的。因此，跟随我们觉得自信的事实相较而言更为理智，即使它们与项目的相关度远不如其他真实，因为关于后者，我们的知识是模棱两可而十分不足的。①（Keynes，1936：148）

即使他们得到了同样的基本信息，各组投机参与者对基本面短期运动解读，对回报的评估的时间范围上也不同。短期投机者尝试评估的是当前短期趋势对近期回报的意义，而价值投机者试图预测的是这些运动对长期前景的意义，通过交叉检查，加以针对某公司的细节信息完善这些评估。

即便如此，不完善知识依然有效地限制了价值投机者对未来前景和交易决定做出明智预测的能力：

> 开诚布公地说，我们必须得承认，要预估未来十年后的某条铁路，某个铜矿或纺织厂，某专利药品，某条大西洋油轮，伦敦某座建筑物的收益，可以用来作为基础的知识少得可怜，有时候几乎没有；连预估五年后的收益都不行。（Keynes，1936：149—150）

因此，要预测某个投资项目生涯的前景"是极端困难，甚至几乎没有可操作性的"（Keynes，1936：158）。即使如此，价值投机者通过以公司具体信息为基础制定投资策略，从长期视角解读短期趋势，用他们对未来公司和项目长期前景的解读，影响资产价格运动。

第二节　短期投机如何促进价值投机

尽管在预测长期前景时存在着可观的难度和不稳定性，许多金融市场参与者仍选用这一投资策略。如我们在第七章提到的，很多共享

---

① 我们在下一章中会讨论到，关于基本面的短期改变的关注会帮助解释为什么价值投机者也可能助力价格波动过量。

▶▶▶ 超越机械的市场论：资产价格波动、风险和政府角色

基金和对冲基金，在对未来收入和其他预测进行评估后，会购买那些他们认为定价偏低的股票。这类投资者不期待这些预测会很快实现（比如第二年），只要求在持股期间除了任何股息的收益外，当预期实现的那天来临时，市场将抬高其价格，实现资本盈利。

即使凯恩斯对价值投机的可行性和收益性怀有疑虑，他承认市场上存在着投机目光较长远的参与者（Keynes，1936：156）。重要的是，虽然并非出于本意，凯恩斯也承认短期投机——一种被他和许多今天的观察家认为有害的社会性经济活动——可能实际上是了解价值投机的盈利可行性的钥匙。

凯恩斯列出了许多解释为何当代金融市场的出现会使得价值投机无法实行的理由。即使如此，他认为"从长远来看，对于某个技术纯熟，且不为大众流行所动，坚持以他可构建的最真实的长期预期为基础进行投资的个体来说，从市场上的其他玩家身上一定可以获得大量的利润"。（Keynes，1936：156）

"其他玩家"，当然是短期投机者。当未来变成当下，几个季度甚至几年前作出的长期预期就变成了公司收益和其他基本面因素的当前短期趋势。对短期投机者而言，这些趋势是他们在制定交易决定时依靠的新闻。如果价值投机者对某些优绩公司表现作出的预测得以实现，这积极的新闻会引导短期投机者抬高这些公司的股价。[1]

凯恩斯担心短期投机和市场流动性会令金融系统愈发不稳定。通常，跟随价值投机者购买股票的是短期投机者。矛盾的是，短期投机也正是价值投机者在辛苦研究及耐心持股后可以大赚一笔的原因。

实际上，短期和价值投机者之间的区别并不是特别显著。即使价值投机者的交易眼光关注于长期回报，他们可以自信地预测回报的范

---

[1] 沃尔特·施洛斯（Walt Schloss）以擅长价值投资闻名。他的投资公司在1955年到2000年间的年投资回报率高达15%，而标准普尔500指数的回报率只有10%。施洛斯在接受《印度商业线报》采访时说道：我们做生意的方式有一条，在我们的持股目录中包括超过100家公司……我们没法预估这些公司的收入，他们是二线公司，但是不知何时某些公司可能会忽然成功。现在我没法告诉你哪些会成功，所以我买100家。当然这不是说每一家公司的持股份额都一样。（《印度商业线报》，2007：1）

第八章 金融市场的投机和资源配置性能

围是很有限的,并且情况总是因项目和公司而异。如同凯恩斯强调的,"关于那些若干年后将控制投资回报的因素,我们所拥有的知识通常是非常浅薄的,几乎可以忽略不计"。因此一般说来,价值投机者对投资预期回报的时间通常不会超过五年。

价值投机者与短期投机者在市场上进行交易的高频度,证实了不完善知识的重要性。[1] 因此,当作出交易决定时,价值投机者的重心很大程度会被放在公司营收、利率和其他一系列基本面因素的短期发展趋势上。另外,即使短期和价值投机者都被基本面的短期趋势所驱动,与某些依靠尝试在市场外分配资本来创造回报的公司相比,金融市场依然会选择整体会为投资者和社会创造更优的长期回报的公司和项目。

虽然价值投机者密切关注着基本面的短期趋势,他们依然为市场优秀的分配表现作出重要贡献。因为交易的关注点在于长期回报,价值投机者便分析短趋势,寻找所持证券目录中可能导致资产长期前景上升或低迷的线索,由此增加或者减少所持股份。通过影响价值投机者的交易决定,基本面的短期趋势驱动资产价格向利于实现已投资项目盈利的方向——嵌入现有资本——运动,之后追踪寻求融资的新投资项目的发展情况。

即使市场的参与者全都是价值投机者,也不代表市场能完美地追踪项目和公司预期的演变,更不用说长期预期。参与者对市场的预期驱动了资产价格的运动,即使全体参与者都只关心长期回报,他们获得长期回报的能力却因不完善知识而极为不足。

当然,市场并不是单由价值投机者组成。实际上,关于 2008 年金融危机的很多大众辩论都指责短期投机者在金融市场上的机能失常。很多观点如凯恩斯一样,认为短期投机者在帮助市场依靠长期资本预期的演化来分配资本的过程中毫无作用。这一观点忽略了诸如相关实际和人力资本的质量和组成等因素可以影响短期投机者长短期的

---

[1] 例如,陈等(Chen et al., 2000)发现 385 个增产和收入共享基金的年营业额,由总股票购买或销售量除以平均总净资产来测量的话,在 1995 年是 73.3%。

表现。因此短期趋势的运动可能影响长期预期的可能性也被忽略。

例如，如果某公司聘任了更优秀的管理层，它的短期和长期表现都有可能提升。因此，即使短期投机者毫不关心近期回报之外的任何情况，通过对公司提高的短期表现作出反应，他们帮助市场价格追踪公司长期预期（基本上无从得知的）的发展。

如凯恩斯所强调的，短期投机者确实倾向于对好的（和坏的）短期新闻过度反应。但是在一段时间后，在已经实现的短期趋势中会反映出新的管理层对公司运营表现的影响。如果短期趋势的变化反映出短期投机者对新管理层任命的反应过度，那么若公司表现低于预期，会导致股价下跌，扭转部分或全部由他们造成的上涨。而如果未来公司运营的短期趋势支持短期投机者对新管理层的信心，该公司的股票将持平甚至继续上涨。在这种意义上，短期投机者对于短期内基本面趋势的重新解读和反应可能帮助市场更好地追踪长期前景。

第三节　投机和经济活力

即使他们的交易行为引发的波动会抵消其追踪长期投资表现中的作用，短期投机者的存在似乎是为了激励其他市场参与者参与到以中长期回报为目的的投机活动中来。[1] 通过抬高价值投机者几季度甚至几年前就看好的股票的价格，短期投机者提供的回报将价值投机者留在市场中，使其可以通过较长期前景的视角履行评估投资这一非常不稳定而危险的人物。因此，金融市场有能力为新投资项目分配资本。

说到底，风险资本家其实是优秀的长期投机者。在创业期间，金融市场通过帮助长期投机者抛售现有公司的股份，决定了企业的存亡。实际上，对成功企业来说，可以抛售股份对投资人和企业家双方都很重要：企业家自身可能想要将自己的投资变现，而风险资本家则可能在其他地方发现了更好的机会，而他在企业发挥的作用，很有可能随时间衰减。

---

[1]　这一部分摘选自弗莱德曼等（Frydman et al.，2010a）。

第八章 金融市场的投机和资源配置性能

实际上，如名声、经验、外部监管等非金融资本，对处在发展初期的公司来说，都极端宝贵；而当其商业模式成功后，关于该风险投资公司的其他非金融投资的价值就会降低。通过撤资，那些为创业公司成功推波助澜的非金融资本可以回收利用，并重新投资到另一个处于发展早期的控股公司。① 通常来说，风险资本的撤资对市场参与者也非常重要，因为通过这些信息，人们可以了解到不同基金管理者的成功或失败，因此将资本从较不成功的企业重新分配到成功的企业——或者分配到其他投资工具上（Berger and Udell, 1998; Black and Gilson, 1998）。

撤资可能通过出售、初次上市，或者企业从风险资本家手中重新购买股份等方式进行。在这些不同的情况下，运转良好的股权市场为价格评估的顺利进行起到了关键作用。②

但是，金融市场在通过上市以实现撤资、鼓励创业活动以及融资过程中至关重要。这些富有创新精神的企业家倾向于通过上市来撤资，因为当风险资本家的股份被小股东分散持有后，企业家将重新获得掌控公司的权力，而直接销售公司最多只能让他充当管理角色。首次上市对风险资本家也很重要，因为它提高了资本流动性，并在上市证券的相对价值偏高时能得到额外回报（Lerner, 1994）。实际上，因为各种各样的原因，首次上市总是比其他撤资方式利润更高：研究表明，一家美国公司上市时，在4.2年的平均控股期限内创造了195%的平均回报率；而同样的投资用于收购一家公司，创造的回报率在3.7年间的平均控股期间只有40%（Venture Economics, 1988; Bygrave and Timmons, 1992; Gompers and Lerner, 1997; Bienz and Leite, 2008）。

---

① 撤资对在整个经济范围内传播创业经验也很重要。它带来了许多连续创业家的诞生，而这些创业家从某个风险投资中撤出，可以将他们的能力和经验用在后续的投资中。关于连续创业家的作用的分析，见赖特等（Wright et al., 1997）。关于进入和退出创业企业作为工业和经济进化的主要驱动力的近期研究，见赫塞尔斯等（Hessels et al., 2009）及其参考文献。

② 例如，并购公司的股份在创业投资的交易销售中是一种典型的付款方式。

▶▶▶ 超越机械的市场论：资产价格波动、风险和政府角色

因此，上市是动态创业环境的关键点，而上市只在规模大、有活力且有大量长期资本提供者和短期投机者，并且允许新公司发行股票的股权市场可实行。这样的市场——或者说所有的金融市场——通过将短期投机者和价值投机者的评估和交易决定转化成分配资本的方式，进而推动价格。为已有投资的长期前景提供持续评估，同时培育新公司和项目并为其融资，正是现代经济动力机制和创新的关键。如我们之后将讨论的，金融市场通过上述这一内含资本价格及风险波动的过程，履行其基本功能。

第九章　价格波动的基本面和心理

彭博社的市场总结报告说明，一系列基本面因素的短期运动——从企业盈收到石油价格——是参与者在股票和其他资本市场作出交易决定的基础。参与者的基本面运动对公司近期或长期展望和回报影响的解读，会改变公司的相关股价和融资条件。而随着这一分配过程的发展，独立股票价格和大盘价格指数常常发生波动，以不均衡的量级和时长围绕一般基准线波动。

这些现象意味着，资产价格波动和由此产生的风险是由金融市场调节相对价格和分配资本的方式引发的。因为该价格波动的基础是市场参与者对基本面预测的解读，说到底，它们是由基本面的短期运动所驱动的。因此，为了以基本面为基础解释资产价格波动和风险，我们必须放弃完全预定模式。毕竟，关于基本面的新闻和心理学因素，例如自信和乐观（它们也受基本面因素影响，但并不密切地与它们一起运动），使得以牟利为目的的参与者在修改预测策略时毫无规律可言。

虽然反泡沫理论的理性预期模型忽略心理学因素，选择用完全预定的基本面关系来解释资产价格时，完全预定理性预期注意和行为主义泡沫模型实际上都承认了心理因素对理解价格波动的重要性，但也极大地忽略了基本面的角色。问题的关键在于，不仅基本面和心理学因素影响了资产价格的波动，它们发生作用的方式也无法用机械的规则提前规划。难怪这两个当代理论都无法解释我们实际在金融市场内观察到的价格波动和风险问题。

不完善知识经济学抛弃了完全预定模型及其勉强地认为市场参与

▶▶▶ 超越机械的市场论：资产价格波动、风险和政府角色

者单纯持续地依靠某一策略进行预测的假设。在本书中我们已经讨论过，为了应对永远无法完善的知识，以盈利为目的的市场参与者会在某时用某种方式——他们自身无法预测的，更不用说经济学家用来改变预测策略，特别当金融机构、经济政策和其他支持基本面运动的社会环境也一直在进行非常规的变化。

虽然关于基本面的运动和修订预测策略的方法无法常规化，我们依然可以找到一些可定质的特征。更重要的是，这些特征可描绘在无法预测的时段中发生的变化。我们的 IKE 模型以这样的量化和偶然性特征为基础，解释资产价格波动及其风险。

我们选用的特征中的一条曾被凯恩斯（Keynes, 1936：153）讨论过：不管金融市场中的参与者是牛还是熊，他们都倾向于假定"现有事态会无限地持续下去，除非在某个范围内我们有明确的理由认为会发生变化"。即使参与者"有明确的理由相信会发生变化"，我们完全无法知晓他是否会修改策略，以及会采用什么样的新策略进行预测。面对这样的不确定性，参与者关于基本面以"谨慎而循序渐进"的方式发生作用的观点也会发生改变：在某些时段他们要么保持不变，要么逐步修改策略。这样的修改一般不会改变那些被认为会影响未来结果的基本面因素的本质。我们将看到，在价格上涨时，全体市场参与者也在逐渐修改他们的预测策略，但基本面的运动方向并未改变。①

但是如同价格波动自身一样，对预测策略进行谨慎修改的倾向也是可定质且具有偶然性的。参与者在决定修改预测策略时，会参考许多因素，包括现有策略的表现，是否对基本面发展趋势有"明确的理由认为会发生变化"，以及这些变化将如何影响价格，以及"我们预测时的信心"等因素。

此外，市场参与者作为整体可能不会以谨慎适度的方法修改策略。有时关于基本面和价格运动的新闻会导致参与者迅速地改变预测策略。这样的修改会对价格产生戏剧性的影响，甚至可能终止价格波

---

① 价格波动是否持续或者结束也同样依靠基本面趋势如何影响参与者的价格预测的多样性程度。见弗莱德曼和高德伯格（Fydman & Goldberg, 2010b）。

动的方向，使其向另一个方向波动。基本面发展趋势的变化也会导致类似的价格转折。

通过将凯恩斯的观点公式化为一个可定质而具有偶然性的特质，我们可以解释基本面趋势在驱动价格波动中的重要性，同时也给基本面和心理学因素在不同时间发生作用的非常规性留出空间。更重要的是，因为我们的IKE模型不完全依附于基本面改变的趋势或者市场参与者什么时候会开始谨慎修改策略，它不会过激地预测资产价格波动发生或结束的时间。这一特征使得我们的模型可以解释资产价格波动的时长和量级的无规律性，同时与假设大部分牟利的参与者都会理性地进行预测的观点保持兼容。

在第八章中，我们讨论了短期投机者可以如何扭曲相对价格。但我们也涉及，因为他们的交易决定是以基本面因素为基础作出的，所以他们可以帮助市场为公司和项目分配资本。我们的IKE市场模型展示了两类角色——短期投机者和长期投机者——如何同时协助资产价格波动的时段和量级保持无常规性。当投机者倾向于谨慎而逐渐地修改他们的策略时，基本面的短期运动方向依然不变，而资产价格的波动方向保持一致。

第一节 牛市、熊市和个人预测

市场参与者的交易决策决定了资产价格的涨落。在这些决定背后的中心因素是个体对未来价格和风险的预期。举例来说，如果大部分参与者都预测，某只股票下个月会大幅上涨，他们便会在今天买入，抬高其价格。要解释价格波动，那么我们必须找到参与者预测行为的发展特征。[1]

---

[1] 欲了解以不完善知识经济学模型为基础，对预测策略修改和解释资产价格及风险的研究方法的科学示范，见弗莱德曼和高德伯格（Frydman & Goldberg, 2007, 2010b）采用这一新的研究方法将理论和实际分析结合起来，弗莱德曼等（Frydman et al., 2010b）在书中介绍了以不完善知识经济学模型解释货币波动时，相较于大型、广泛的理性预期模型，与实践证据明显更相符。

▶▶▶ 超越机械的市场论：资产价格波动、风险和政府角色

当某参与者预测某只股票或者其他资产的未来价格和风险时，他必须要选择相关的基本面因素，权衡每个因素的重要性，以及各因素对某资产当前价格变化有多少分量。如凯恩斯所强调的，因为预测"无法依靠严格的数学结果"（Keynes, 1936：162—163），因此其他因素，例如个体的信心和直觉也会发挥作用。同样，这些因素的某些部分与基本面因素的运动相关。因此在描绘参与者的预测策略时，我们可以用简单的线性关系将未来价格和风险与一系列基本面因素以及相对比重联系起来。

参与者的预测是被他们认为相关的基本面新闻驱动着的。但是这些因素的短期运动可能在不改变预测策略的情况下改变预测结果。例如，假设对某个公司的近期或长期前景来说，某人将银行利率下降解读为利好消息，如果这样的新闻被报道，而他对利率的影响的评估保持不变，那么，其他因素持平的情况下，他可能会提高自己对该公司股票价格的预期。

新闻同时也影响着参与者在建构预测时对相关基本面因素及相关比重的考虑和直觉。例如，2004年开始的通货膨胀率上扬程度与2001—2003年通货膨胀率下降的程度相比并不算显著。尽管如此，彭博社的报道中，通货膨胀作为股票价格的主要驱动力的重要性（以在彭博社的报道中每月被提到天数的比例来测量）却发生了巨大的变化，从之前低于5%上升到2005年的45%（见第七章）。这一变化意味着在此期间，很多市场参与者重审了他们关于通货膨胀在预测市场结果时重要性的考虑，导致他们对价格预测的变化。

当然，每一个市场参与者，不论是短期投机者还是价值投机者，他制定的预测策略都反映出自身的知识和直觉。有的参与者观察基本面因素的近期趋势，之后将其他考虑因素（例如，对于某些历史上的经济事件或者关于某公司的研究项目的信息）也纳入其中，预测价格上涨。其他参与者，拥有不同的知识和直觉，从而采用不同的预测策略，在观察同样的趋势时，预测价格跌落。实际上，因为知识的不完善，对于未来的预测，牛市观点的理性程度与熊市观点比较起来，并无优劣之分。那么，对了解资产价格的发展方向来说，重要的

是基本面，还有将基本面作为基础对未来牛市或熊市做出的预测，如何在同时段内运动。

第二节 基本原理的持续性趋势

我们已经看到公司收益在一段较长时间内可能会向一个或另一个方向运动（见图7.1）。实际上，经济学家早已观察到很多市场参与者用于制定他们对资产价格和风险预期的基本面因素，例如总体经济活动、就业率以及利率等，都显示出这样的运动模式。[①] 没有人可以完全预测趋势可能持续多长、程度多剧烈。在任何时间点发生的经济变化都可能导致这些趋势反转，向另外一个方向发展。

很多基础基本面因素倾向于在一段时间内往同一方向发展的特性是资本市场容易发生价格波动的关键原因。要看清这一点，需要考虑在一段时间内，参与者认为影响预测某只股票价格的相关基本面的发展趋势（例如，利率和公司收益）保持不变。[②] 假设在这段时间内的每一个季度，利率和公司收入都会上升——对某只股票来说，分别是负面消息和正面消息。有的参与者将更大比重投放在升高的利率上，便会让他们降低价格预期；而其他将更多比重放在高收入上的参与者，则会提高其预期。

另外，当然没人能提前知道这些变量会如何发展。某些参与者可能会认为最近一个季度的收入上扬意味着其后会下跌，因此在预测价格时会更负面地解读高收入。对这些人而言，高收入和高利率将导致他们降低对价格的预期。

尽管如此，不论参与者的观点多么不同，在一段时间内，很有可

[①] 见约瑟里斯（Juselius, 2006）和约翰森等（Johansen et al., 2010）及所引文献。约瑟里斯发现在很多宏观经济学变量中存在持续趋势的现象要比一般观念显著得多。虽然在本书中我们将不涉及这一现象的原因，但我们怀疑不完善知识在其中扮演了一个关键的角色。

[②] 在本章中我们假设参与者对风险的评估变化不大。在第十章，我们会解释这些评估的改变将在最终的资产价格波动先天不足的特性中扮演的关键角色。

能他们对价格发展的观点不会改变预测策略。在此期间，基本面发展对个体预测的影响可能不会改变。如果基本面的发展趋势也保持不变，那些预测可能会倾向于在此期间往某个方向运动。这些预测的总量集聚后，股票价格也会向该方向运动——这即是，经历了一次波动。

第三节 适度谨慎修订

凯恩斯认为，市场参与者倾向于假定现有趋势将会持续，意味着他们倾向于在一段时间内保持相同的预测策略。实际上，参与者常常不清楚是否应该修改他的策略。对一两个季度糟糕的预测可能只是短期不好的运气，并不代表策略的失败。因此，除非参与者有着明确的理由相信市场会发生变化，他不太可能会修改现有策略，即使在过去的几个周期内该策略已经开始失效。

如果某个市场参与者没有理由怀疑或者预测变化确实发生，他不仅没法确认自己的想法，更不用说这一变化的确切性质。他对预测策略进行修订的时间和方式，是以他对市场关系发展的直觉，以及对这一直觉的自信程度为基础的。通常在这样不确定的情况下，对个人来说，理智的做法是以谨慎而循序渐进的方式重新解读近期基本面趋势或者未来价格走向的意义，从某种意义上来说，即修改预测不会产生超过这些趋势自身的影响。

让我们回到之前的例子，假设某人解读利率和收入的趋势后，抬高了他的未来价格预测，同时对他的预测策略不作修改。如果他决定在某时刻修改策略，对预测带来的影响有可能是巩固或者阻止由基本面发展直接产生的积极变化。

在我们的例子中，从定义上来看，因为参与者倾向于巩固基本面的正面影响，巩固式修改可导致个人提高价格预测。而在预测策略中，消极式修改并不普遍。这些修订可能会相当复杂：参与者可能修改一整套的基本面相关策略，或者过分解读基本面，导致他将价格预测调整到会产生超过基本面趋势本身产生的影响水平。即便如此，由

第九章 价格波动的基本面和心理 ◀◀◀

于知识的不完善和对未来的不确定,他仍会对要激进地调整策略持迟疑态度。结果是,我们可以期待在一段时间内,消极式修订对预测的影响会保持在谨慎适度的较小范围内。在这样的时期内,基本面趋势的影响可能会占主要地位,并导致个体价格预测在平均来说,继续向同一个方向运动。

如先前提到的,我们并不假设这样的谨慎适度修订会一直主导参与者的预测策略。实际上,在我们的不完善知识经济学模型中解释价格扭转时,有时这些修订扮演着关键角色。然而,我们的模型能否解释资产价格持续波动的关键,在于在价格非常规波动期间,谨慎适度修改是否能够主导预测。

我们还需进一步收集和检验关于将谨慎逐渐修订当作一种可定质的特质,并且在价格上扬(或下跌)时使用的直接证据。[①] 但是心理学家已经发现实验证据,当个人面对不确定的结果修改预测策略时,一般说来,他们倾向于依照某种参照线,逐步地进行。[②] 这一观察结果与凯恩斯的观点,以及我们对谨慎逐渐修订的定性不谋而合:要评估参与者修改预测的影响,我们要参考的是假设预测策略保持不变,仅依靠基本面的趋势修改预测结果的情况下,可能对基准线变化造成的影响。因为谨慎逐渐修订特质是可定质的,描写市场参与者修改预测策略的决定过程就存在无尽可能的非常规的方式。[③]

我们将个体决策过程定性为定质且具有偶然性的结论,不仅为我们理解牛和熊们的预测策略的非常规变化打开大门,同时也肯定了发生变化的多种可能方式。不论参与者用哪一种方式修改策略,不论是

[①] 例如,我们可以对市场参与者进行定质问卷调查,询问他们在价格波动期间某段时间内是否以及如何修改自己的预测策略。

[②] 见爱德华兹(Edwards, 1968)和施莱佛(Shleifer, 2000)以及所引文献。

[③] 欲了解定质且谨慎条件下严谨地计算渐进谨慎修改的模型,请参考弗莱德曼和高德伯格(Frydman & Goldberg, 2010b)。与此产生尖锐对比的,是由行为主义学家提出的,以所谓的"保守主义"为原则:假设市场参与者永远不会修改他们的预测策略,从中得出的实验数据。实际上,他们假设个体在得知新信息的情况下,会以行为主义经济学家较为牵强的可能性模型中提到的机械化的方式作出反应。见巴尔巴里斯等(Barberis et al., 1998)。

牛还是熊,只要他的修订是谨慎而循序渐进的,而基本面趋势保持不变,他的价格预测就会倾向于往同一个方向运动。

关于资产价格是否会发生波动,重要的是,参与者多样化的价格预测如何随时间发生改变。假设在某段时间内,基本面的趋势带领市场预测走向上升,而参与者整体以谨慎逐渐的方式修改他们的策略,不管牛变得更"牛气"或熊变得更"熊气",资产价格依然会倾向于升高。

第四节　个人股和市场价格波动

市场参与者依靠的某些基本面因素是与公司相关的,例如公司收益和销售额等。这些因素的短期趋势因公司而异,并且为不同的近期和长期预期及回报提供线索。其他基本面因素,例如总体经济活动和利率等,被较宽泛地解读为对许多公司会产生影响,但是它们的趋势同时也对公司的预期和未来回报有着不同的意义。其结果是,当基本面因素的持续趋势和谨慎逐渐修订预测策略主导了某个时期时,不仅会发生单独股票的价格波动,也会引起在公司之间相对价格的变化——即影响公司吸收资本的相对渠道。

即便如此,当这一分配过程开始时,许多公司的价格常会往相同的方向波动,因为市场参与者用类似定质的方法对很多基本面因素对未来结果的影响进行解读。例如,整体经济活动的积极趋势和就业率对许多公司来说就是牛市的信号,而央行加息则通常被当作熊市的线索。同时,与公司相关的基本面因素的运动趋势倾向于与整体经济活动相关。例如,许多公司的收入和销售通常随着经济的涨落变动。这些观察结果,加上经济范围内的宏观基本面持续趋势以及谨慎逐渐修订策略,意味着大盘股票价格指数倾向于发生波动。

第五节　价格波动,真实的多样性及合理性

除了解释资产价格在真实世界市场中波动的模式,IKE 模型的权

变因素使得它可以与资本市场上的牛熊共存现象，以及两种投资位置的合理性相兼容，即使在预测价格运动方向时，他们的观点截然相反。

我们的 IKE 模型解释了牛和熊在市场上的任何时刻都是共存的。原因在于没有人可以确定地预测基本面改变方向的时刻，或其他参与者在何时会停止谨慎地修改预测策略。因为在任何一个时间点，价格波动都可能继续或停止，将赌注押在其中一种可能性上并不意味着参与者的牛市或熊市观点是非理性的。

第六节　持续反转

即使基本面趋势在大体相同的方向持续运动，人们可能在任何时刻停止采用谨慎逐步的方式修订预测策略。参与者可能修改整套认为相关的基本面因素，或者各因素所被赋予的比重，而这一修改可能导致新预测会产生超过基本面自身发展趋势的影响。如果有足够多的参与者以这样激进的方式修改预测策略，并且将投资押在与原先预测完全相反的方向上，股票和其他资产价格也会发生扭转。

对预测策略进行非谨慎的修改通常发生在基本面趋势发生扭转的时机，或者重大经济政策或机构发生改变的类似时机。[①] 毕竟，如凯恩斯指出的，基本面近期或即将发生的改变为人们提供了期待变化的理由，这也是牟利的个人对其投以巨大的关注的原因。

如果有征兆指出基本面可能往新的方向发展，参与者需要决定在预测未来前景时，对这些因素赋予多大的比重。但是一旦基本面趋势发生扭转，他们很有可能会回到谨慎逐步修改预测策略的旧路上来。当然，如果有大量的资本被押在这样的预测上，上扬或者下挫的可持续性扭转就会再次发生。之后价格将继续沿新方向运动，直到市场参与者对基本面的新趋势的可持续性再次失去信心，或直到他们有理由

---

① 与这个观点相关的计量经济学证据，请参见弗莱德曼和高德伯格（Frydman & Goldberg, 2007, chapter 5）。

▶▶▶**超越机械的市场论：资产价格波动、风险和政府角色**

（或直觉）相信其他参与者可能剧烈地修改预测策略。此时，市场将再一次经历动荡，而这一修改是否会导致价格转向相反方向运动是很难说的。

我们因此有理由认为，在一段时间内，资产价格波动的周期和量级是会以非常规的方式变动的，而基本面趋势的持续性，或参与者逐渐谨慎修改策略的持久性也会发生非常规的变动。图5.1和图5.2不仅展示了价格波动的非常规性，也说明了资产价格的不稳定性的有限性：虽然有时价格波动持续很久，但它们最终都会经历可持续的价格反转。接下来，我们将介绍如何解释价格波动过量，以及IKE风险模型如何解释价格的不稳定性的有限性。

第十章　有限不稳定性：链接风险与资产价格波动

在上文中我们已经讨论了如何用基本面的趋势和参与者预测策略的谨慎逐渐修订，以及这类质变的偶然性，来解释在资本市场上观察到的价格波动。我们同时也勾画了大盘价格指数的波动从相对资产价格的运动中产生的方式。在本章中，我们会解释这些波动在金融市场为其他项目及公司分配资本的过程中，是如何扮演着不可或缺的角色。然而，我们同样也会展示，为什么由于知识的不完善，价格波动有时会过量：价格运动超过了大多数价值投机者认定的项目及公司的长期前景的价值。我们会用20世纪90年代和2000年早期的美国股票市场为背景来阐释我们的论点。

如果市场完全由价值投机者组成，那么一旦大众感知到任何价格过量，他们便会很快地进行自我纠正。然而，由于短期投机者的存在，纠正的过程可能会被延迟，造成大量的资本错误分配。价格过度波动在很长一段时间内持续的可能性更进一步被索罗斯（Soros，1987，2009）所谓的"自反"——在一段时间内，一次价格波动和基本面趋势互相巩固——关系或者渠道所强化。

即使如此，如同房屋和股权价格在2000年的蓬勃发展所示，即使市场内存在着短期投机者和自反关系，市场最终还是自发地对价格波动的过量进行了纠正。问题是，我们现在可以看到，当价格最终发生逆转时，可能跟价格过度上扬一样，对金融系统和宏观经济造成巨大的损害。更重要的是，由价格扭曲造成的资本分配失当可能要花数

▶▶▶ 超越机械的市场论：资产价格波动、风险和政府角色

年才能完成纠正。

为了解释资产价格波动自我限制的本质，我们以凯恩斯（Kaynes，1936）的另一个观点为基础：参与者对潜在损失即风险的分析与他们的投机位置相关，由于熊或牛的不同，投机位置或与价格波动同频或相反运动。我们将卡内曼和特韦尔斯基（Kahneman and Tversky，1979）的预测理论和系统化理念结合起来，通过承认不完善知识，他们观察的结论证明，相对同一深度的潜在收益来说，参与者的身心状态对潜在损失的反应更敏锐。通过将交易风险和在金融市场内拥有资产的风险与资产价格和其预计基准线水平之间的差距联系起来，我们的方法能够得出与现代模型将风险与某资产价格的短期生命力相联系完全不同的测算结果。①

我们的不完善知识经济学风险模型指出，因为资产价格或高于或低于大多数参与者持有的历史基准线水平观点，那些认为未来运动会远离基准线水平的参与者会提高对这一投资行为的风险评估。最终，这些评估会让参与者以较剧烈的方式修改预测策略。在此之后，即使是最极端的价格波动也会中止，随之而来的是趋向基准线水平的扭转。

第一节 资产价格波动在资本分配中不可或缺的角色

以20世纪90年代的美国股权市场为例。在此期间，特别是1998年之前，公司收益、国内生产总值、产品、就业率、出口和生产率水平都在稳固地上升，而通货膨胀率在下降。政治和制度发展，加上宽松的货币政策，也对增长作出了贡献。因为当时大部分人的观点是美国经济及其他处于信息—技术革命的热潮中，价值投机者和短期投机者都有可能将这些趋势解读成持续的牛市。

---

① 如我们在（Frydman & Goldberg，2007，chapter 7 – 13）中所展示的，相较于理性预期模型，我们的 IKE 模型对外汇市场提供了明显更为优秀的解读。

第十章 有限不稳定性：链接风险与资产价格波动 ◀◀◀

价值投机者关注这些短期趋势来分析个别公司的长期预期会如何发展。他们将这些趋势放在特定公司和行业的深度分析报告的语境中进行解读，购买他们觉得会长期产生稳定的收入的公司，或者那些价值被低估了的公司，抛售那些对收益和潜在价值的信心已经降低的公司。这些交易决定因此会促进相对价格的运动，帮助社会分配其稀缺的资本。

由于20世纪90年代整体经济和特定公司的基本面趋势都处于牛市，价值投机者毫无疑问会重新评估甚至可能修改他们对许多公司的不同长期预期。但是因为市场参与者倾向于用谨慎逐渐的方式修改预测策略，或者保持策略不变，价值投机者的交易决定不只影响了相对价格，同时也有可能，至少在初期对之后十年的大盘价格指数上扬作出了贡献。

当然，那些作为标准普尔指数价格基础的公司，投机者对它们进行的长期预估可能存在某个价值区间内。很多观察家认为这个区间有可能被抬高，因此至少在一段时间内，股票价格的上升并不是因为价值范围与公认的长期预期并产生波动，而是对上升的反射。即使关于信息—技术革命长期收益的牛市观点确实——如今依然——似乎是可保证回报的，即使我们只分析20世纪90年代上涨初期阶段，这也并不意味着市场正确地评估了公司长期的前景。

首先，短期投机者也可以对相对价格的运动作出贡献，因为他们也同样关注基本面趋势，以此来预测特定公司的投资回报。因为关注的重心是短期回报，他们通常不会像长期投机者们一样依靠详细的基本面分析作出预测。结果是，他们在评估某些公司的基本面趋势时，极有可能会过度反应，与单纯由价值投机者组成的市场可能产生的价格相比，将价格过度地推高或拉低，扭曲相对价格。

即使如此，如同我们在第八章所讨论到的，公司的短期表现，不管是正面还是负面，对长期表现起到预示作用。通过这些公司的近期基本面趋势和表现，短期投机者帮助市场衡量公司的不同，以及本质上无法预知的长期前景。

在20世纪90年代前半期，例如，新旧公司都在寻找和使用信息

> ▶ ▶ ▶ 超越机械的市场论：资产价格波动、风险和政府角色

技术的创新应用来降低他们的生产成本，提高现有的服务和产品质量，或开发新产品。戴尔、微软和谷歌正是其中在宏观经济和公司基本面的优秀短期表现预示了长期表现的最成功的例子。

确切说来，没人能提前知晓任何公司的发展策略是否会成功或者失败。但当 20 世纪 90 年代基本面牛市趋势展开时，短期投机者和价值投机者都倾向于买入相同公司的股票。因为短期投机者如价值投机者一样，倾向于谨慎而循序渐进地修改预测策略，甚至保持不变；当牛市的势头持续时，他们的交易决定，同样不只影响相对价格运动，同时也对总体股市上扬作出了贡献。

和其他很多历史时期一样，这个例子体现了大盘价格指数的波动对金融市场评估恒变的短期和长期预测和公司汇报以及它们如何分配社会资本来说，都是十分重要的。然而，大多数参与者对公司和项目的长期前景的评估，最终可能导致价值上扬的水平过度。

第二节 历史基准作为长期前景预测的量规

现代经济的动态周期意味着，不论一个人对股票预期价格的分析有多么的详尽，对长期来说最多能给一些模糊的提示。有谁在 20 世纪 70 年代末能预测到个人电脑和互联网的崛起，更不用说它们在 80 年代和 90 年代对经济结果的影响？

预测一组公司的长期前景，例如那些标准普尔 500 价格指数生成的基础公司，也是非常困难的。但是历史告诉我们，这些在大盘价格指数上的非常规波动倾向于围绕着预估的基准线水平运动。因此市场参与者们会将它们当作不精确但是有效的测量标准，以此来判断股票价格是否与对公司长期前景的评估保持一致。

在股权市场的普通基准线水平是以价格—收入比或价格—股息率的历史平均水平为基础制定的。图 10.1 描绘出了股票价格相对于 10 年间的收入运动平均数及其历史平均数（也在图 5.1 中展示出），同时给出了一个记录历史上绝大部分价格—收入比率波动范围的例子。价格—收入比通常以当下和过去的运动平均数为基础，因为这样的平

第十章 有限不稳定性：链接风险与资产价格波动

均数提供了一个比用任何季度中的当下收入能更好地衡量公司长期预期的方式。为了取得该范围最高值和最低值，我们首先在样本中的第一个50年间（1881—1931年）找到价格—收入比例的5%和95%。在1931年之后，我们将第二个50年的范围往前移动一个月，同样找到代表90%稳健价值的价格—收入比率的范围。

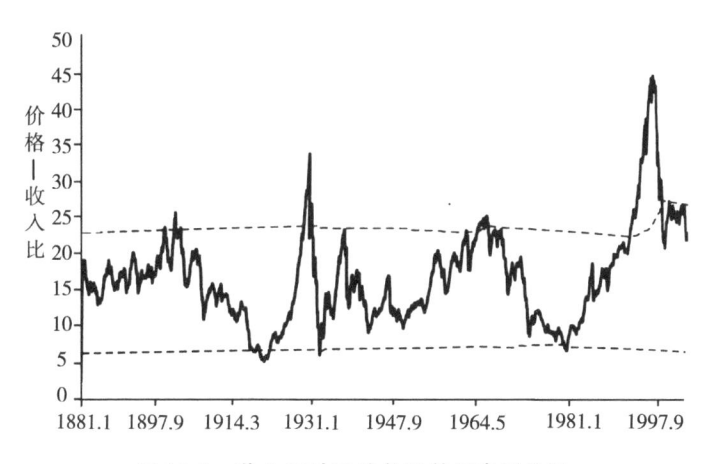

图10.1 收入运动平均数及其历史平均数

在图10.1中，从基准线水平出发或者返回基准线的价格波动，显示出非常规的时长和量级；价格波动的开始或结束不能单以数学计算为基础。但是实证记录显示，当股票价格波动超出与当下和过去收入相关的历史指导范围水平时，过高的股价势头很可能不会持续。最终，股票价格会发生持续的反向运动，向历史基准线靠拢。[①]

在图10.1中描绘出的历史稳健价值范围只是其中一个例子。没人可以完全预测一旦跨过什么样过高或过低的门槛，就意味着价值的过量更

---

① 关于此问题的其他正式研究显示，基于近期和过去的收入或股息（表现），股票价格确实倾向于往历史参考水平方向扭转，这一问题在第十一章中也会讨论。当然，有很多计算基准线价格—收入水平的方法。例如，价格—收入比的运动平均数将会得到与固定历史平均数不同的基准线水平。同样，价格—股息比率和其他指数可能得到不同的基准线价值。但是研究显示，可持续的反周期运动最终也会偏离以其他措施为基础制定的历史指导水平。

▶▶▶ 超越机械的市场论：资产价格波动、风险和政府角色

严重，势头无法持续的可能性更大。① 即便如此，因为偏离一般基准线水平的增长最终无法持续，市场参与者便利用围绕基准线的历史稳健价值来评估自己对长期前景预测的合理性。我们仍然无法解答人们是如何用某个特定的基准线理论做出并预测决定结果的。凯恩斯（Keynes，1936）认为传统和历史记录扮演了很重要的角色。例如，对市场参与者和政策制定者来说，价格—收入比例和购买力平价汇率都对他们分别在股权市场以及货币市场上评估价格方式的可持续性有很长远的影响。

一个市场参与者对公司的长期前景预估，一般会与其对公司的历史基准线评估不同。说到底，历史基准线是回溯视角，从定义上来说，不能为创新活动和公司的非常规变化的长期影响做出解释。在每个时间点，用长期观点进行交易的参与者会将自己对前景的预期多样化，逐渐将历史信息（包括对历史基准线的评估）、现有基本面信息和任何被认为相关的社会语境下的创新和变化纳入考量。实际上，现有的信息也许——实际上很有可能——引导个体得出，未来回报可能与历史基准线暗示的结果不同的结论。

看起来，我们可以安全地假设，投机者对公司长期前景预测结果和他对历史基准线评估结果并没有显著的不同。毕竟，现在和过去的收入，以及整体美国股权市场在之后 10—20 年间的价值，都在一个较稳定的区间内移动。② 因此，当股票价格上升或者下跌到历史稳健价值范围外时，这些价格对大部分参与者来说已经超出他们对公司长期前景预估的范围了。

这样的过量价格波动可能是由短期投机者和价值投机者的交易决定导致的。然而，短期投机者在明白价格已经达到历史高度，与大多数长期价值评估的观点不一致时，作出的交易决定才是保持价格波动持续过剩的关键。

---

① 这一问题将在十二章中，当讨论执行以我们 IKE 对资产价格和风险的解释为基础的政策时再次重申。

② 类似的局限性，即使基于不同的考量，也存在其他的市场中。

第十章　有限不稳定性：链接风险与资产价格波动 ◀◀◀

第三节　价格波动的幅度过大

价格波动的发生可能或多或少地比当前收入更早。图 7.1（重编号为图 10.2 以方便阅读）显示股权价格在 20 世纪 90 年代的上扬比当时收入的上升要迅猛，而在 2003 年发生的上扬和 2007 年的下跌情况也一样。然而，如图 10.1 所示，我们在金融市场上观察到的价格波动，跟当时收入相比的变化要缓慢得多，并且总是倾向于远离或靠近收入的运动平均数的持续运动方向。

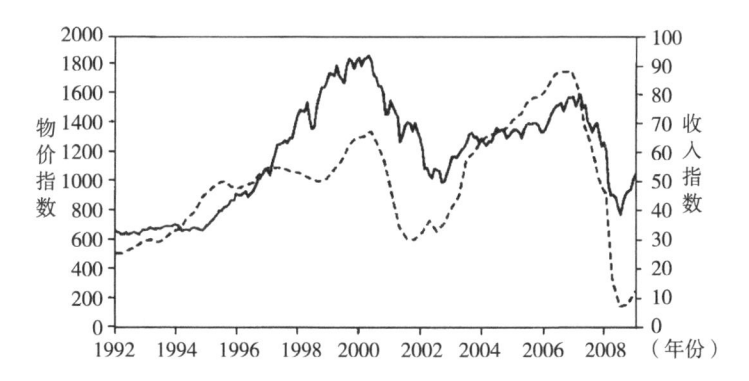

图 10.2　1992—2009 年标准普尔 500 股市价格和市场收入

资料来源：数据来自罗伯特·席勒的网站：www.econ.yale.edu/~shiller/。

让我们再次以 20 世纪 90 年代的美国股市为例。在这段时期内，因为对信息技术革命的长期收益的积极看法和在其他基础基本面因素的牛市发展趋势，价值投机者很有可能提高他们对众多公司创造更多未来收益的能力的预估——因此这些公司的价格—收入比率远高于它们的应有水平。短期投机者也在关注基本面在信息—技术革命下的牛市的发展势头。因为两组参与者都倾向于以谨慎循序渐进的方式修改预测策略，两者都为与当时和过去收入相联系的股票价格的上涨做出了贡献。

▶▶▶ 超越机械的市场论：资产价格波动、风险和政府角色

一　反射、投机和过剩

当然，用公司当下和过去的收入对长期前景作出的预估，不可能是永远增长的。最终，价值投机者会意识到公司的前景将无法保证更高的市盈率，即使在基础基本面上牛市趋势依然持续。因为现有的市场反馈或股市价格和基本面趋势之间的反射性关系，价值投机者作为一个整体，开始意识到价格已经过剩的关键时间点可能因此被延迟。

大多数参与者的大部分财富都集中在他们的房子或股票市场上。当股价和房地产价格升高时，个人的财富也增加。其结果是，储蓄的必要性就显得更弱，并且可以（向银行）借贷的额度就更大，因此导致消费开销的增长。同样，当股票价格增长时，商业可以得到更多的金融资本，让他们可以在新的生产线和设备上增加投资。消费和投资开销的提高会刺激整体经济活动，由此巩固了公司收入和其他基本面因素的利好趋势，而价值投机者和短期投机者在预测市场结果时依靠的正是这些趋势。牛市趋势的持续，反过来，给予股票价格积极反馈。当然，股票市场和整体经济的上升会提升消费者、企业和金融市场参与者对于未来的信心和乐观情绪，更进一步为反射效果增加积极助力。

最终，如果这一趋势持续的时间过长，当消费者发现自己资金周转不灵，而企业开始意识到资本开支的结果是生产力过剩时，[1] 这一反射性过程就会发生自我扭转。当然，我们无法预测借贷水平和资本开支从什么时候开始会不可持续。价值投机者为预测公司长期前景，在解读基本面短期趋势的后果时，一定会将反射性考虑因素以及对特定公司的详尽研究都考虑进去。

反射关系带来的困难意味着，在20世纪90年代，当价值投机者开始意识到自己对基本面短期趋势的长期评估，以及对信息—技术革命带来的益处的评估实际上已经过量时，这一扭转的节点已经到达。

---

[1] 这一不可持续性是索罗斯（Soros）反射性理论的关键机制。他对价格运动在受反射性反馈主导一段周期后如何最终结束进行了解释。详见索罗斯（Soros, 2009）。

第十章　有限不稳定性：链接风险与资产价格波动 ◀◀◀

当投机者们认定自己对基本面短期牛市趋势的重要性的判断失误后，他们便会迅速地将自己的长期预期降低。

二　短期投机和过量

如果市场完全由拥有长期投资观念的参与者组成，他们对预测策略的非谨慎修改将会引导修正基本面趋势对公司前景产生过度乐观的影响的评估，从而中止价格上涨。然而，短期投机者对市场价格也有重要的影响力。后者主要关心的是在接下来的几个月或者季度中基本面的近期趋势是否会持续，而不是长期的可持续性。其结果是，只要基础基本面的持续发展趋势不变，而短期投机者继续以谨慎循序渐进的方式修改预测策略，他们将把价格抬高到长期投机者预估的价值范围之外。

历史记录证明，在 20 世纪 90 年代发生的价格上扬的性质正是这样的过量。实际上，在 1996 年年底，罗伯特·席勒的价格收入比率高达 28%——几乎是当时历史平均数的两倍。在此之前市场上出现如此惊人的价格收入比率的情景，还是 1929 年大萧条之前的六个月。

即使如此，基础基本面的发展趋势，包括现有收入，在之后的三年内仍保持利好方向发展。当然，我们在每个时间点都无法预知基本面的利好趋势是否会继续，或者其他参与者的策略修改是否会继续保持谨慎而循序渐进。在这一段历时十年的上涨期内的任何时间点，基本面的趋势都可能改变方向；或者投机者忽然大幅度修改预测策略，在每个时间节点都有某些短期投机者预测价格上涨，而其他人则预测下跌。

但是，如我们在第九章中讨论的那样，解释资产运动的关键是市场参与者如何预测价格的发展。在基本面的利好趋势和短期投机者倾向用谨慎循序渐进的方式修改预测策略的情况下，关注短期回报的牛和熊们会提高他们的总体预测并继续将股价抬高到超过自己及大多数价值投机者预测的长期前景水平之外。

在第八章中，我们讨论了短期投机者的交易决定是如何积极地促进了金融市场分配市场稀缺资本的能力；然而由于他们的思辨基础不如价值投机者那样严谨,作出的交易决定也可能会扭曲相对价格。在与大多数投机者的长期前景评估一致的范围内,相对而言,短期投机者的扭曲影响力很可能并不显著。实际上,在1990年年初的股票价格上涨中,基础基本面的利好趋势极有可能引导他们(短期投机者)去购买价值投机者买入的公司股票。

相反,一旦价格波动开始过量,例如上文所说,跟随价值投机者的交易决定的好处在短期投机者驱动价值上升时消失了。更重要的是,在整体经济中,反射性关系意味着基本面牛市趋势最终总会发出关于不同公司长期前景的不正确和不可持续的信号。因为短期投机者的交易决定的作出很大程度上取决于这些信号,所以在市场上存在着很大的空间可以扭曲相对价格和不当分配资本。在20世纪90年代对技术股票的过度投资正是一个分配不当的例子。

当然,过度的情况除了在价格上涨外,在下跌时均有可能发生,通过提供公司应该开始扩张、重组、缩减或增加现金流等的不正确信号,价格下跌与上涨一样,可能造成资本分配不当。但是另一种与过量下跌相关的、可能更严重的危险,是如凯恩斯(Keynes,1936)强调的,当投资总量忽然毫无预兆地下跌,并在相当长的一段时间内持续低落。(见第七章和第八章)

然而,虽然短期投机者有时会驱使股票价格离开安全范围,但这一趋势并不会无限制地发展。我们IKE模型对风险的解释意味着,最终短期投机者也会大幅度地修改其预测策略,由此带来影响深远的价格扭转——即使基本面的发展方向仍然保持不变。这一过程解释了为什么市场最终会发生自我调节。

第四节 将风险远离基准水平

金融经济学家通常使用标准短期波动测量方法,例如回报的多样性来作为描绘投机位置风险性经典的做法。他们用这些模型来解释在溢价中——符合正面预期的回报过剩——市场参与者希望保持投机位置的原因。如我们在第五章中所解释的,经济学家的风险—溢价模型

第十章　有限不稳定性：链接风险与资产价格波动 ◀◀◀

实证表现到目前来看都非常不尽人意。

凯恩斯（Keynes，1936）关于资本市场投机的观点，带来了一种对参与者评估金融风险方式的另类定性方式。他认为，投机者们知晓波动是资产价格的常态，因此，他们在尝试预测市场结果时会使用这一社会特性。在讨论为什么个人宁愿在手里握着现金，而不愿意持有虽存在风险但同时会产生利息的证券时，凯恩斯观察到"关键不是［利率］的绝对水平，而是利率与被认定为相对安全的［基准线］水平的差距程度，这一水平是计算概率的基础"。[①]（Keynes，1936：201）

这一观察结果意味着，当短期投机者站在自己的投机位置上，评估潜在资本损失时，关注的主要是股票价格和他对历史基准线水平的解读：

> 除非人们有理由相信未来会发生的情况与过去将完全不同，（比安全比率低得多的）利率让人们更容易恐惧而不是怀有希望，而且在同时持续地创造出只能抵消一小部分（对资本损失）的恐惧的劳动成果。（Keynes，1936：202）

这一论点导出了另一种对市场参与者的风险溢价进行定性的方法。[②] 当然，当一个参与者在评估一段时间内的风险变化时，无论是他自身还是经济学家都无法完全预知他会如何解读资产价格和基准线

[①] 托斌 obin（1958）早期在投机者在现金和有价证券之间分配资产的模型中，对这一观点进行了公式化。

[②] 在（Frydman and Goldberg，2009，chapter 9）中，我们对所谓的内生前景理论进行了发展。这一理论是以（Kahneman and Tversky，1979）为基础，假设内生损失厌恶（endogenous loss aversion）：个体不仅厌恶损失（因为损失对他造成的无效比他从同等程度的收益中得到的有效性要大），而且这种厌恶是内生的（他对损失的厌恶随着他的未平仓头寸的增加而增加）。更重要的是，如（Kahneman and Tversky，1979）提出的，他们的前景理论的原始方程式是以实验性的设定为基础的，因此从实验设计开始，就忽略了不完善知识。很可观的是，其他行为主义经济学并不承认这一基本性的不同。内生前景理论明确地指出了这一问题并提出了一种在不忽略不完善知识的情况下将卡内曼和特韦尔斯基的实验性结果公式化的方法。

价值之间的距离。实际上，我们在下文提供的证据证明，相较于价格与基准线的差距较小的情况，当历史记录的两者差距较大时，参与者会赋予这一差距的重要性也会较重。但是，没人能够预测那个令参与者认为此时差值过大或者过小的分水岭是什么；或者一旦越过这个分水岭，他们对投机的潜在损失的评估会受到怎样的影响。其结果是，我们将凯恩斯的观点公式化成一个量化规则：当短期参与者选择相信市场正走向某一方向时，随着价格靠近或者远离他所理解的基准线水平，他可能会提高或者降低自己对潜在损失的评估——风险溢价也同样。①

试想，股价的上扬此刻已远超过参与者对基准线水平的评估。一个短期的牛市参与者预测价格上扬在近期仍会持续，而熊市参与者则作出相反的预测。即使如此，两者都认定假使资产价格运动的方向与他们的预测结果相反，他们就会蒙受损失。如果基本面的运动趋势使牛市参与者们继续提高对未来价格的预期，他们自然会希望提高自己的未平仓头寸。"除非人们有理由相信未来会发生的情况与过去将完全不同"，这些投机者会继续提高评估失误可能造成的损失的预测：预估基准线与实际股价之间的差价越大，人们便会越发担忧价格扭转的发生。熊市参与者们对未来价格提高的反应则正好相反：他们对最终价格发展方向发生折返感到越发自信，并因此降低对未平仓头寸的潜在损失的预测。

第五节 市场最终如何自我修正

如果市场参与者的风险溢价是由资产实际价格与对预估基准线水平之间的差额决定的，那么参与者在价格波动期间，就会为了保持未平仓头寸而修改溢价——持牛市观点和持熊市观点的参与者将往相反

---

① 毫无疑问在投机者评估他们的未平仓头寸的风险时，也涵盖了许多其他的因素。以货币市场为例，参与者可能在评估风险时，会关注往来账户（current-account）的不平衡和国家的国际债务位置。在弗莱德曼和高德伯格（Frydman and Goldberg, 2007, chapter 12）里，我们将这样的考量纳入不完善知识经济学的风险模型中。

第十章 有限不稳定性：链接风险与资产价格波动

的方向进行修改。这些在溢价方面发生的变化可以解释在资本市场中的长期波动最终会终结的事实。

要了解波动的有限性，我们假设基本面发展势头的持续和谨慎逐渐地修改预测策略使牛市参与者提高了对未来价格的预期：购买股票的回报会上涨。以这一信念为指导，参与者们提高了自己的投机位置，将所购股票的价格抬高，甚至高于公司长期前景的大多数预测，也就是大多数基准线评估的价格范围之外。

即使这些牛市参与者待着更大的回报，他们也相信这样的价格过度上涨最终会结束，并从而提高自己对价格扭转和资本损失的风险评估。由此带来的上涨的溢价行为却缓和了他们提高投机位置的倾向性。如果基本面趋势持续不变，价格也持续上涨，牛市参与者们就会在最终到达分水岭时担心价格扭转，因而转而用较激进的方式修改预测策略。熊市参与者们也会向相反方向改变其风险溢价，此举同样能够对市场发挥类似限制长期远离基准线水平的价格波动的作用作出贡献。

我们的 IKE 对风险的解释意味着整体而言市场溢价等于牛市参与者的溢价减去熊市参与者的溢价。如在第五章所提到的，市场的溢价因此与预估基准线与实际价格之间的差价有着正相关的关系。图 5.4 展示了在货币市场证实该定质预测的证据，[①] 而图 5.3 则显示这一关系在股票市场上较不明显。

然而，在第七章中提到的马吉（Mangee，2011）对彭博社进行的数据分析，证明在股票价格与历史价值水平之间的差额变大时，股票市场参与者会将注意力放在这一价格分歧的事实上。以下三段摘录展示了彭博社如何报道这些变量的重要性：

> 在尾盘下挫中收尾的美国股市，现在担心股价可能已经超过收入预期……"越来越多的人开始认为市场价格被高估了"，管

[①] 其他主要汇率的时间线展现了类似的模式，而正式的数据分析支持这一积极关系的结论。见弗莱德曼和高德伯格（Frydman and Goldberg，2007，chapter 12）。

▶▶▶ 超越机械的市场论：资产价格波动、风险和政府角色

理着 170 亿美元资产的博森公司（Boston Company Asset）的货币经理大卫·戴蒙德（David Diamond）说道。Zacks 投资研究调查指出，当下标准普尔 500 指数的交易量是 1997 年收入的 19 倍，高达 1980 年以来平均价格收入比的 15.5 倍。（1997 年 2 月 19 日）

"投资者在等待抛售的时机"，管理着 1300 亿美元资产的、北方信托（Northen Trust Co.）的投资顾问主管吉恩·格兰登（Gene Grandone）说，"现在的市场囊括了 7900 个区域，人们认为市场有些过于丰腴了"。……很多投资者对于现有的高于历史最高的价格收入比感到很不安。（1997 年 7 月 7 日）

美国股市现在一片混沌……因为与收益预期相比股价屡创新高，任何短期下跌都会让公司受损。举例来说，标准普尔 500 指数的交易量已达到收入的 35 倍。（1999 年 4 月 7 日）

图 10.3 展示了每月当前与历史价格之间的差额被作为影响市场的考量提到的比例的 12 个月运动平均数。在大部分时期内，它们都无足轻重，平均每月只在低于 2% 的天数中被提到。但从 1997 年起，价格差额的重要性开始提升，到 1999 年年底时，该因素每月被提到的次数已经增长到 10%——正是市场上扬最为过剩的期间。类似的比重上升在 2008 年下半年也曾出现，当时金融危机正走向剧烈而漫

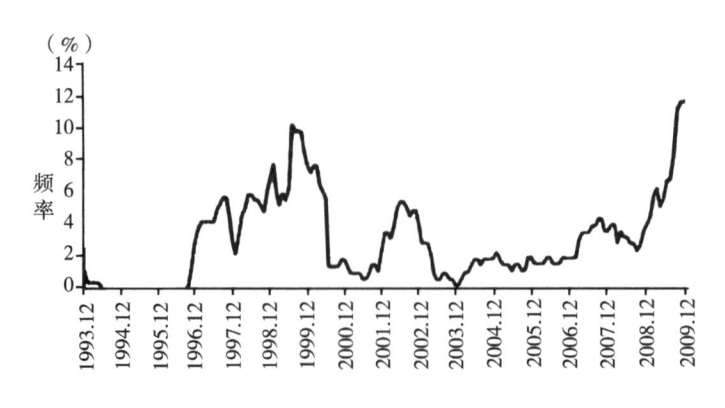

图 10.3 被提及的月平均频率

长的下挫，导致在 8 月时占高达 21% 比重的价格收入比在 2009 年 3 月降低至 13%。

第六节 基本面回归

市场参与者用价格与历史基准线之间的差距来评估金融危机，意味着基本面因素的运动趋势是理解金融市场主要特征的关键。在第八章和第九章中，我们阐述了基本面运动趋势，例如企业收入和利率，是如何影响资本在项目中的分配以及如何推动资产价格的波动的。在本章中，我们展示了基本面的趋势是如何引导市场过度抬高或者降低股价的。我们也展示了这些趋势通过影响资产价格——影响价格基准线差距——如何影响金融危机，并对市场最终自我矫正进行解释。

与现有模型产生尖锐对比的是，正是因为我们不随意假设非常规变化以及不完善知识，我们得以理解基本面在金融市场发挥的关键作用。更重要的是，通过将这些特征放入分析的中心，我们可以识别心理学因素在驱动结果时发挥的作用。在第十一章中，我们将展示将基本面重新纳入讨论可以让我们避免当代经济学中对市场作出的两个主要极端理解：一是市场将价格近乎完美地设定在人们所假设的真实价值水平上；二是心理因素导致泡沫经济，持续将价格推离与基本面一致的水平，而市场则总是落入其掌心。

第十一章　权变理论与市场

　　根据我们的 IKE 模型，价格和风险的波动倾向于在基本面发展方向持续进行一段时间后发生。因为这一情况经常发生，市场参与者也缺乏明确的理由来期待变化，他们修改预测策略更可能谨慎。因此我们可以预期，基本面因素在驱动资产价格波动和风险时发挥的作用很重大。我们也可以预期各类基本面因素及其影响力可能随时间发生变化。

　　但是在那些成千上万的实证研究中，几乎没有任何研究将基本面每月或每季度运动对资产价格影响的变化纳入考虑。相反，这些研究使用固定参数预测统计模型来分析一段较长时间内（很多研究中甚至长达几十年）的表现。在这些实证研究的结果中，当然找不到支持基本面重要性的证据。

　　从那些固定参数研究中可以得出的唯一理性结论是，在资本市场中寻找贯穿性的关系是徒劳的。经济学家们得出的结论大多是，推动市场的，必定是基本面以外的因素。这些支持资产价格是被泡沫和非理性驱动的研究结果，自然也吸引了那些行为主义经济学家。

　　大部分坚信有效市场假说的经济学家们也认可，要解释资产价格波动和风险，"我们暂时还没有……［一个理性期待］模型"（Cassidy，2010b：3）。但是他们指出，有效市场假说中认为现有信息不能被持续用于赚取高于平均回报的观点，得到了大量统计学研究结果的支持［文献综述请见（Fama，1970，1990）］。20 世纪六七十年代的学者在分析短期（每日、每周和每月）的资产回报后，大致结论都

第十一章 权变理论与市场

是数据中没有可以用来打败股票市场的可确认交互关系。研究者们也发现，以历史价格发展趋势为基础制定出的机械化交易规定，逐渐无法创造平均盈利，而共同基金经理们作为一个群体，相较于那些以大盘指数为基础的被动基金，也无法制造更高的平均回报。经济学家们根据这一早期证据得出结论，认为"在经济学中，没有任何命题比有效市场假说命题更坚实可靠"（Jensen, 1978: 95）。

近期，利用更优更新的统计学手段和更大量样本的研究，却得出了与有效市场假说相矛盾的结论。研究者发现，在短期和长期（3—5年）①的投资活动中，与股票回报相关的重要联系。他们发现当相对于收入或股息股票价格比历史平均值更高时，回报倾向于低于其后3—10年间的平均值，这仅仅反映了资产价格倾向在基准线水平附近发生波动（见 Campbell and Shiller, 1988; Fama and French, 1988）。在当前市场中，研究报告指出，未来货币回报与关于远期"升水"（我们很快会为其进行定义）相关的信息相互关联，即存在一个简单的规则：将投资押在远期升水暗示的相反预测方向上产生的回报将高于平均回报。

金融经济学家们一直致力于寻找以理性预期假说为基础的风险溢价模型，以期合理化最近的实证结果。虽然到目前为止仍未成功，但是他们依然抱有最终可能成功的信念。如芝加哥大学的约翰·科克伦（John Cochrane）所说，"那是终极挑战。那是我们所有人的工作目标"（Cassidy, 2010b: 3）。

但是这并不是最终挑战（也不是所有人的工作目标）。实际上，除去无法解释资产价格波动和风险这一缺陷外，从根本上来说有效市场假说是不合理的。虽然该假说建立于个体均寻求获利的基础上，但是它假设大部分市场参与者在利用现有的信息希望赢取高于平均水平的回报时，基本是在浪费时间。

---

① 短期关联，见杰格迪什和蒂特曼（Jegadeesh and Titman, 1993）、罗和麦金利（Lo and MacKinlay, 1999）。长期关联，见邦特和塞勒（DeBondt and Thaler, 1985）以及法玛和法兰西（Fama and French, 1988）。

相反，行为主义经济学家指出，这些理应存在系统性的回报模式，以及标准风险—溢价模型无法解释这些模式的事实，都进一步证明了资本市场通常是毫无理性的。但是这一理论从根本上也存在着不合理之处。行为主义经济学家无法否认，资本市场中专业参与者不仅追求利益，同时也非常聪明，并且在打败市场时得到了高额的回报。但是他们的理论，不知怎的却忽略了假设市场可以提供盈利机会——跟押注期货汇率相反走向以期获利一样简单。

与基本面因素对资产价格毫无影响这一荒谬的结论一样，有效市场假说和行为主义的观点中存在的无理性都源自完全预定式资产回报模型。两个阵营用来支持自身立场的证据几乎都以在数据中寻找固定模式为基础。然而，新的技术、机构和政策发展、对市场和经济用新的方式进行思辨，以及其他有着无数可能性的非常规变化可能对数据产生短期却重要的交互关系。

通过预测和尽早观测这些交互关系的出现，我们可能在短期内得到高于平均的回报，更进一步鼓励个体利用现有信息来分析、预测这些关系。然而，如同有效市场假说的支持者们那样过度假设这些短期的回报，等于无视了金融市场创造盈利的最根本基础。更重要的是，非常规变化的重要性意味着在回报中不存在稳定模式。而行为主义经济学家宣称他们发现了只要参与者选择不过度使用，即可轻松带来收益的机械化规则的说法，则完全是无效的。

第一节 权变理论市场假说

在现代经济学中市场的关键性正是因为变化是"偶然的"——"被无法预见的原因或情形影响"（《韦氏国际英语足本词典》）——而知识是不完善的。因此我们提出用偶然性市场假说替代有效市场假说。后者偶然性市场假说假设：

支持价格运动的随机过程依靠的现有信息，包括与每个市场特定相关的基本面因素。然而，与有效市场假说形成尖锐对比的是，用某种假设可以贯穿始终的模型来定性这一随机过程是全然不够的，这一过程也无法被定义为某种试图将市场结果与在任何时间段内,过去、现在或将来出现的一个完全预定的随机偏误与现有信息联系在一起的规则。

第八章、第九章和第十章中我们已经讲到,随着偶然性的发生,资产价格波动与金融市场分配资本的过程是如何内在相关却依然会时常发生过量波动的。偶然性市场假说还包含了三层额外含义。在解说每一层时,我们将更全面地讨论这一另类假说如何解释以上实证与标准理论相矛盾,以及如何中和解读资产价格波动的极端视角。

第二节 经济结构的偶然性和不稳定性

在分配资本的过程中,在某些时刻重要变化会以无法完全预测的方法驱动资产价格。这样的偶然性变化意味着,对资产价格以完全预定式模型进行的统计学预测会因为检审时间的不同而发生显著的不同。在某段时间内的数据库中发现的价格变化和信息变量之间的相互关系最终会变化或消失,并被新的关系所取代。

暂时性的不稳定在资产市场中并不罕见。例如,法玛和麦克白(Fama & MacBeth,1973)和其他人对资本资产定价模型做出了乐观地预测,这一以持续到1965年的样本为基础的模型被学术界和金融界广泛应用。然而,当样本数据被更新到20世纪70年代和80年代时,将新增变量纳入到分析后得出的结果,导致法玛在《纽约时报》的采访中将资本资产定价模型形容为"残暴的……实证模型"(Berg,1992:1)。在接受《机构投资者》杂志采访时,诺贝尔获得者威廉·夏普(William Sharpe)在评价这一资产价格数据中暂时而不稳定的相互关系时,回击道,"我们几乎可以确认,如果你不喜欢某个实证结果,那么就等到某人使用另一个不同的时间段进行分析……之后你就可以得到一个完全不同的结果"(Wallace,1980:24)。

由于有这样暂时性的不稳定,如大多数实证性研究者那样,试图在资产价格和任何信息库中的变量之间寻找稳定的交互关系,仅仅是

▶▶▶ **超越机械的市场论：资产价格波动、风险和政府角色**

将从不同的次样本中得出的数据，与不同的相互关系联系起来而已。这样做可能会导致的后果是，从这一随机过程中发生关键转化时产生的数据中可能揭露的交互关系的本质被隐藏了起来。

一 汇率不一致的谜题

要寻找正面用完全预定模型寻找基本面作用的徒劳无功，货币市场是最好不过的例子了。国际宏观经济学家常规地使用20—30年间的样本尝试预测固定汇率关系。这类分析假设市场参与者从不修改他们的预测策略，而政策和机构框架也一直保持不变。这类研究结果很不幸地导致大多数该领域中的研究者得出了"在大部分情况下，影响汇率的是常规可观察的宏观基本面以外的因素"的结论（Dornbusch and Frankel，1988：16）。[1]

最常被引用来证明汇率和基本面之间无关联的假说的，当属米斯和罗格夫（Meese and Rogoff，1983）的研究。通过观察最流行的，将汇率与利率、国家收入、贸易平衡和其他被认为有助于当下波动的基本面因素相联系的各类模型，两位作者首先用以1973年3月到1976年11月为原始样本输入每个模型测试表现。他们想了解的，是每个模型在原始样本以外的数据中捕捉到基本面影响力的能力。

要回答这个问题，他们用原始参数预测数据假设在一段较短时期内：一个月、六个月和十二个月间汇率的变化。真实的预测操作当然应该使用这些基本面因素在未来时间内的预估价值。但是为了确保这一实验性操作检测的是样本内的预估是否可以解释样本外的基本面影响力，他们使用了样本基本面外的真实价值来进行汇率预测。为了在这些模型中得出系列短期汇率预测，米斯和罗格夫在1976年11月之后的原始样本添加了新的观察结果，每次一个月直到1981年6月。而在此阶段，他们将样本内参数预测和实际未来基本面价值结合了起来。

---

[1] 关于此文献的综述，见（Frankel and Rose，1995）和（Frydman and Goldberg，2007，chapter 7）。

米斯和罗格夫的结果对学术界产生了非常深远的影响。在他们分析的所有模型中，没有一个能得出比单纯抛硬币更优越的预测结果。即使这些预测是基于实际的未来基本面价值得出的。这些研究结果因此得出，拥有这些信息完全不会给预测者带来任何益处。业内大部分的研究者得出的结论似乎显而易见：基本面因素在当下波动中没有起到任何作用。

实际上，继米斯和罗格夫后，有数以百计的研究将新的汇率模型、更强大的统计工具、更长的样本时间和额外的汇率包括到分析中来。这些结果与原始研究基本相同（文献综述详见 Cheung et al., 2005）。很多国际宏观经济学家依靠着这样的证据，进一步宣称在当前市场内的短期波动并不依靠宏观经济的基本面因素。

偶然性市场假说对上文中的实证记录作出了一个更有说服力的解释。时间恒定和其他完全预定可能性模型对研究基本面因素对金融市场内的价格波动的重要性来说，无法提供全面的视野。在这些市场中——当知识的不完善和影响参与者交易决定的心理因素，以及政策和金融机构发生非常规性变化时——基本面的作用是显著的，但是在不同的时间段内的作用方式不同。

二 货币市场的偶然性变化

尽管没人能够完全预测驱动货币市场结果的偶然变化的时间和方式，但有时这些非常规性变化持续时间够长够稳健，就能导致汇率和基本面变化因素之间形成相对稳定的关系。没人能预测到这类时期会在什么时候发生，抑或会持续多久，更不用提在这些时期内基础关系的确切性质了。

实际上，并不存在可以用来确定这些根本关系的确切性质和变化节点的严格客观的统计或其他的标准——即在历史记录中，当新的关系产生时，数据会发生断裂。不同的模型和检验手段会得出不同的断点及相应的预估关系。与在股票市场中用资本资产定价模型进行的预测一样，用经济学家的汇率模型进行的实证预测也是由选择的样本时段决定的。

▶▶▶ **超越机械的市场论：资产价格波动、风险和政府角色**

例如，在弗莱德曼和高德伯格（Frydman and Goldberg, 2007, chapter 15）中，我们假设在任何时段内，在驱动德国马克与美元汇率变化的根本关系中蕴含着一个或多个基本面变量，而在米斯和罗格夫（Meese and Rogoff, 1983）所检验的汇率模型中提到了这些变量。我们使用的统计学手段让在预估这一关系可能发生变化的时刻，同时回避预估发生变化的时刻或变化的性质成为可能。图11.1描绘了汇率和改变测试的结果报告，垂直虚线标示出断点。[1]

总体来说，我们在样本中找到了六个断点，包括20世纪70年代、80年代和90年代。[2] 有些断点与某些经济政策发生重大变化的时间点非常接近。例如，在1979年10月，美国联邦储备银行将货币流通额作为其首要运营目标，降低了联邦基金利率的重要性，而1985年10月的"广场协议"则以降低美元价值为目标。但是其他断点则并非如此。没人可以完全预测货币或制币政策的变化，更不用说导致其他断点的因素。

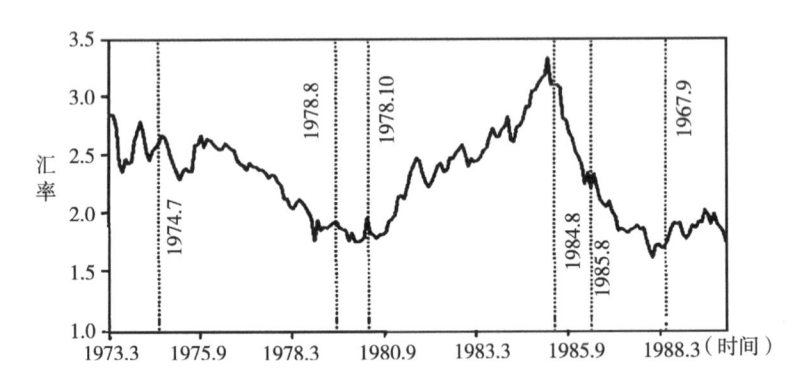

图11.1 结构性变化结果：德国马克—美元汇率关系

---

[1] 该分析使用的是布朗（Brown）等人的CUSUM测试（Brown, 1975）。详情请见（Frydman and Goldberg, 2007, Chapter 12, 15）。

[2] 很多其他研究也发现在当前市场内存在暂时性的不稳定，见鲍顿（1987）、（Meese & Rogoff, 1988）、（Frydman and Goldberg, 1996a, 1996b; 2001）、（Rosoff and Stavrakeva, 2008）、（Beckman et al., 2010）。

第十一章 权变理论与市场 ◀◀◀

第三节 机械交易规则下转瞬即逝的盈利

结构性改变测试的结果意味着在数据或经济体系中存在着显著的亚时期，在这些时期内汇率变动大致稳定。因此对整个样本尝试预估任何固定汇率模型并没有特别大的意义。实际上，这样做可能得到的结果将与之前的研究同样惨淡，即基本面毫无作用的结论。

然而，在我们分别研究在20世纪70年代和80年代两个时期显著的基本面关系时，我们得到了非常不同的结论。在每个时期，我们发现那些在经济学家的汇率模型中提到的基本面因素与这些模型的定质预测相符的作用相一致，因而作用不容忽视。[1] 我们也发现有着不同的影响力的不同基本面因素可以驱动汇率跨越两个领域发生变化。[2]

图11.1中的结构性变化结果显示，在米斯和罗格夫（Meese and Rogoff, 1983）的预测操作里使用的相同样本中出现了三个断点。他们的结果因此对理解汇率波动几乎毫无帮助。实际上，我们预测的20世纪70年代（从1974年7月到1978年9月）基本面关系比用抛硬币策略来预测得出的结果要有效得多，但这一结果仅在将分析限制在70年代的情况下才成立。例如，基本面模型在未来六个月、九个月和十二个月的预测周期中得到100%的准确预测。[3]

图11.2显示了造成米斯和罗格夫（Meese and Rogoff, 1983）的分析结果不稳定的基本问题。该图描绘了在20世纪70年代区间内每

---

[1] 要将这些量化的预测更具体化，我们使用弗莱德曼和菲尔普斯（Frydman & Phelps, 1990）提出的理论一致预期假说。这一假说的基础概念是经济学家使用模型归纳关于随即机械化市场结果的定质结果以及市场参与者可能共享的理念。而经济学家通常用多个模型来验证一个总体结果。因此，要反映预测行为，这一假说使用多个经济学模型，而非依靠单一模型。在弗莱德曼和高德伯格（Frydman & Goldberg, 2007，第十章）中，我们展示了该假说的使用方式，甚至在一系列模型的定质特征互相矛盾时，这一假说依然成立。

[2] 同样发现不同基本面因素在不同时期发生作用的近期研究，请见贝克曼等（Beckman et al., 2010）。

[3] 同样发现不同预测表现与研究的样本时期紧密相关的近期研究，请见罗格夫和斯坦拉克伐（Rogoff and Stavtakeva, 2008）。

· 161 ·

季度预测周期内对偏误的测量。① 在 1978 年 10 月经济状况变化之前，这一模型的预测偏误一直低于 2.5%，比抛硬币产生的 6% 的预测偏误要低一半以上。但是，当经济状况发生改变后，另一套具有不同的影响力基本面因素开始驱动汇率。毫不出人意料的是，在变化发生之后，预测偏误与断点发生前相比恶化显著，远超抛硬币的偏误。

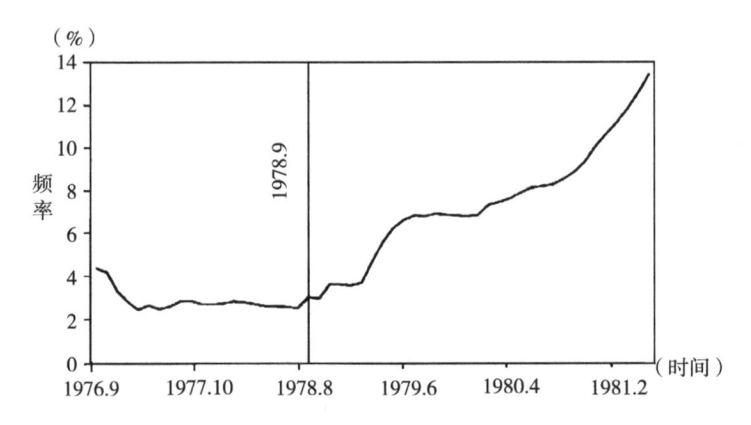

图 11.2 基本面模式在断裂节点之前及之后的表现

米斯和罗格夫（Meese and Rogoff, 1983）只报告了整个样本中因汇率模型产生的预测偏误的平均数，这一数据涵盖了在变化发生前的一流预测表现和变化后的惨淡失误。这一操作由此隐藏了基本面以非常规方式在变化断点发生之前和之后驱动货币的重要性。

第四节 暂时获利机会

在资产价格和基本面之间的预估关系中的偶然性变化，意味着任何在某段过去时间内曾产生高于平均回报率的全面预设交易规则，在加入风险计算后，这一优越表现终会停止。这一结论可以为解决金融经济学中的一个核心"谜题"作出长远贡献。

---

① 这一数值的得出基于均方根误差。详情见米斯和罗格夫（Meese and Rogoff, 1983）。

早期通过推测过去价格趋势对交易规则影响的表现的研究发现，几乎不存在能证明交易规则能够带来收益的证据（回顾分析见法玛，1970）。即使如此，近期的研究在观察更广泛的技术规则组合和交易范围后，宣布以当天交易范围为基础制定的规则可以在计算风险后仍然产生高于平均的回报。[①] 经济学家同时对涉及资产回报的固定参数模型进行了预测，并在报告中指出数据中存在着计算风险后，仍可以得到高于平均回报收益的稳定模式。

有效市场假说认为，那些上文中提到的交易原则收益和模式应该被迅速地套利实现。经济学家轻易地发现这些原则的存在则意味着它们无法被迅速套利。传统经济学家在探索以理性预期假说为基础的风险溢价模型上花了数十年的时间，期望能为他们对回报提出的规则和稳定模式找到理性支撑。把理性预期假说当作理性的标准，行为主义经济学家将前者的失败解说为资本市场非理性化的另一个证明。在过去的20多年中后者也致力于发展能解释此类行为的完全预定式的理论。

当然，我们可以在过去一段时间内寻找产生盈利的固定交易规则，寻找在资产回报和现有可用的信息之间的相互关系，并寻找那些看似可盈利或稳定模式的规则。但是定义市场（或广义资本主义经济学）的偶然性变化意味着这些固定交易准则会最终停止盈利，而过去的相对关系也会最终随时间以无法预见的方式改变。

需要承认的是，很多金融市场的参与者使用技术交易。然而，有大量证据证明人们以非机械化的方式使用这些规则。即便是货币市场中仅在短期内交易的交易员，也会将技术型交易规则与以随时间改变的基本面和心理学因素为基础的考量结合起来使用。[②] 使用技术规则要求人们用直觉和技巧决定在何时使用哪些规则：正如孟可夫和泰勒（2007：947）在他们的综述文章中得出的结论一样，"技术型交易规

[①] 详情见舒尔梅斯特（Schulmeister, 2006）。相关文献综述，见孟可夫和泰勒（Menkhoff and Taylor, 2007）。

[②] 见张等（Cheung et al., 1999）、张和钦（Cheung and Chinn, 2001）和孟可夫和泰勒（Menkhoff and Taylor, 2007）等进行的问卷调查研究。

则的表现从长期来看是非常不稳定的"。

这一结果并不让人吃惊,因为经济学家的固定回报参数模型也时常是不稳定的。以 Fama 和 French(1988)为例,他们提出,在之前 3—5 年间带来正回报的股票投资组合,倾向于在之后的 3—5 年间产生负向回报,反之亦然。① 然而,当他们删除样本中的第一部分后,负相关关系忽然大量消失了。

Campbell 和 Shiller(1988)的研究证明,当股票价格与收入和股息的相关关系高于历史平均值时,回报倾向于低于之后 3—10 年的平均值。② 但是这些结果无法为参与者提供某种可以打败市场的机械规则。Campbell 和 Shiller(1998)认为在这一水平意味着在未来的 10 年中标准普尔 500 指数会达到 40% 的负向回报。股价虽然在 2000 年到 2003 年间下跌十分可观,但在 2007 年 1 月却发生了回升:在 10 年的区间内,投资者可能得到高达 4.6% 的真实年收益率。最关键的是买入和卖出的时机,而人们可能不想单纯依赖以历史数据为基础的价格—收益比和回报之间的机械化关系来进行交易。

那些在经济学家看来可轻易挣钱的方法不过是海市蜃楼。金融市场中的参与者并未使自己从这些假想的机会中获利,并证明了他们有常识,而不是一味地无理性:他们单纯地无法承担只用一种固定规则交易产生的后果。经济学家倾入了大量的时间、精力、金钱和其他资源来尝试解释回报结果正是一个证明坚持研究完全预定式模型会阻碍经济学发展的极好例子。

一 远期贴水异常

在货币市场上研究回报模型的文献,或许是描绘固定交易规则转瞬即逝的盈利能力,以及坚持全面前定式模型如何带领人们走入学术死胡同的最佳方式。

---

① 邦特和塞勒(Bondt and Thalter,1985)也得出类似的结果。
② 法玛和法兰西(Fama and French,1988)也发现类似结果。

第十一章 权变理论与市场

在数以百计的研究中，国际宏观经济学家们致力于在每月初的远期升水价值和在该月汇率的未来回报之间寻找固定关系。① 如两位该领域的顶尖学者所言："让人吃惊的是，货币回报……倾向于向远期升水所预测的相反方向运动。"（Obstfeld and Rogoff，1996：589；文献回顾见 Lewis，1995；Engel，1996）

如果这一结果是正确的，那么它在某种货币的典型远期合约中意味着什么呢？这一合同让其持有者将今日的外汇汇率锁定，并在未来例如一个月后以今日的汇率购买或售出价值为一定美元的某种货币。这一价格，例如，1.2 美元 1 欧元，被称为远期汇率。如果今日的远期汇率高于今日的即期汇率，那么外汇汇率（在这里以欧元为例）即被称为以远期升水进行今日交易。例如，如果某人在今日能进入即期合约，以 1 美元的即期汇率购买欧元，那么欧元将会以 20% 的远期升水进行交易。如果升水率是负值，那么欧元则以远期贴水进行交易。

平均来说，交易者能否凭借远期合约盈利，主要依靠远期升水与未来一个月内持有外币的回报值之间如何产生共变。如果远期升水倾向于与负向回报相联系，同时这一联系呈稳定状态，如经济学家宣称的，那么"我们可以将投资押在期货汇率的相反方向，以获得可预见的收益"（Obstfeld and Rogoff，1996：589）。这一交易策略是非常简单的：如果远期升水是正向的，我们在未来一个月中应该押注即期汇率会下跌，而如果情况相反，则押注即期汇率的上升。这一规则不包含任何复杂的统计学分析，只收集远期升水这唯一的信息。

国际经济学家在尝试用理性预期假说的风险溢价模型，合理化假定存在于回报与远期升水之间的负相关关系上已投入了大量的精力。

> 没有正面的证据可以证明远期贴水的（相对关系）是由风

---

① 在该文章中的大部分研究检验的是远期升水和未来即期汇率之间的相互关系。然而，关于回报的相互关系，由于依靠即期汇率的变化，不但为展示远期贴水异常提供了极端确切的方法，更简化了我们的讨论。

▶▶▶ **超越机械的市场论：资产价格波动、风险和政府角色**

险导致的……针对汇率与其调查数据显示，这一偏见是完全由预测偏误导致的……整体来说，这一证据说明那些涉及市场无效可能性的解释应该受到严格调查（Froot and Thalter, 1990：190）。

因此，经济学家们提出了几个完全预定式的理论解释当前市场的假定非理性化（具体例子见 Mark and Wu, 1998；Gourinchas and Tornell, 2004）。

然而我们需要质疑的，正是这些精力，而不是在货币市场上的牟利动机。外汇市场日交易量高于 3 兆美元，是世界上最大的金融市场。跟其他所有的大型资本市场一样，外汇市场上的赌注是极高的。各大金融机构投入大量的金钱以吸引最好最聪明、可能驱动市场的参与者。如果简单地把资本押在远期汇率运动的相反方向就能盈利的话，这些个体可能丝毫未意识到，或者无法利用这样的规则吗？

实际上，货币回报并不会依照某支配一切的规则进行发展。相反，参与者对预测策略的修改，或者驱动远期升水的过程发生变化时，会在汇报和远期贴水（以及其他信息类变量）的相关关系中造成非常规变化。[1] 毫不令人吃惊的是，这些数据支持以下论点：这一关系在某段时间内大部分处于负相关状态，而在其他时间内则大部分呈正相关，意味着如果只押注远期汇率的相反方向可能得到的回报有赔有赚。[2] 没人能确切地预测这一相关关系在何时会呈负相关，或将持续多久，因此没人能预测在何时将投资押在远期汇率运动相反的方向是有可能盈利的。

我们因此可以预测由于这样偶然性变化的存在，要在货币市场

---

[1] 在弗莱德曼和高德伯格（Frydman and Goldberg, 2007, chapter 13）中我们正式地展示了这一结论。

[2] 在 20 世纪 70 年代、80 年代和 90 年代的样本时间中的英镑、德国马克和日本元市场内都发现了这样的不稳定性表现。其他得出依靠亚时期检验结果的研究包括贝克特和霍德里克（Bekaert and Hodrick, 1993）、刘易斯（Lewis, 1995）、恩格尔（Engel, 1996）及马克和吴（Mark and Wu, 1998）。

第十一章 权变理论与市场

上作出成功预测并不像那些厚重的国际金融学学术文章所说的那么简单。实际上，在我们的弗莱德曼和高德伯格（2007，chapter 13）中我们已经指出，"可预见的盈利"是不可能通过单纯地将资本押在远期汇率的相反方向上获得的。即使这一规则在某些货币的某些亚时期确实带来盈利，没有人能预测它停止生效的时刻。同时，我们发现，这一规则带来的盈利份额并不够合理地补偿未知可能带来的损失。

图11.3描绘了经济学家的远期汇率规则转瞬即逝的盈利能力。它展示了在20世纪70年代英镑市场中，如果持续将资本押在远期汇率发展的相反方向时，可能得到的每月盈利。在图中可见确实存在某些时期有盈利，但却难以持久。从整段样本时间来看，平均回报率为零。

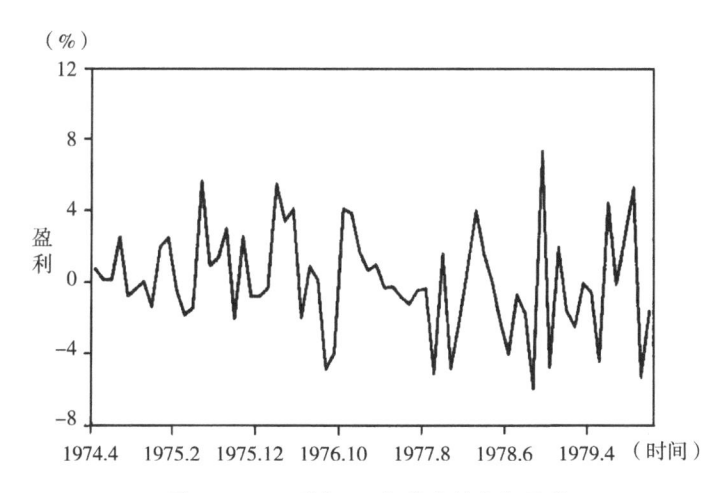

图11.3　20世纪70年代英镑市场盈利
资料来源：弗莱德曼和高德伯格（Frydman & Goldberg, 2007）。

在那些数以百计的、对货币回报和远期升水之间的假定存在的负相关关系进行报告的研究中，仅有几例对样本的独立的亚期间发生的相互关系的作用行为进行分析，更不用说正式地检验这一假设是否可适用于整个样本。当然，那些进行正式检验的学者自然发现了该结果

▶▶▶ 超越机械的市场论：资产价格波动、风险和政府角色

的不稳定。① 但是由于只专注于完全预定的、几乎没有变化的关系使得经济学家在即使无稳定的汇率关系的证据的情况下，依然选择忽略他们自己的发现。

二 暂时的盈利机遇

虽然偶然性变化意味着机械化交易规则将最终停止产生盈利，这样的变化在影响数据中的相关关系时，也在短期内打开了暂时的盈利机会。那些收集信息，同时拥有技术和可灵活扭转思路、及时发现或者预测此类机会的人将在考虑风险后，创造高于平均的回报。

在第九章和第十章中创建资产价格波动模型时，我们引用了凯恩斯（Keynes, 1936: 152）关于预测未来价格和风险时，参与者依赖"惯例……假设现有事态会无限地持续下去，除非在某个范围内我们有明确的理由认为会发生变化"，但是因为驱动市场结果的过程一直在经历偶然性变化，我们无从得知一个参与者需要使用多少过去的数据来理解现有的事态，更不用说预测未来的走向。如我们所见，即使是最复杂的统计学技术也无法自动确认以准确指出现有事态的初始时间点。当然，在各种另类模型中作出选择也意味着需要使用主观判断。即使在描述过去的数据时，因为个人的知识、经验和直觉，也会得出不尽相同的解读。

参与者理解"现有事态"最终会发生改变。例如在股票市场中，某公司的前景以非常规的方式随时间发生变化，当人们想预测的未来越遥远时，遇到的困难就越大。基本面的运动方式——例如收入、利率和总体经济活动等——为这些前景可能发生的变化提供暗示。当投资者修改自己对未来的理解的评估时，他们同时也影响了驱动价格的过程。这样的偶然性变化带来了新的事态：基本面和未来结果之间的新相关关系得以浮现，而旧的思路则失去其预测的能力。

这样的新相关关系即使在浮现后也不易察觉。某个参与者可能依

---

① 将样本进行分段的研究包括了贝克特和霍德里克（Bekgart and Hodrick, 1993）、刘易斯（Lewis, 1995）、恩格尔（Engel, 1996）及马克和吴（Mark and Wu, 1998）。只有贝克特和霍德里克（Bekeart and Hodrick, 1993）正式地就稳定性进行了检验。

第十一章 权变理论与市场

赖统计学技术，但是我们也无法确认他会使用哪些技术或者如何使用这些技术。更重要的是，在某些技术察觉到新关系发生之前必然会有时间损失，而在此期间新的变化可能已经发生。参与者们因此可能需要依赖他们关于最近时事要问的直觉来判断重要变化是否已经发生。

预测变化则更为困难。如凯恩斯（Keynes, 1936: 163）曾清楚地指出：我们在作出决定时，"有机会就[谋算]"，然而参与者也会让包括"我们带着自信作出预测"的直觉和乐观等其他考量进行掌控。

对于那些可以迅速依靠已知信息察觉到新相关关系发生的人而言，可能意味着高于平均的回报率；而对那些在某种程度上成功作出预测的人来说，回报将更丰厚。这一高于平均回报的许诺便是激励参与者们对公司数据进行梳理，对行业趋势进行研究，购买彭博资讯公司或者其他致力于提供新闻和市场分析公司的服务。参与者们通常将定量模型与自身对其他交易者的交易行为的分析、价格波动的历史记录以及决策者在过去和未来做出的决策的影响的分析等结合起来。因为他们各自拥有不同的经验、对过去的解读和对未来的直觉，参与者采用不同的策略来检测或预测偶然性变化。沃伦·巴菲特（Warren Buffet）和乔治·索罗斯（George Soros）自然是最先进入脑海的两位拥有以上技术的投资家。

对于理性市场假说的支持者来说，如此费力地收集信息，对基本面进行分析的行为根本是浪费时间；参与者应该将资本投入在较为分散多样化的投资组合中。然而他们也很快承认，在众多进行基本面分析的参与者中，有些人确实能持续地获得高于平均回报率的盈利。如迈克尔·简森（Michael Jensen），理想市场假说的主要支持者在与沃伦·巴菲特辩论时所承认的那样，"如果我对一批毫无才能可言的、全靠抛硬币进行市场分析的分析师进行一番调查，我期待看到某些人可能连抛十次都是正面"。（Lowenstein, 1995: 137）

确切说来，巴菲特从未声称单靠对市场进行基本面分析这一事实就意味着有能力打败市场。最终说来，优秀的预测跟优秀的企业管理几乎一样：都包括了个人知识、直觉和为了观测或预测偶然性变化可能带来的盈利机会进行的努力。这些努力无法被预先编程自动运转的事实，正是哈耶克认为中央统筹从原则上来说完全不可行的基础。

因此，与哈耶克的结论完全一致的是，我们不会奢望所有的甚至只是大部分的共有基金的经理可以对市场或者整体经济的未来变化做出准确的预测。但是，实际上这一预测行为不仅是可能的，并且有人成功的事实，为我们寻找变化的征兆，并尝试以此进行推测提供了有力的动机。

第五节　市场的中庸视角及谨慎政策新框架

一旦我们意识到，基本面因素通过非常规的方式发挥作用，市场就不再如有效市场假说所声称的那样近乎完美地理性或有效，或如行为主义模型暗示的那样基本毫无理性及无效。我们的中庸位置让我们能够将基本面的非常规运动的关键重要性以及心理学在了解金融市场价格波动和风险的调解作用。此外，我们还能证明，许多研究者指出的实证谜题并非异常现象——它们只是在全面预设模型和市场真正运动方式之间的断层的产品。

我们的中庸市场视角不仅能够为全面预设模型导致的实证谜题带来新的启发，更能引导研究市场和政府之间关系的思路走向新方向。基本面在驱动价格波动和金融风险、我们对市场的不稳定性、过度性及金融市场的资本分配功能方面的分析中扮演的非常规角色，为政府介入金融市场带来了新的理据。我们的观点同时也为政策制定者们在资本市场中限制长期价格波动找到了新途径，也为市场规划者评估金融系统内的系统性或其他风险带来新思路。

第十二章　重建市场与政府之间的平衡

2008年10月美国国会集会前，美联储前主席艾伦·格林斯潘做出了一番备受争议的发言，表达了他的"震惊"和"丧失信心"。因为秉持利己主义的市场参与者在"保护"社会，避免金融系统发生总体过剩的战斗中全面失败，最终导致了大萧条后史上最为严重的经济危机。[①] 格林斯潘接着承认，他在自由市场能够自我调节防止金融过剩的认识论中"发现了一个漏洞"。

虽然这场从2008年开始的危机真实地反映了单纯依赖金融市场自我调节的危险性，但在全球的政策改革中，要求政府尝试直接影响资本市场的价格制定过程的手段，在很大程度上依然被排除在外。即使众所周知，房产、股票和其他市场的过度动荡是触发此次危机的罪魁祸首，人们仍然普遍认为，政府想要有效地影响资本价格变动是不可能的；假使政府进行干预，他们的行动最终可能导致资本分配的不合理愈加恶化，并带来其他不乐观的经济和政治后果。

第一节　政策改革对金融市场的重要性

构建于全面预设的基础之上的当代宏观经济学和金融理论，在现今的讨论中几乎已没有任何参考意义，特别在资本市场中政府是否应该扮演更积极的角色，或者应该参与到何种程度的议题上。在很多观

---

① 见福森塔尔（Faisenthal, 2008）。

▶▶▶ 超越机械的市场论：资产价格波动、风险和政府角色

察家的眼中，这场危机已让正统理性预期假说模型，即政府应对金融市场冷眼旁观这一理念丧失了公信力。行为经济学通过指出正统理论缺乏心理写实主义的问题赢得了关注，更在危机余波中获得众多追随者。但是心理学因素，例如市场参与者的信心和直觉等，即使在制定决策的过程中确实起了一定的作用，但单单依靠这些因素，理智的金融改革方案或严谨政策措施的系统建设是无法建构的。[①]

在制定政策的过程中，要影响市场心理本身就极为困难；而行为主义金融模式却更进一步，试图机械化地阐释心理现象。这样程式化的解读不仅忽略了这些心理现象影响结果的方式，而且还会引出某些政治意涵——一旦人们接受，就很有可能会破坏金融市场的分配表现。

行为主义泡沫模型所承载的政策意涵正是个恰当的例子。依照这些泡沫模型的理论而言，价格的波动与经济基本面的变动几乎毫不相关。因此，价格波动的发生，意味着相对价格的大幅度扭曲和资本的总体分配失当。正因为如此，现存的泡沫模型对政府干涉金融市场的广度和深度没有设限。泡沫模型理论认为，不论抑制资本价格波动时需动用多少强硬的手段，只要能尽快加以实施，将会毫无问题地提高资本的长期分配表现。

然而，政策制定者们并未打算依照行为主义泡沫模型行事。伯南克（Bernanke，2002：6）就曾提醒政府，过早地戳破泡沫很有可能会造成巨大的社会代价，而非如理论暗示的巨大的益处：

如果美联储倾向于戳破泡沫经济，那么它将带来比决定泡沫是否存在本身棘手得多的问题……在我看来，不管用什么方法，即便真能做到，试图阻止在 1995 年到 2000 年之间的股票价格蓬勃上涨，将会严重扼制技术进步、抑制制造和生产输出方面的持续发展。

伯南克反对过早戳破泡沫的观点似乎毫无破绽。然而，他的观点

[①] 关于这一观点的早期讨论，见弗莱德曼（Milton Friedman，2009）回顾行为主义经济学家考察金融危机的方式和其后果的重要著作。

第十二章 重建市场与政府之间的平衡 ◀◀◀

忽略了一种可能性：资本价格的波动会在某个时刻过量，长此以往，资本价格波动协助社会在长期基本面恒变的基础上进行资本分配的可能性，会比推动资本错误分配的可能性更大。的确，如2008年金融危机初期所见，股权、地产和货币等关键资本市场的价格过度上涨，以及随之而来的急剧而漫长的价格下跌是触发金融危机（包括银行和货币危机）的主要诱因。①

早在2008年金融危机开始之前，已有政策制定者和研究学者清楚地意识到，许多国家实行的货币政策，虽然成功地创造了低通胀率的金融环境，但在保护金融市场远离资本价格的过量波动和减低危机时却明显效果不足。在政策制定的圈子中有一个广为流传的共识：在一段较长的时期内，金融系统的系统性风险会随着经济和资本市场的持续上扬而增加，而监管银行的规范框架——巴塞尔协议Ⅱ则需要针对这一亲周期现象进行重大改革。②

实际上，巴塞尔委员会已确认将于今年11月在韩国首尔召开的G20峰会上发布巴塞尔协议Ⅲ（Basel Ⅲ），初步报告（见2010年9月）指出，该协议将在巴塞尔协议Ⅱ的基础之上，呼吁增加资本需求。③ 这些资本需求中可能包含一项在经济状况好转时帮助银行

---

① 莱因哈特（Reinhart）和罗格夫（Rogoff, 2009）在他们开创性的研究中回顾了过去8个世纪中，在六大洲上66个国家的数据。他们发现在银行发生危机时，最重要的两个预告信号是实际换汇汇率和实际房产价格的过度运动，加上过度短期资本注入，外汇账户不平衡和实际股票价格运动，组成了五大预告信号。波利奥和罗尔（Borio and Lowe, 2001a, 2001b）也发现，尤其在资本价格变动与总信贷的超额增长正相关时，资本价格的过量变动是警示金融危机的关键信号之一。

② 见波利奥（Borio, 2003）、波利奥和辛姆（Borio and Shim, 2007）。国际清算银行（The Bank for International Settlement, BIS）将金融系统中的系统风险定义为："破坏金融服务的风险是指对金融系统的整体或部分损害造成的，并有可能对实际经济造成严重的负面后果的风险。"（BIS, 2010: 200）巴赛尔协议Ⅱ修改了巴赛尔协议Ⅰ的规则。巴赛尔协议Ⅰ是1988年由巴塞尔委员会（与国际清算银行合作，其委员来自各工业化国家的银行监管者）发布的，目的是协调各国间的银行法规。巴赛尔协议并不是正式的条约，各国也并不完全依照其执行，虽然大部分国家都以巴赛尔协议为基础制定其银行业准则。在欧盟，巴塞尔协议以针对所有信贷机构的指令和管理规定的形式全面实施。

③ 二十国集团是由来自全球最大的十九个经济体的国家以及欧盟的财务长和央行行长组成的。

▶ ▶ ▶ **超越机械的市场论：资产价格波动、风险和政府角色**

增强防御能力，以备经济低迷之需的反周期条件。①。这些措施和其他宏观预警措施旨在抑制银行系统内部的风险增长，提高系统在总体经济发展不利时的恢复力。②

在金融改革问题上，美国和欧洲一直在关注降低金融系统性风险的问题。在奥巴马总统近期签立为法令的《多德弗兰克法案》(Dodd-Frank Act) 以及预计在2011年1月生效的欧盟改革提案中，都要求创建独立负责监督和提示系统性风险的监管部门：金融稳定监管会和系统性风险董事会。这些改革措施也要求金融系统实行一系列附加宏观调控手段。③

总体说来，上述改革措施都是降低银行和信贷系统的危机管理脆弱性的重要步骤。然而，巴塞尔协议Ⅲ关注的并不是直接解决系统总体不利的发展问题，而是增强系统在发展不利情况下的恢复能力；这就意味着这一协议在很大程度上忽略了政府应承担的责任：即在关键资本市场出现价格过量上扬或下跌时，政府应起到的抑制作用。④

《多德弗兰克法案》和欧盟改革提案也同时忽略了政府行动的必要性。它们针对的是由信息引起的价格扭曲，例如利用资产负债表外融资的结构衍生工具混淆股市投资比例、影响各个机构的交易能力等。这些法案也针对这些衍生工具和其他衍生产品的不透明和复杂性，要求监管场外证券交易，例如信用违约交换等衍生产品的市场。

---

① 西班牙自2000年起已开始实行贷款损失动态拨备系统。见福南迪克斯·德·李斯等 (Fernandex de Lis et al., 2001)

② 在欧洲和亚洲的很多国家，从21世纪初期 (2000s) 已开始实行宏观谨慎监管措施。其目的是限制贷款进入某些可能导致信贷过度增长的领域，特别是房产投资和发展。国际清算银行 (BIS, 2010) 和波利奥和辛姆 (Borio and Shim, 2007) 的研究表明，这些措施颇见成效。

③ 这一改革法案以参议员克里斯·多德 (Chris Dodd) 和代表巴尼·弗兰克 (Barney Frank) 命名。在它的众多条款中，它授权管理者全面执行巴塞尔协议Ⅲ。这一授权具有重大意义，因为虽然美国的银行管理者在巴塞尔协议Ⅱ的制定过程中起了主要作用，在此之前美国国会从未批准执行该协议。

④ 信贷增长是驱动房地产和其他资本价格的关键基本面因素。因此，巴塞尔协议Ⅲ的反周期资本需求可能会非直接地抑制这些市场价格超额波动。我们在本章后面部分会再谈到这一点。

第十二章 重建市场与政府之间的平衡

这些市场的存在可能掩盖金融机构之间的风险关联。

确切来说，限制银行进行场外衍生品交易，要求通过票据交换所进行大部分交易，有助于降低金融系统应对危机时的脆弱性。其他类似的规定，例如沃尔克规则（Volcker Rule）等，就禁止银行从事自营交易；而金融稳定监管委员会所拥有的拆解大型金融公司的权力，同样可以降低系统性风险。但是，上述诸项措施中并没有一例尝试直接解决根本问题，即由资本市场价格的过量波动为金融系统带来的严重威胁。

除了能降低金融系统应对危机时的脆弱程度，通过不完善知识经济学的方法和实证我们也已解释政府应抑制关键资本市场过量波动的另一个原因。在第八章和第十章中，我们已讨论过这类价格波动是如何与相对价格扭曲和金融资本失当分配相关联的。分别在20世纪90年代后期和21世纪初发生的对科技公司及房地产行业的过度投资，正是两个因资本价格过量波动导致资本分配失当的例子。历史告诉我们，价格过量波动幅度越大，问题就越严重。当股权和房地产的价格上涨的过量程度达到可能导致资本在关键行业发生错误分配的水平时，随之而来的通常是剧烈而代价深重的价格逆转。即使没有触发金融危机，这些逆转通常也会带来痛苦的经济低迷期和漫长的投资消沉期；而从长远看来，这些逆转更将极大地降低现代经济的增长潜力。[①]

一 对抑制价格过度的关注

在如何应对股权、地产和货币等关键资本市场上发生价格波动的问题上，不完善知识经济学为资本主义经济提供了新的思路。因为在价格波动与市场帮助社会寻找有价值投资的方式之间存在着内在联

---

① 例如，波尔多（Bordo, 2003）观察了美国和英国过去两个世纪的数据，发现大部分证券市场崩溃（以从顶点下跌，价格跌幅超过20%为崩溃的定义）都与经济衰退相联系。波尔多和简宁（Bordo and Jeanne, 2004）发现，发生在十五个属于经济合作与发展组织（OECD）的国家的房地产和股权价格剧烈衰退和低迷与这些国家的生产量的剧烈跌落相关。这样的下跌通常出现在这些行业价格发生过度上扬后。

▶▶▶超越机械的市场论：资产价格波动、风险和政府角色

系，沿着不完善知识经济学思路制定的政策改革认为，只要大盘指数或者关键行业的价格波动保持在理性指导价值范围内，政府参与设定实施市场交易基本制度框架的程度应该受到限制。同时政府也应该保持警觉，一旦价格波动超出指导范围（不论是高于或低于），政府应谨慎渐进地采取措施，以抑制价格波动。其目的并非是要不惜一切代价地将价格固定在政府制定的指导范围内，而是减少波动偏离指导价格的量级和时长。

金融和经济危机恶化的关键原因中，包括了资本价格过量波动的量级和时长。而我们提出的抑制价格过量的措施，能够通过控制其量级和时长降低系统性金融风险。资本价格波动和系统性风险之间的关系显示，当设计某个针对资本需求的动态框架时，管理者应该将这些要求的变动部分与整体经济以及可能为银行带来巨大风险的资本价格波动联系起来。

原则上，这一动态框架实施的重要条件之一，是仅在价格波动过量时采取抑制。提高银行的资本需求，至少在短期内，能够提高它们的资本成本，进而引导它们提高贷款利率、减少新增贷款。① 在设计反周期缓冲区时，管理者们并不希望在经济好转的初期就提高利率。这样做不仅会妨害经济复苏，更有可能如伯南克（Bernanke，2002：6）所言，"会严重扼制技术进步，抑制制造和生产输出方面的持续发展"。

相反，银行资本缓冲区的动态组成部分，应在资本市场和信贷方面出现经济增长过度的信号时立即启动。可预见的是，在价格波动过量的节点开展的宏观压力测试，可以帮助相关部门向银行和总体经济

---

① 宏观经济集团（The Macroeconomic Assessment Group）是在巴塞尔银行监管委员会和金融稳定理事会的支持下建立的。该机构在预测提高银行的资本和现金流动性要求可能导致的短期成本时，得到成本额会较低的结论。例如将资本需求利率提高1%，将会在其后4年内导致总体国内生产量每年降低0.04%（见 The Macroe wnomic Assessment Group，2010）。当然，商业集团估算的数字要明显高得多（见 Institute of International Finance，2010）。从长远来看，较高的资本需求应该会降低银行风险，因此降低其基金成本，同时降低金融危机发生的频率和严重程度。据巴塞尔银行监管委员会估算，从长期来看，提高银行的资本和流动性要求的提案，或许能带来较大的净利益。

宣传价格增长可能对金融系统带来的危害。[1]

以不完善知识经济模型为基础框架制定的政策，通过仅在价格过量波动时实施反波动和反周期措施，可能降低发生金融资本分配不当、整体经济活动的突发持久低迷以及未来的金融危机发生的可能性。更重要的是，这些政策不易影响资本主义经济发挥刺激创新和持续发展的能力，即资本主义相对于其他经济体制的关键优越性。

二 信息扭曲与知识的不完善

在分析2008年金融危机时，许多立足于完全预定式模型的视角的经济学家，已纷纷开始强调市场信息化、激励措施无效及竞争不充分等问题。准确说来，信息透明度的严重不足加上关键金融市场参与者得到的扭曲激励，都极大地加速了危机的蔓延。启动针对这些问题的改革管理，是让市场承担起资源分配的角色之必要条件。

然而，即使所有的信息扭曲都被消除，市场参与者、市场管理者以及信用评级机构等这些现代经济正常运转不可或缺的参与者，仍将自然运用他们的不完善知识尝试预测资本价格及危机的发展方式。市场参与者在没有完整信息的情况下，不可能明确地决定在何时或如何修改他们的预测策略，因此更无法准确地估算资本股价。实际上，当不完善知识的重要性为人们了解后，信息透明度对于市场的相对价格调节、资本分配等这些责无旁贷的功能来说，就显得更加重要了。

虽然信息透明化的改革势在必行，但单凭它却不足以防止资本价格波动或未来金融危机的发生。针对这些问题，我们不仅建议采取一系列的抑制价格过量措施，更建议评级机构透明公开地承认其知识的不完善，改进其宣告公众资本类别风险的方式。

---

[1] 即使他们没有明确地提到抑制过量这个概念，辛姆（Borio and Shim，2007）提议管理者首先应在出现过度增长的信号时发出警告，之后采取其他措施，如压力测试、收紧标准等，与我们的提案十分接近。也可见波利奥（Borio，2003）。

三 相机抉择权的必要性

在我们的提议中,有一个被称为相机抉择权的关键特征,指政策制定官员由于自身知识的不完善,必须钻研如何执行抑制过量的措施。与我们意见相左的很多经济学家在过去30多年间尝试证明政策制定者的相机抉择权会导致不良的(依照某特定的社会福利标准)宏观经济表现。后者的结论是以完全预定式模型为基础得出的。这些顶尖的科学家对该模型的学术地位信心十足,甚至提出了一项将会产生严重后果的提案,要求全面取消政策制定者的相机抉择权。[①] 例如,在一篇研讨会的文章中,诺贝尔奖获得者芬恩·基德兰德(Finn Kydland)和爱德华·普雷斯科特(Edward Prescott)提出:

> 除紧急情况外,在所有情况下,制度安排都应以使改变政策规定的过程更加困难费时为目的。一种可能的制度是,国会立法通过的货币和财务制度都要在两年以后才能生效。这样即可让相机抉择性政策完全无法实现。(Kydland and Prescott,1977:487)

即使这种宏观谨慎的改革在最终执行时有可能为系统带入稳定因子,政策制定者们仍然认为"每一个新兴金融圈都有独特的特色……(并且,每个金融圈都)需要在判断及权衡不同的质量因素方面多加练习……(并且在修改)政策干预的时机和力度时……加以少量相机抉择权"(BIS,2010:6)。[②] 如同英格兰银行行长莫文·金(Mervyn King)所提到的,"我们对经济的理解是不完整的。这一

---

① 为了避免误解,在此强调我们质疑的是以完全预定模型为基础的提案的科学性。尽管如此,有一些以影响市场参与者的决定为目的的指导方针,仍可以在政治制定中发挥作用。例如,阿特金斯(Atkins,2006)研究过挪威中央银行尝试用指导方针和公布长期经济预测来影响市场参与者的决定的方法。然而,要分析以这样的政策工具影响个别决策的后果和总体结果,必须要在一个非完全预定式的模型里完成。

② 国际清算银行(BIS)在报告中提到,在他们的调查中有一家中央银行行长承认他"有意避免使用'宏观谨慎政策制度'这个说法,原因在于用来应对金融不稳定性的工具一直在进化升级,而且在不同的不稳定性时期不断发生变化"(BIS,2010:9)。

理解是不断进化的，有时小步前行，有时大步飞跃"（King，2005：8）。不论自信与否，政策制定者自身知识的不完善，意味着他们判断资本价格是否已超出参与者对长期市场价值的评估范围以外的能力，以及判断信贷增长和其他不平衡现象是否过度的能力，同样是不完善的。当知识和经济进化时，他们也需要重新评估自己关于过量的判断，以及如何采取措施抑制过量。

第二节 国家积极干预金融市场的理论依据

本·伯南克在2002年关于资本价格泡沫和货币政策的演讲中，曾激烈地反对把联邦政府当作"证券投机或价值的仲裁者"：

> 要宣布泡沫的存在，美联储不仅必须要能精确地预测那些无法观测的、支撑股权价值的基本面因素；更要有自信能赢过那些专门收集资本市场价格信息的金融专家。就算是美联储，这样的期待也是不现实的。（Bernanke，2002：5）

伯南克由此得出结论，货币政策不仅不应该被用于戳破泡沫，更不应该代替市场扮演判断资本价值的角色：因为市场的判断力虽然不完美，却比任何的个人或委员会要高明得多。实际上，一旦承认知识是不完善的，人们将很自然地同意上述观点。虽然不完善知识使得美联储无法仲裁资本价值，但并不意味着政府应该袖手旁观。

现在，要求政府在关键资本市场中发挥干预作用的呼声越来越高。这并不是因为政府官员在资本价值方面拥有更高深的知识，而是因为以利为先的市场参与者无法内化由于价格过度上扬或下跌引起的巨大社会成本。第十章讨论了基本面因素的持续变动趋势是如何引导短期投机者集体抬高股价，直至超出大部分参与者预估的、与企业长期商业前景保持一致的价格水平。例如，（Bernanke，2002：6）就记述了"1996年12月，哈佛大学的约翰·坎贝尔（John Campbel）和耶鲁大学的罗伯特·希勒（Robert Shiller）在美联储进行的一次讲

▶▶▶ 超越机械的市场论：资产价格波动、风险和政府角色

演。讲演中他们用价格股利率及相关方法论证了股票市场的估值已经过高"①。即使如此，股票价格在接下来的三年半内仍然继续攀升，最终超过公认基准线水平。

用不完善经济学模型解释资本价格和风险，可以说明短期投机者对股价的持续哄抬，并不是因为他们没能意识到价格已经偏离基准线价值。因为虽然人人都知道1997年的股市资本价格已经达到历史新高，短期投机者关心的却是在下个月或者下一季度内制造利润。在20世纪90年代后期，企业收入、整体经济活动和其他基本面因素都持续向牛市发展。因为创造利润是投机者最关心的问题，这些利好发展趋势不仅提高了他们的短期预测，更促使他们继续抬高股价。

没人能准确了解资本价格波动何时会过量。同时如前文中讨论的那样，政策制定者需要考虑的远不只价格偏离历史基准线价值这一个问题。然而，对技术和通信公司的过度投资，以及始于2000年的股票突然暴跌并持续低迷的现象均证明，当时股票的上扬确实已经过量。最终市场进行的自我矫正被证明为时晚矣：经济的繁荣—衰退动态周期已进入经济衰退期，而在此之后的较长时期内，私人投资和就业率都低于历史平均水平。要想最小化这些由于未能及时矫正资本价格波动过量而产生的社会成本，只有依靠政府和集体行动的力量。

在本书的其他章节中，我们已反复讨论过，金融市场在帮助社会应对非常规变化和不完善知识带来的种种问题时，是不可或缺的最优工具。在分析市场问题时，一旦将不完善知识放置于分析的核心，我们便可以轻易地观察到，不完善知识在进行常规价格制定和稀缺资本分配的常规过程中，造成了价格周期和影响力的非规律性波动。尝试去除这一不稳定因子相当于用政府的判断代替市场的判断。

因此，市场的不完美正是由知识的不完善造成的：资本价格波动有时会过量，但在一段较长时间内持续过量，则意味着巨大社会成本的产生。要尝试控制这些社会成本，政府应该采用政策和管理措施，抑制关键资本市场价格过量波动的周期和量级。只要这些干预措施的

---

① 该分析出版于坎贝尔和希勒（Campbell and Shiler, 1998）。

第十二章 重建市场与政府之间的平衡 ◀◀◀

目的是抑制市场的过量波动,而不是过早戳破泡沫,政府便可以在承认其知识不完善的情况下,帮助市场更好地运转。

一 抑制过量的措施及指导区间

要在任何资本市场中实施抑制过量的措施,政策制定者们必须能合理自信地判断,某时刻价格波动是否已超出大部分参与者的长期市场预测范围。如同市场参与者一样,政府官员也必须解决他们对市场长期前景认知不完善的问题。但在实施抑制过量措施时,他们的任务却与那些具有长远投资视野、只关注某只特别股票、房地产或者其他资本的参与者截然不同。官员们关心的,是宏观市场及其总体价值测量(例如宏观股票、房地产市场或其他关键部门的价格指数)是否已远离参与者的长期价值评估。

政策制定者的不完善知识意味着他们制定的指导范围需要较为宽泛;没人能预测市场价值是否会与股市或者其他资本的长期前景相符。官员们需要有合理的自信,相信这些抑制过量措施不会过早斩断价格波动:这些价格波动是由市场对资本价格前景的评估发生变化引起的,而抑制措施针对的是偏离了评估范围的价格波动。

二 历史:评估过量的不完美指导

有足够的证据可以证明,在制定资本价格指导范围时,历史基准线很有参考价值。在第十章中,我们已介绍过美国历史上90%的股票市场稳健价格收益比率,该例子在本章重新编号为图12.1。图中的虚线部分标示出在过去50年间,价格收益比率波动的范围,也就是指导范围的上限和下限。这一运动区间提供了过量价值随时间改变方式的预估基准线。这一实证记录说明,一旦达到历史极端价值,市场自身会得出价格已离基准线过远的结论,并进行自我矫正。

图12.1中的指导范围仅是一个用历史基准线评估非过量价值的例子。目前也存在其他测量价格收益比率和运动范围的方法,以及制定基准线水平的其他思路(例如,本利比),更不用提其他的

指标范围。① 另外，波利奥和罗尔（Borio and Lowe，2002a）及其他人的研究就提议，在设计指导范围时，当局应该把过量信贷增产列入考虑。

政策制定者需要在为关键市场或部门建构指导范围时，投入可观的资源以学习如何最有效地参考历史数据。但单单依靠这些分析是远远不足的。

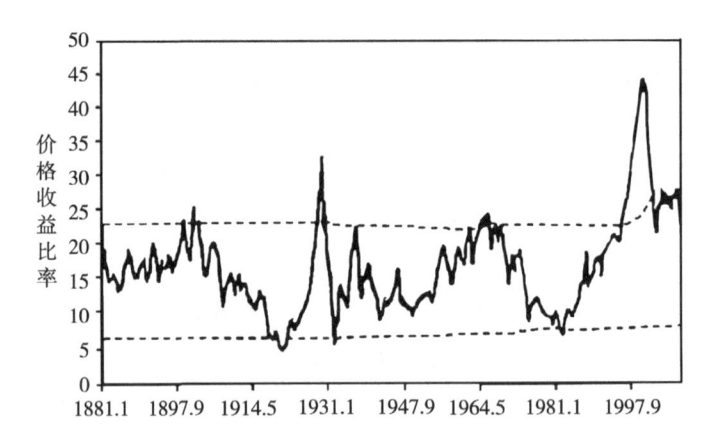

图 12.1　价格收益比率的历史指导范围

资料来源：数据来自罗伯特·席勒（Robert Shiller）的网站：www.econ.yale.edu/~shiller。

三　非常规变化和指导范围

现代经济的活力意味着，历史基准线价值虽然很重要，却不应该被当作制定指导范围的唯一标准。政府官员们需要考虑，新兴技术和其他非常规的经济、政治以及社会方面的改变，可以令一系列历史稳健的价值——不论这些价值是如何得出的——变成一个参与者长期前景评估时的不良指标。即使经济一直不断以新的方式改变，但在某些时期发生的改变影响却更为深远。在此类重要时期内制定指导范围

---

① 例如，波利奥和罗尔（Borio and Lowe，2002a）利用了资本价格和信贷增长与实时样本趋势模型。他们发现40%的资本价格缺口和4%的信贷缺口为预测金融危机提供了最好的组合价格门槛。

第十二章 重建市场与政府之间的平衡

时,要确定该范围的上下限与历史稳健价值区间的距离是非常困难的。

20 世纪 90 年代正是个好例子。如图 12.1 所示,在 1995 年 6 月,股价已经超过历史记录的最高基准线,高达收入基准线的 23.7 倍——这个水平在过去的 100 年间只出现过三次(20 世纪初、1928—1929 年和 20 世纪 60 年代中期)。如果历史是我们唯一的向导,它会很自然地得出市场估值已经高于大部分市场参与者的长期前景评估这一结论。当时的观点却与此不同,人们认为股价飙升,是由信息技术革新和其后在许多经济部门的生产力快速增长带来的长期利益引起的。因此,对于长期前景的评估都更倾向于认为股价会超过历史水平。

这正是前文中提到的,本·伯南克在他 2002 年的演说中所支持的观点。对于伯南克来说,标准价值比率,例如以席勒的价格—收入比率为基础的比率,"在 1997 年年初"显得太过于悲观,"(因为)至少在 90 年代末期,很明显基本面因素可以合理地解释一部分股票价格上涨的原因。近几年我们也见证了同样的实例:虽然经济在衰退,但产出和生产力方面依旧保有可观的增长量"(Bernanke,2002:6)。

事实上,我们能够在彭博社的市场总结报告中找到相较于更早时期,20 世纪 90 年代参与者的长期前景评估确实发生上涨的证据,详情请见第七章和第十章中的讨论。第十章中曾绘制的图表(在此处重制为图 12.2),反映了在彭博社的报道中将资本价格和历史价值之间的差量作为驱动市场的重要因素提到的频次(报道天数占每月总报道数量的比率在 12 个月中的移动平均数)。该图说明,即使在 1996 年一整年间的价格—收入比率都高于历史最高水平(仅出现在 1929 年),这些价值差量在 1996 年之前对市场的价格运动毫无影响。直到 1996 年年底,这些价值差量的重要性才骤然升高,而当时价格收入比率已高于 27。这意味着,此时市场参与者的长期前景评估已不再支持价格继续上涨了。

有趣的是,彭博社的数据指出,在 2000 年间的市场和经济发展并未改变上述趋势，也就是说，与市场参与者对长期前景的评估一致的价值范围仍然居高不下。到 2009 年 3 月，价格收入比率已跌回至 13.3%，接近历史平均的 16.3%。

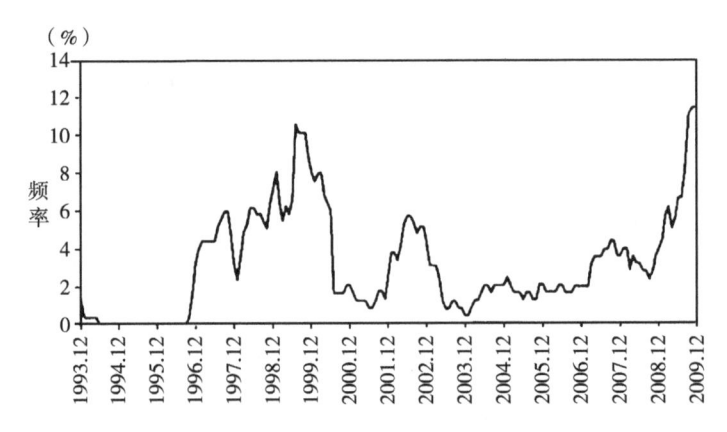

图 12.2　每月总结报道中的平均被提及频次：与基准线价值之间的差价

然而，彭博社的数据显示，在 2009 年，虽然当年 11 月的股市市值意味着当时的价格收入比率已达到 20.3，参与者对价值过度下跌的担忧一直持续增长。彭博社的报道指出，许多市场参与者依然认为，这一高于历史基准线 25% 的价值，依然过低。这一观察结果显示，参与者长期评估的范围依然保持在 20 世纪 90 年代后期的较高水平上。

市场参与者总是观望着技术革新和其他非常规变化，当他们观察或者预测到这些变化的影响时，便会改变自己的长期预估。同样，政策官员在规划有用的关键市场指导范围时，必须时刻留心这些变化。当局必须谨慎分析当前变化程度对参与者长期前景预测可能产生的影响，随后参考早期历史变化记录来核实评估。

当然，如参与者们一样，官员们也不能单纯依靠数学公式。他们在分析过去和解读关于基本面因素的新闻和当下趋势对公司长期前景的影响时，也必定回归到自己的本能和实际经验中去。当官员们的理解力和自信程度以非常规的方式进化时，他们的指导范围也应该同样发生改变。其结果是，他们必须被授予相机抉择权，即在资本价格运动超过指导范围时，官员们有权力修改指导范围的位置和广度，以及修改审慎措施的实施深度。

第三节 价格指导范围公告

抑制资本价格波动过量的第一步措施应是，中央银行（或者其他负责维护经济稳定的机构，例如美国金融稳定监管理事会或欧洲金融监管机构系统）仅定期在各个市场公布指导范围。需要进一步分析的问题包括，当局应该在多长时间内重审关键市场的指导价格范围，在修改范围时应给予市场多少前期准备时间，以及应该在变化发生的高频或低频期进行交易等，而这些问题的分析只能在经验的基础上展开。即使如此，我们也有理由相信，颁布非常规性的指导范围将可以帮助市场较早地对过量进行自我矫正。

市场参与者在预测长期前景时所拥有的不完善知识意味着，常规的政策公告可能会帮助他们依照官方评估调整自己的观点；其工作原理与中央银行设定的通货膨胀目标对通货膨胀预期的作用类似。[①] 更好地调整预测观点或将引导市场参与者将价格抬升到与指导范围更相近的水平。为增加其有效性，指导范围的常规官方公告应附有一份详细的内部分析说明。

牛市、熊市和抑制过量

如我们在这本书中指出的那样，市场参与者永远无法完善的知识

[①] 已在许多发达和发展中国家实行通货膨胀目标制度，大部分关于其影响和功绩的研究，都设立在理性预期假说模型的语境下，而该假设模型不承认中央银行的通货膨胀目标有任何协调作用。然而，一旦理性预期假说被抛弃，中央银行的角色就成为通货膨胀目标、货币政策的成功不可或缺的部分。一个最近的实证研究显示，中央银行通货膨胀目标对统筹通货膨胀预期很重要，见古尔卡纳克等（Gurkaynak et al., 2006）。欧菲尼德斯和威廉姆斯（Orphanides and Williams, 2007）及其参考文献支持在非理性预期假说模型中用机械学习算法得到的结论。尽管这些模型指出了政策公告的协调角色，这一问题以及其他现存政策制定框架的内容都需要在这些承认非常规变化重要性的模型中得到重新检视。

▶▶▶ 超越机械的市场论：资产价格波动、风险和政府角色

令他们可能对价格和风险做出多种预期。在市场中每时每刻都存在着熊和牛：他们总是对价格的走向做出完全相反的预测。这一明显的事实意味着，抑制价格过量波动的政策需要遵守一个重要原则：

> 干预措施需要抑制那些抬高价格、恶化价格过量程度的交易行为。这些措施也需要鼓励那些将价格拉回基准水平上的交易行为。几乎所有尝试用某种具有代表性的参与者行为来解释资本价格波动的当代经济模型，都忽略了这一简明直白的观点。指导范围的颁布以及其分析报告也应该遵守这一关键原则：打压计划抬高价格，支持过量的参与者信心，同时增强预测价格会回落的参与者的信心。

近年来官方资本价值公告影响价格的最著名例子，是 1996 年 12 月 5 日亚伦·格林斯潘对美国股权市场做出的"非理性繁荣"警告。最初，格林斯潘的警告引发了资本价格的快速下跌。然而价格很快恢复向上攀升。如果当时当局公布了指导范围，此次震荡的幅度很有可能会得到抑制。指导范围不仅可以通过调节参与者们的长期预期来发挥作用，也可以通过鼓励短期投资者在评估投机风险时，将更多的投资重心放在靠近基准线水平上来影响价格。

我们需要牢记，投资目光较短期的市场参与者有可能蓄意将价格抬高到超过大多数人对基准线和长期价值的预期之上；当然，与此同时，他们对潜在损失的评估也提高了。如同第十章中讨论的一样，如果价格波动持续下去，最终将会达到一个无形的临界值，超过后市场参与者就会认为他的交易仓位风险过大，转而将价格向公认的基准线水平方向压低。问题是，短期投资者可能要经过相当长的一段时间才能达到那个风险评估的临界值——那就是说，如果他们一直未关注当时价格与公认长期价值之间的差距，① 当他们意识到时，价格可能已

---

① 当然，价格和基本面在同方向的自反关系的持续也可能帮助保持价格的超额波动趋势。见第十章。

第十二章 重建市场与政府之间的平衡 ◀◀◀

远远超过临界值。

以上问题意味着由官方颁布市场指导价格范围公告是可行的；公告的内部分析在个体参与者评估风险时，有可能引导他们将更多的关注放在价格—基准线之间的差距上。① 较高的风险评估可能使参与者不愿意将价格继续推离基准线水平。官方公告也可能为其他短视却计划将资本押在相反价格运动方向上的市场参与者提供自信。后者对目前交易仓位的风险评估结果可能引导他们强化当前的交易仓位，从而进一步抑制价格波动过度。

我们的不完善知识经济学模型对价格波动和风险的解释意味着，假设政府在20世纪90年代和2000年年初曾在某个关于股权和房地产市场内成功地搭建了非常规指导范围框架，这些市场有可能在甚至不采取额外审慎措施的情况下，就能更快地进行自我调节。在下一节中，我们将详述这些措施。及时的自我矫正可能避免这些市场价格过量情况的持续恶化，甚至可能扭转2008年发生的全球金融危机。

第四节　积极过度——抑制措施

尽管颁布指导范围有可能抑制资本价格的过量波动，我们却无法确认这一措施单独实施时的有效性。如果政策官员们能提前宣布积极的审慎措施已经就位，可以支持指导范围，他们抑制过量的能力可以得到显著的增强。这些措施可能拥有以下几个关键特征。

首先，积极措施只应在关键市场价格运动到超过官方指导范围时启动。只要价格保持在指导范围内，当局应允许其自由波动。官方指导价格应该设定得较为宽泛，而我们提议的附加措施应当仅用于尝试抑制过量的价格运动，使用频率会较低。

更重要的是，积极的抑制过量措施的目的不是将资本价格束缚在官方指导范围内。因为市场参与者可以动用的资源极为丰富，假设他们决定继续抬高价格直至过量，那么即便当局竭尽全力阻止，市场依

---

① 我们提议用弗莱德曼和高德伯格（Frydman and Goldberg，2004）中提出的新政策。

▶▶▶ 超越机械的市场论：资产价格波动、风险和政府角色

然会得偿所愿。因此，任何以将资本价格控制在官方范围内为目的的政策不仅注定会失败，而且当这一政策最终失效时，市场更将不可避免地走向危机。① 相反，基于不完善知识经济学理论设计的政策措施的初衷，不是为了避免关键资本市场价格发生过量波动，而是为了降低它们发生的频率和量级。

对指导范围来说，非常规变化和不完善知识意味着官员们必须利用他们的直觉、经验和自信来实施额外的抑制过量措施。因此，他们需要相机决策权来改变针对某个特定市场部署的措施，并且在恰当的时候叫停。同样，我们只能通过经验来尝试理解这些针对措施的影响范围和最有效的实施方法。

我们的不完善知识经济学模型说明，基本面因素的运动方向驱动着资本价格以及风险的非常规波动。在第七章和第十一章中，我们讨论了一些统计数据和来自股权市场非官方数据，用以支持该结论。资本市场的结果与基本面的直接关联为抑制过量价格波动提供了一个重要渠道。然而，依据市场的变化，我们的解释也会涵盖其他的抑制渠道。

一 是否是针对货币市场的新布雷顿森林协议

尽管在本书中我们尚未涉及货币市场的重要性，货币浮动利率的不良名声已然远播。浮动利率倾向于长期波动，而其波动范围总是与国际货物和服务贸易的竞争水平保持一致。这样的波动给国家的竞争力及其在全球生产量和需求量中所占的比例带来巨大错位，也意味着各国在交易时会产生巨大的调整成本和摩擦。因为市场参与者以追逐利益为目标，他们不会在进行交易决定时考虑这些成本。

因此，各国都尝试着修复汇率（欧洲货币联盟即为一个著名的例子）或者颁布一个目标区域或者其他半浮动制度固定汇率。这意

---

① 在过去几年中，很多国家都尝试将他们的货币控制在被称作"目标区域"的预期范围内。除了极少的例外之外，大部分情况下投机者们最终都用巨量的资本冲击这些规划，酿成货币危机。1992 年的欧洲货币系统和 1997—1998 年东亚货币政策的崩塌就是很显著的例子。

第十二章 重建市场与政府之间的平衡

味着,货币当局需要放弃使用货币政策来达成其他目标,如低通货膨胀或经济增长。当然,尝试固定汇率或颁布半浮动的汇率制度几乎总是以失败和危机收场。

在弗莱德曼和高德伯格(Frydman and Goldberg,2004,2009)的研究中,我们为货币市场勾画了一个新的政策框架,与允许货币自由浮动或完全固定的政策完全不同的新选择。其目标是抑制货币兑换汇率的过量波动,同时给货币政策足够的空间来达成控制通货膨胀和经济增长等目标。我们提出的框架要求中央银行定期公布非过量价值的指导范围,并在价值远离指导价格范围时提出警示。银行也可以为在差价发生时做好买入或卖出货币的准备。为了使措施更有效,银行应该在意想不到的时机实施干预,恰当地提高或者降低汇率。[①] 需要强调的是,该措施的目标不是将汇率限制在某个目标范围内,而是防止价格与官方指导范围之间差价过大。因此,与目标范围和固定汇率政策不同,我们的过量抑制框架在应对危机时并不脆弱。

国际协调合作可以增强定期颁布指导价格范围的效果,扩大干预汇率使其回落到指导范围内的措施的影响力。该政策可以作为以针对浮动但控制货币汇率为目的的《"新"布雷顿森林公约》的基础。与过去的协议不同,该政策的关注点不是强迫各国对某单一货币平价水平达成一致或要求协约国共享防御工事,一致对外;而是在较广泛的范围内制定针对非过量价值的协议,可容纳各种可行基准线的制定意见。如果只在货币价值过高或过低时要求进行抑制干预,将会较容易为各国接受。

二 货币政策和抑制过量措施

呼吁中央银行和其他管理机构直接参与其他资本市场,例如股权市场买卖的呼声屡见不鲜(例如 Muelbauer,2008;Farmer,2009)。

[①] 干预的时机的不可预测性是很重要的,它能增加参与者将股价继续推高,导致潜在损失发生的不确定性,因此降低他们参与这样的投机活动的意愿。

▶▶▶ 超越机械的市场论：资产价格波动、风险和政府角色

这类干预虽然在货币市场很常见，但在股权和房地产市场则不然；在这类市场内干预政策可能在政治和其他方面引发担忧。我们把这一问题留给之后的研究来探讨。

在股权和房地产市场实施积极的抑制过量措施的可能方式之一，是中央银行使用长期和短期的货币政策影响利率。彭博社的市场总结报道显示，即使利息利率和中央银行的沟通信息（包括联邦公开市场委员会会议纪要、向国会提交的证词以及美联储黄皮书）对股票市场的重要性随时在变化，它们仍是市场参与者在预测和做交易决定时考虑的主要基本面因素。在表7.4中呈现的数据显示，综合来看，这些考虑因素平均每隔一天就会作为股价驱动力被提到。曼格（Mangee，2011）注意到，在彭博社报道的总天数中，银行利率与股票价格几乎毫无意外地呈高达98%的负相关关系，即股票价格和银行利率几乎总是在往相反的方向运动。即使中央银行通常通过控制短期利率来解决通货膨胀和失业率，利率对股权价格的重要性意味着货币政策也同样可以用于抑制股票市场的过量运动。[①]

当然，利率考量在房地产市场中也扮演着重要角色：当贷款率降低时，房地产对人们来说更负担得起，从而带来更大的市场需求和对价格的反向压力。相对短期利率而言，传统的货币政策工具的影响力相对较弱，对贷款和其他长期利率的影响力更难预测。即使如此，联邦政府和其他主要中央银行在2009年起开始采取的量化宽松措施显示，货币权威机构有能力更直接地影响长期利率。[②] 凭借短期利率和股票市场，这些机构有能力抑制房地产市场的过量价格波动。实际上，许多观察家都认为，在20世纪90年代和21世纪初盛行的低利

[①] 其他人以戳破泡沫为语境，提倡用货币政策影响资本价格。例如，切凯蒂等（Cecchetti et al., 2000, 2002）、波尔多和简宁（Bordo and Jeanne, 2004）。

[②] 联邦储备银行的量化宽松措施，包括购买长期国库券和由政府赞助的公司，如房利美公司和房地美公司发行的住房抵押贷款证券等。关于这些措施和对长期利率影响的概况，见萨卡尔和萨日达（Sarkar and Shrader, 2010）在《联邦储备银行的纽约经济政策回顾》一书中所著的《中央银行流动资金工具和规范改革的前景》一文。

率是资本价格通胀的罪魁祸首，而联邦储备银行应该善用自己对汇率的影响来与其抗争。

很长一段时间以来，经济学家对使用货币政策影响资本价格的利弊争论不休。本·伯南克在他2002年的演讲中就提出，由于其迟钝性，货币政策并不是调整资本价格的优选工具，而中央银行最好把注意力集中在"如何用政策工具实现宏观目标——价格稳定和最大化的可持续就业率"上。(Bernanke，2002：2)

然而，政策制定者在很大程度上是基于完全预定式的泡沫模型构建的货币政策和资本价格之间关系的构想。依靠这些模型，伯南克提出：

> 联邦储备委员会同样可以通过支持以更透明的财会和审计操作以及提高投资者的金融素养以及能力为目的的措施，为降低（在资本价格方面）繁荣—衰退动态周期发生的可能性做出贡献。(Bernanke，2002：3)

如前所述，虽然重申透明性问题至关重要，但是单靠它是无法避免过量资本波动的。货币政策是否只应用于实现宏观经济目标不在本书的讨论范围之内。尽管如此，市场上仍存在其他抑制过量措施可以为当局所用，以增强官方指导范围的影响力。

三 牛市和熊市的不同利润要求

当观察到股权市场中的股价波动到达过量的临界值时，当局可以紧急修订对利润和抵押品的要求。我们的理论框架建议，为了达到效果，应该对牛和熊进行不同的利润和抵押的要求修订：对于想继续将价格推离指导范围的参与者，应该提高他们的利润和抵押条款，而对持相反意见的投资者则应降低要求。对利润和抵押要求的此番调整可以提高前者，降低后者的成本，直接抑制价格的过量运动。

这些措施也可以通过影响参与者对风险的评估发挥作用。认为价

▶▶▶ 超越机械的市场论：资产价格波动、风险和政府角色

格会继续过量的参与者将提高他们对潜在损失的评估，而对押注在相反方向的参与者而言风险则会降低。由此产生的风险溢价的改变可以协助抑制过量波动。当局配合官方指导范围实施此类积极政策的难度应该不大；美国和其他国家政府已颁布了固定的利润和抵押要求的标准。

类似的政策也可以帮助抑制房地产市场的价格过量波动。与股票市场不同，很多房地产市场的参与者是缺乏经验的首次购房者。在关键地区市场颁布官方指导价格范围公告可以引导参与者在价格过高时重审其购房决定，或者至少可以让他们在谈判桌上更有底气。

在 2000 年房地产价格上涨期间，贷方经常在没有任何抵押的情况下就同意贷款，许多时候甚至不要求贷款者出示收入证明或受雇情况。如果美国和其他当局在当时曾颁布价格指导范围，并且逐渐提高某些价格涨幅过量的区域市场申请贷款的资本需求，市场毫无疑问地可以提早进行自我矫正。[1]

第五节　过度的价格波动和银行系统

在最基本的层面上来说，2008 年开始的金融危机并不难理解。发起、分销的融资方式和充斥着美元的金融世界让银行和其他金融机构的融资过程变得极为迅速——同时也导致它们的资本无比脆弱，以至于即便只是在资本价格，特别在房地产方面发生少许波动都可能造成损失。当时在房地产市场发生的资本价格上涨前所未见，因此当后续的价格扭转发生时，其影响力自然振聋发聩，而各金融机构则纷纷被迫进行去杠杆化。当去杠杆化在各处同一时间大举进行时，金融危机的发生自然不可避免。

综上所述，要控制系统性风险，不仅需要管理系统中的举债融资，更要意识到对不同机构的资本组合来说，它们所面临的系统性风

---

[1] 实际上，以降低银行系统中的风险为目的，自 2000 年起许多国家都实施了减低可用的资本信用的措施，例如更低的贷款价值比率和劳务收入比率。见波利奥和辛姆（Borio and Shim, 2007）、（BIS, 2010）。

第十二章 重建市场与政府之间的平衡

险是不同的。① 对拥有严重依赖房地产和股权交易市场的资本组合的金融机构来说，当这些市场的价格上涨时，它们应该提高风险管理，增加资本和贷款——损失的缓冲量。遗憾的是，这一情况并没有发生。

原因很简单：银行测量风险、确定资本和贷款损失预备金的数量的方式，无法在资本市场中设定明确的价格波动过量范围。在估测交易规模的风险时，银行无视资本增产提高危机发生的概率（见 Turner，2009）的事实，却将风险和短期市场波动联系在一起，依靠在险价值（VAR）计算风险。问题在于，他们粗略地假设了风险在市场稳定时会降低：即在平静期需要少量的资本，而在波动期需要更大量的资本。这样的计算实际上忽略了在价格上扬继续过量时可能积累的损失（风险）。

实际上，特纳（Turner，2009：19）在他的金融危机分析中指出，银行系统在股价上涨时几乎崩盘，"因为在险价值测量的风险包括选择合适的交易仓位，而总体说来，与市场价值的仓位总量相关的风险降低了"。因为这些手段是资本缓冲的基础，"交易总量资本不足"，就会让银行系统无法充分做好应对危机的准备。风险和资本价格波动之间的关系说明，如果能将资本价格波动明确地考虑进来，银行的风险管理措施可能得到长足的改善。举例来说，规范措施可以要求那些交易总量严重依赖特定市场的银行将价格水平与预估基准线之间的距离加入到其风险计算中去。

银行对它们的贷款组合（非交易资本）的风险计算是以最近几年间发生违约的频率，即"违约率"为基础的。政策研究者和其他观察家已经指出这些违约概率在经济良好的时候会下降，反之则升高，意味着以此为基础制定的资本需求和贷款损失管理措施倾向呈顺周期形式（例如，Borio，2003；Heid，2007；Repullo and Suarez，2008；BIS，2010）。但是如金融市场的价格波动一样，经济增长期过

---

① 巴塞尔Ⅲ的背景资料（见 BIS 网站：www.bis.org）强调需要监控银行的整体负债率，呼吁用银行资本占整体资本（除去其他资本风险加权）的比例来衡量。但在这篇文章中，报道指出这一负债比率将在进行更多研究之前暂时搁置。

后总是伴随着经济萎缩，而在此期间违约率会剧烈上升。其结果是，在2008年之前银行系统的风险上升时，银行的资本缓冲金相对整体资本而言反而在下降。

据报道，巴塞尔协议Ⅲ呼吁重审银行资本缓冲金的计算方式，使其与整体经济呈逆周期型变化。西班牙自2000年起实施的动态拨备系统正是一个这样的例子。西班牙政府要求其银行在违约率低于过去14年的平均记录时建立贷款损失储备，而在违约率增长超过平均记录时，拨用这些储备。

虽然西班牙的逆周期储备是向修复旧体系问题方向迈出的正确一步，但是它并未从风险和资本价格的明确关系中获益。确切来说，资本价格和整体经济之间的强化反射关系，不仅在不完善知识经济学（IKE）模型对过量价格波动的解释中扮演着重要角色，更证明了违约率倾向于与股市和房地产市场的价格升降呈反向运转关系。西班牙的动态拨备系统因此有可能非直接地控制风险与这些市场的价格波动之间的关系。

然而，由于地方储蓄银行原本就过度依赖房地产市场，所以因西班牙房产价格的急剧下跌导致普遍（VAR）破产。这说明对银行的储备要求不应只与违约率相关，更应该直接与银行对某些市场（或行业）的依赖——以及在这些市场的价格波动是否已经过量相联系。

第六节　不完善知识和信用等级

2008年9月18日，雷曼兄弟控股公司宣布破产。但是直到事发六天前，标准普尔对该公司的评级还一直保持在A级稳固投资级别上，之后才忽然下调至"选择性违约"。穆迪等得更长，直到雷曼倒闭前一天才下调了评级。这些富有声誉的评级公司和在证券发行方面经验丰富的投资银行怎会沦落至此？

人们往往把注意力放在投资银行掠夺性地发放贷款的现实，以及投资银行和评估其整体资本的评级公司之间的"暧昧"关系上。当然，这些确实是值得探讨的重要问题。不过，这里还有一个更深层、

第十二章 重建市场与政府之间的平衡 ◀◀◀

更基本的原因：评级公司评审资本的过程无法将价格波动发生逆转时的潜在严重性纳入考虑范围。因此，即使评级机构单纯地依靠他们先进的技术，不为狭隘的商业利益所驱使，它们的评级也很可能会低估这些证券的风险。

评级机构用来预测历史违约模式是否会持续的统计模型，可能会低估风险。持续高涨的房地产价格，使得这些统计模型显示出非常低的损失率。当损失率低时，AAA 评级就显得很合理。但是这些模型忽略了价格波动在资本市场中最重要的本质：即它们最终会折返，且过量程度越高，折返就会越剧烈。繁荣期越长，评级机构就越发积极地宣传结构融资，宣传融资优于企业贷款，导致更多的投资者开始依赖这些评级。各种勇敢的新模型都基本忽略了风险驱动过程中的结构性变化。同时，这些新模型激进地要求放松管制，号召贷款行业抛弃已被证实有效的、将自身判断与官方标准相结合的审慎措施。贷款的标准不再是"早上刮过胡子的那个人"借用（Albert Camus）的妙句，而是机械的无意义 FICO（信用评级）分数。[①] 房屋购买者则通过操控他们的 FICO 分数来应对银行的策略。

当然，没有人知道这些价格折转会在什么时刻发生。如果我们要求评级机构，在假设不可避免的折转发生，房地产价格剧烈下跌，同时投资银行证券的预估损失率也大大提高的情形下，对投资银行另行评分，那么它们的评级和股价必然会大幅降低。遗憾的是，由于评级机构只采用单一资本评级，它们无法将模型中必需的偶然因素和支撑假设成功转化。

以上观察可以得出一个简单的提案[②]：要求评级机构至少为每一只证券提供两种评级，同时解释计算评级的方法：一种评级假设历史趋势将继续，而另一种假设主要变量的运动趋势及其基础资本的价格

[①] 我们感谢理查德·罗伯（Richard Robb）的精彩比喻。信用评级分数通常被称作"FICO scores"（FICO 也有无意义之意），因为它们是用"Fair Isaac and Company"研发的软件计算出来的。

[②] 我们与埃德蒙·菲尔普斯一起，在弗莱德曼等（Frydman et al., 2008）进一步加强/优化了这个提案。

· 195 ·

▶▶▶ 超越机械的市场论：资产价格波动、风险和政府角色

将发生折转。需要承认，穆迪、标普和惠誉在它们当前使用的统计模型中已经添加了要素压力，但这些压力是隐藏在评级报告中的；近期惨痛的教训更告诫我们，这些措施是相当不足的。此外，要求评级机构在评审证券时将一个甚至多个消极情形考虑进来，会使得它们难以为投资银行客户作出梦幻评级。

当然，没有任何个人或机构可以对证券风险作出绝对的解释。如哈耶克曾明确地宣称，只有市场才有能力汇集所有知识，任何个体都只能得到其一小部分的知识。即便如此，有效的监管制度应当要求评级机构和证券发行方协助资本市场聚合知识，而不是阻碍其执行功能。

结　语

　　如果世上真有所谓的人类知识的进步，那么我们今天也无法预测只有明天我们才会知道的事儿。

——卡尔·波普尔《历史主义贫困论》

经济学家都知道什么？

　　是市场的结果（例如资产价格），还是经济活动和消费的整体水平，或是由众多个体的决定导致的投资结果。在分析市场结果是如何随时间逐渐发展的，哈耶克、奈特、凯恩斯和其他早期经济学家都将个人的决策过程与理论解释联系起来。他们深刻的见解使得我们得以将非常规变化和市场参与者的不完善知识置于经济学分析的中心。这一聚焦令他们得以发现经济学家自身知识的局限性——也是经济本身的局限性。

　　奈特的"极端不确定性"论点使他对标准概率理论在理解谋利的决定时的相关性产生了怀疑。他认为，这样的决定"针对的是那些模式实在过于（非常规），导致任何（有独特的）统计表都无法产生任何有价值的指导意义"（Knight，1921：198）。这一论点关键在于，它指出了用标准概率描述个人交易决定——本意味着未来的结果及发生的可能性，都可以提前完全预知——是不足以用来对谋利的个体如何对变化作出反应，以及市场结果如何发展作出定性描述的。

　　凯恩斯（Keynes，1921，1936）在对于标准概率理论在理解个人决策制定时的变化以及市场结果的有效性问题上与奈特的观点一致：我们"不能只依赖严格的数学计算，特别当计算的基础并不存在时"（Keynes，1936：162—163）。凯恩斯给不确定性在市场结果和概率问题上所扮演的角色所赋予的重要性，在他对金融市场和这些市场对宏观经济特别是投资可能产生的影响的分析中至关重要。

同样的，哈耶克（Hayek，1945：519—520）提出"社会的经济问题是关于如何更好地利用片面的、没人能得到全部的知识的问题"，意味着没有任何数学模型能模仿市场的行为。在得出这一观察结果后，他在自己的诺贝尔奖获奖感言中，对不完善知识毫无关切、声称可以解释个人的决策制定过程和市场结果的经济学分析模型进行了驳斥：

> 我们的预测能力其实应该被局限于……预测一般事件的性质，而不应该包括预测特定事态的性质……（然而），我必须要再次迫切地强调，我们依然会作出可能被证伪，因而有实证意义的预测……但是我在此处想要警告各位的是，为了被接受为具有科学意义的预测能力，我们必须扩展预测范围的想法是很危险的。其中很有可能隐藏着谎言或者更糟的情况……我承认我宁愿选择真实，但是不完善的知识……而不是假装完全正确却很有可能是错误的知识。（Hayek，1978：29，33）

对无所不知的探索

哈耶克的警告针对的正是1945年以后的后凯恩斯经济模型时代，在此期间，这些模型偏离了本应将凯恩斯的观点正式化的方向，反而受到了以历史数据为基础的统计学方法的影响。在哈耶克获得诺贝尔奖的这段时期，这些分析政策模型的可行性，不论是用机械的规则、不考虑经过深思熟虑颁布的政策变化来描绘市场个体的预测行为；或是无视这类预测行为聚合起来对市场可能造成的影响等，都受到了严重的抨击。①

在当时具有极高影响力的理性预期模型，被拥护者们作为治愈凯恩斯经济模型的缺陷的良药。但是理性预期模型实际上跟先辈凯恩斯模型一样机械刻板。因为两类模型对个人预测行为的描述都同样地不足，要分析市场参与者会如何应对经过谨慎考虑对经济政策做出的修改时，理性预期模型是不适合的。令人不得不佩服的是，这些模型（是哈耶克在芝加哥大学的后继者们研发的）居然更相信全面预设，并进一步将哈耶克在诺贝尔奖获奖感言中如此尖刻地批判的"假装完全正确的知识"立为真理。

随着理性预期假说的出现，导致宏观经济学和金融理论从现代早期认为标准概率对理解个人行为和经济结果毫无用处的观点转移到了极端的对立面。这一当代研究手段提出，从原则上说，除了少量的随机失误外，经济学家的知识应该是浩瀚无边的。确切地说，这些经济学家确实承认，当前的知识水平还不足以产生某个单一的、足以反映"经济发展的内部机制"的概率分布模型（Lucas，2002：21）。但是对于当代经济学家而言，研发出一个可以解读历史的完全预定模型依然是他们研究的最主要目标。

令人费解的是，不仅理性预期模型的追随者坚信通往全面预测未来变化及其结果的大门的钥匙，掌握在某个更优秀的完全预定模型手中的观点；行为主义经济学家在发现了众多理性预期模型失败的实证之后，也与这些充满争议性的先驱一样，走上了完全预定模型的道路。

剧烈 V. S. 循序渐进的预测

当代经济学家期望找到可以对全部未来市场结果和可能性作出预测的模型并不是社会学语境中的第一次类似尝试。卡尔·波普尔在驳

---

① 关于当代宏观经济发展史上的这一革命性的交叉点的讨论，见卢卡斯（Lucas，1995）。

斥所谓的"历史主义"在未来可能让社会科学有能力"预测未来历史的进程"这一说法时，原创性地指出任何此类的尝试所谓"我们的知识的发展会影响（历史发展）"完全是无稽之谈（Popper，1957：xi—xii）。

因为市场的结果——特别是金融市场——受到金融市场交易过程以及从个体和集体两个层面影响结果的心理因素的不断变化的理解的极大影响，因而我们对当代宏观经济学和金融理论的批评也可以被看作是对前文历史主义者的无望野心的反驳。虽然波普尔很强硬地对尝试研发完全预定式的历史解释模型作出了批评，他也很快地指出：

> （我的）论点当然不是否认任何社会预测存在的可能性；恰恰相反，这一论点可以用于测试各类社会理论的可能性——例如经济理论——通过预测在某种情况下某些发展会发生的可能性。它否认的只是预测历史发展可能被我们的知识发展所影响这一理念的可能性。（Popper，1957：xii）

认识我们自身知识的不完善

在允许市场参与者对市场结果预测进行修改的情况下，经济学分析如何能继续产生有实际影响力的预测？它又是如何能在认识到非常规变化和不完善知识的重要性的同时，继续用数学术语描述个体和群体的投资行为？宏观经济及金融理论对现实市场和政策分析的相关作用主要靠该理论解答上文问题的能力，不完善知识经济学理论正是一个可能的答案。

早期的经济学分析，特别是凯恩斯的观点有时被解读为认为经济决定，特别是金融市场内的决定，都源自古怪的"动物精神"。当然，如果这种说法是正确的，那么以用数学模型解释金融市场结果和用实证严格地辩证假说的经济学理论将不可能存在。如埃德蒙兹·费尔普斯（Edmund Phelps，2008：19）所言："动物精神是不能模型化的。"事实上，阿克尔洛夫和希勒（Akerlof and Shiller，2009）讨论动物精神在广义上来说是理解宏观经济结果和资产价格波动的关键著作，实际上使用的是描述性的分析，而不是数学模型。

不完善知识经济学在古怪的"动物精神"理论和当代以机械规则足以预测市场变化和结果的假设间选择了折中的位置。与当代理论相反，不完善知识经济学的数学模型探索的是市场的变化和结果可以用定质和随机条件来解释。这些条件都是以情况决定的，如同在第九章中描述的，这些逐渐形式化的定质常规现象，可能在无人能预测的任何时候开始或者停止对市场产生相关。

因此，不完善知识经济学不同意奈特的极端观点，即非确定性的极端性阻止了经济学家对市场结果的发展提出任何有用的或有实证意义的解释。因此，从奈特和凯恩斯的观点出发，我们对概率形式进行了非标准化的采用。[①] 这一方法使得不完善知识经济学定性条件的形成，以及数学推导得出的定性且偶然结论。然而，即便如此，不完善知识经济学也承认早期现代观点的重要性，即市场参与者（和经济学家）在了解市场结果时，都只能接触到关于有可能有用不完善的知识的诱因？

因为对变化的限制条件是定性的，IKE 模型在每个时间点用无数个概率分布展示结果。在这种意义上，每一个类似的模型都是开放的，且映射出波普尔所说的"与我们无法了解未来这一事实不同的是，未来是客观地不固定的。未来是开放的：*客观地*开放着"（Popper，1990：18，斜体为本文作者添加）。

我们的 IKE 模型对资产价格波动做出定性偶然性预测，可以作为波普尔可能认可的经济学理论的可行性目标的一个示例。即使我们的模型预测，在"某些条件下"，某资产价格可能会往某个方向进行持续的运动，它无法预测这一上扬或下挫会在何时发生或结束。

建构在波普尔关于可能性、范围、在社会科学中的预测性质的观点之上，我们关于资产价格的模型也可为哈耶克（Hayek，1978：

[①] 关于数学示例，见弗莱德曼和高德伯格（Frydman and Goldberg，2010a）。

33）的理论做出示例，"我们预测的能力将被限制在预测会发生的事件的一般性质内，而不应该包括预测某些个别事件的发生"。虽然 IKE 模型从设计上来说，制止了预测"某些个别事件的发生"，例如何时波动会开始或停止，该模型也同时生成了对"一般性质"的预测——例如，它们是否倾向于持续。因此，通过分析这些资产价格波动的持续性和其他相关特征以及其他模型提出的风险，经济学家也许可以对经济现象的各种解释进行对比。约翰森等（Johansen et al.，2010）和弗莱德曼等（Friedman et al.，2010b，2010c）等研发出一种经济度量测试，并得出结论，我们的 IKE 模型对货币市场波动的解释要比以理性预期假说为基础的标准或泡沫模型得出的解释优秀得多。[①]

这些研究显示，即使将不完善知识和非常规变化置于经济分析的中心，同时将野心限制在只生成定性预测，不完善知识经济学依然能生成"可能被证伪，因而有实证意义的预测"（Hayek，1978：29）。

位于宏观经济学边界的不完善知识经济学

在弗莱德曼和高德伯格（2007）和我们最近的研究中，我们展示了 IKE 模型如何为在过去几十年间让国际宏观经济学家困惑不已的资产价格和风险实证记录的显著特征提供了新的思路。在本书中，我们主要强调的通过识别非常规变化和不完善知识的中心地位，我们得以更好地理解金融市场，特别是资本市场是如何帮助社会分配资本的；以及为什么资产价格波动是这一重要过程不可缺少的部分。

不完善知识经济学也对解释为什么资产价格波动有时会过量提供了新的解释；更展示了金融风险和价格波动之间迄今为止一直遭到忽略的关系如何可以协助我们了解资产价格波动过量终止的原因。这一

---

① 我们测试比较不完善知识经济学模型和理性预期模型在解释波动问题上的实用性时，使用由索伦·约翰森和凯塔琳娜·约瑟里斯在过去 20 多年间通过多篇论文研发出的共变体多变量向量自回归方法和影响。欲了解关于这一方法的专著，见约翰森（Johansen，1996）和约瑟里斯（Juselius，2006）。

结 语

分析为以抑制价格波动过量为目的的保守政策提供了概念框架，因此可以降低当价格运动方向扭转时可能产生的社会成本。

虽然不完善知识经济学在金融市场上的应用看来似乎很有前景，要断言这一模型在宏观经济学和政策模型制定中有更广泛的应用可能还为时尚早。如果定性和偶然的常规现象可以在资本市场以外的语境中建构起来，非标准化概率建模的不完善知识经济学可以展示如何将这些信息与数学模型组合起来，并与实践证据进行对比。然而，当修改预测策略（或泛言之，在个体和整体投资者水平上的改变）无法充分地用定性或偶然性的条件来质化时，相关分析市场结果如何发展的实证数学模型可能超出了经济分析能力所及的范围。这样来说，不完善经济学为当代宏观经济和金融理论的应用性划出了范围。这一范围可以在什么情况下被拓展多远是本书提出讨论的关键问题。

参考文献

Abreu, Dilip, and Markus K. Brunnermeier (2003), "Bubbles and Crashes", *Conometrica*, 71: 173 - 204.

Akerlof, George A. (2001), "Behavioral Macroeconomics and Macroeconomic Behavior", Nobel lecture, Stockholm: Nobel Foundation.

Akerlof, George A., and Robert J. Shiller (2009), Animal Spirits: *How Human Psychology Drives the Economy and Why It Matters for Global Capitalism*, Princeton, NJ: Princeton University Press.

Allen, Franklin, and Gary Gorton (1993), "Churning Bubbles", *Review of Economics Studies*, 60: 813 - 836.

Atkins, Ralph (2006), "Central Banks Eye Norway's Clarity on Rates", Financial Times, May 25, p. 15.

Barberis, Nicholas C., and Richard H. Thaler (2003), "A Survey of Behavioral Finance", in George Constantinides, Milton Harris, and Rene Stulz (eds.), *Handbook of the Economics of Finance*, Amsterdam: North - Holland, 1052 - 1121.

Barberis, Nicholas C., Andrei Shleifer, and Robert Vishny (1998), "A Model of Investor Sentiment", *Journal of Financial Economics*, 49: 307 - 343.

Beckman, Joscha, Ansgar Belke, and Michael Kuhl (2010), "How Stable Are Monetary Models of the Dollar - Euro Exchange Rate? A Time - Varying Coefficient Approach", forthcoming in *Review of World*

Economics.

Bekaert, Geert, and Robert J. Hodrick (1993), "On Biases in the Measurement of Foreign Exchange Risk Premiums", *Journal of International Money and Finance*, 12: 115 – 138.

Berg, Eric N. (1992), "A Study Shakes Confidence in the Volatile – Stock Theory", *New York Times*, February 18, p. Dl.

Berger, Allen N., and Gregory F. Udell (1998), "The Economics of Small Business Finance: The Roles of Private Equity and Debt Markets in the Financial Growth", *Journal of Banking and Finance*, 22: 613 – 673.

Bernanke, Ben S. (2002), "Asset – Price 'Bubbles' and Monetary Policy", speech at the New York Chapter of the National Association for Business Economics, New York, October 15.

Bernanke, Ben S., and Mark Gertler (2001), "Should Central Banks Respond to Movements in Asset Prices?", *American Economic Review*, 91: 253 – 257.

Bernanke, Ben S., Mark Gertler, and Simon Gilchrist (1999), "The Financial Accelerator in a Quantitative Business Cycle Framework", in John B. Taylor and Michael Woodford (eds.), *Handbook of Macroeconomics*, Vol. I, Amsterdam: Elsevier.

Bienz, Carsten, and Tore E. Leite (2008), "A Pecking Order of Venture Capital Exits", Social Science Research Network Working Paper, April.

BIS [Bank for International Settlements] (2010), uMacroprudential Instruments and Frameworks: A Stocktaking of Issues and Experiences", Committee on the Global Financial System Paper 38, May. Available at: http://www.bis.org/publ/cgfs38.htm.

Black, Bernard S., and Ronald J. Gilson (1998), "Venture Capital and the Structure of Capital Markets: Banks versus Stock Markets", *Journal of Financial Economics*, 47: 243 – 277.

Blanchard, Olivier (2009), "The State of Macro", *Annual Review of Economics*, 1: 209 – 228.

Bordo, Michael (2003), "Stock Market Crashes, Productivity Boom Busts and Recessions: Some Historical Evidence", background paper prepared for chapter on Asset Price Busts, *World Economic Outlook*, April. Available at: http://sites.google.com/site/michaelbordo/.

Bordo, Michael, and Olivier Jeanne (2004), "Boom – Busts in Asset Prices, Economic Instability and Monetary Policy", in Richard Burdekin and Pierre Siklos (eds.), *Deflation: Current and Historical Perspectives*, Cambridge: Cambridge University Press.

Borio, Claudio (2003), "Towards a Macroprudential Framework for Financial Supervision and Regulation", Bank for International Settlements Working Paper 128, Basel, Switzerland, February.

Borio, Claudio, and Philip Lowe (2002a), "Asset Prices, Financial and Monetary Stability: Exploring the Nexus", Bank for International Settlements Working Paper 114, Basel, Switzerland, July. (2002b), "Assessing the Risk of Banking Crises", *BIS Quarterly Review*, December, 43 – 54.

Borio, Claudio, and Ilhyock Shim (2007), "What Can (Macro –) Prudentail Policy Do to Support Monetary Policy?", Bank for International Settlements Working Paper 242, Basel, Switzerland, December.

Boughton, John M. (1987), "Tests of the Performance of Reduced – Form Exchange Rate", *Journal of International Economics*, 23: 41 – 56.

Brown, R. L., J. Durbin, and J. M. Evans (1975), "Techniques for Testing the Constancy of Regression Relationships over Time (with Discussion)", *Journal of the Royal Statistical Society*, B 37: 149 – 192.

Brunnermeier, Markus K. (2001), *Asset Pricing under Asymmetric Information: Bubbles, Crashes, Technical Analysis, and Herding*, Oxford: Oxford University Press.

Bygrave, William D., and Jerry A. Timmons (1992), "Venture Capital at the Crossroads", Cambridge, MA: Harvard Business School Press.

Camerer, Colin, George Loewenstein, and Matthew Rabin (2004), *Advances in Behavioral Economics*, Princeton, NJ: Princeton University Press.

Campbell, John Y., and Robert J. Shiller (1988), "Stock, Prices, Earnings, and Expected Dividends", *Journal of Finance*, 43: 661 –676.

—— (1998), "Valuation Ratios and the Long – Run Stock Market Outlook", *Journal of Portfolio Management*, 24: 11 – 26.

Cassidy, John (2009), *How Markets Fail*, New York: Farrar, Straus and Giroux.

—— (2010a), "Interview with James Heckman", New York. Available at, http://www.newyorker.com/online/blogs/johncassidy/2010/01/intervi ew – with – james – heckman. html.

—— (2010b), "Interview with John Cochrane", New York. Available at, http://www.newyorker.com/online/blogs/johncassidy/2010/01/intervi ew – with – james – heckman. html.

Cavusoglu, Nevin, Roman Frydman, and Michael D. Goldberg (2010), "The Premium on Foreign Exchange and Historical Benchmarks: Evidence from 10 Currency Markets", mimeo, University of New Hampshire, Durham.

Cecchetti, Stephen, Hans Genberg, John Lip sky, and Sushil Wadhwani (2000), "Asset Prices and Central Bank Policy", Geneva Report on the World Economy 2, International Center for Monetary and Banking Studies and Centre for Economic Policy Research.

Cecchetti, Stephen, Hans Genberg, and Sushil Wadhwani (2002), "Asset Prices in a Flexible Inflation Targeting Framework", in William C. Hunter, George G. Kaufman, and Michael Pomerleano (eds.), *Asset Price Bubbles: Implications for Monetary, Regulatory, and Interna-*

tional Policies, Cambridge, MA: MIT Press.

Chen, Hsiu-Lang, Narasimhan Jegadeesh, and Russ Wermers (2000), "The Value of Active Mutual Fund Management: An Examination of the Stockholdings and Trades of Fund Managers", *Journal of Financial and Quantitative Analysis*, 35: 343-368.

Cheung, Yin-Wong, and Menzie D. Chinn (2001), "Currency Traders and Exchange Rate Dynamics: A Survey of the U.S. Market", *Journal of International Money and Finance*, 20: 439-471.

Cheung, Yin-Wong, Menzie D. Chinn, and Ian Marsh (1999), "How do UK-Based Foreign Exchange Dealers Think Their Market Operates?", CEPR Discussion Paper 2230, London: Center for Economic Policy Research.

Cheung, Yin-Wong, Menzie D. Chinn, and Antonio Garcia Pascual (2005), "Empirical Exchange Rate Models of the Nineties: Are Any Fit to Survive?", *Journal of International Money and Finance*, 24: 1150-1175.

Christoffel, Kai, Giinter Coenen, and Anders Warne (2010), "Forecasting with DSGE Models", European Central Bank Working Paper 1185, Frankfurt, Germany, May.

Cochrane, John H. (2009), "How Did Paul Krugman Get It So Wrong?", Available at http://faculty.chicagobooth.edu/john.cochrane/research/Papers/krugman_ response.htm.

Crotty, James R. (1986), "Marx, Keynes, and Minsky on the Instability of the Capitalist Growth Process and the Nature of Government Economic Policy", mimeo.

De Bondt, Werner F. M., and Richard H. Thaler (1985), "Does the Stock Market Overreact?", *Journal of Finance*, 40: 793-808.

De Grauwe, Paul, and Marianna Grimaldi (2006), *The Exchange Rate in a Behavioral Finance Framework*, Princeton, NJ: Princeton University Press.

DeLong, Bradford, Andrei Shleifer, Lawrence H. Summers, and Robert J. Waldman (1990a), "Noise Trader Risk in Financial Markets", *Journal of Political Economy*, 98: 703 – 738.

—— (1990b), "Positive Feedback Investment Strategies and Destabilizing Rational Speculation", *Journal of Finance*, 45: 375 – 395.

Dominguez, Kathryn M., and Jeffrey Frankel (1993), *Does Foreign Exchange Intervention Work?*, Washington, DC: Institute for International Economics.

Dornbusch, Rudiger, and Jeffrey A. Frankel (1988), "The Flexible Exchange Rate System: Experience and Alternatives", in Silvio Borner (ed.), *International Finance and Trade*, London: Macmillan, reprinted in Jeffrey A. Frankel (ed.) (1995), *On Exchange Rates*, Cambridge MA: MIT Press.

Dow, Alexander, and Sheila Dow (1985), "Animal Spirits and Rationality", in Tony Lawson and Hashem Pesaran (eds.), *Keynes' Economics: Methodological Issues*, Armonk, NY: M. E. Sharpe.

Edwards, Ward (1968), "Conservatism in Human Information Processing", in Benjamin Kleinmuth (ed.), *Formal Representation of Human Judgement*, New York: John Wiley and Sons.

Engel, Charles A. (1996), "The Forward Discount Anomaly and the Risk Premium: A Survey of Recent Evidence", *Journal of Empirical Finance*, 3: 123 – 191.

Evans, George W., and Seppo Honkapohja (2005), "An Interview with Thomas J. Sargent", *Macroeconomic Dynamics*, 9: 561 – 583.

Faisenthal, Mark (2008), "Greenspan 'Shocked' at Credit System Breakdown", Reuters.com, October 23: http://www.reuters.com.

Fama, Eugene F. (1965), "Random Walks in Stock Market Prices", *Financial Analysts Journal*, 21: 55 – 59.

—— (1970), "Efficient Capital Markets: A Review of Theory and Empirical Work", *Journal of Finance*, 25: 383 – 417.

—— (1976), *Foundations of Finance*, New York: Basic Books.

—— (1991), "Efficient Capital Markets: Ⅱ", *Journal of Finance*, 46: 1575 – 1617.

Fama, Eugene F., and Kenneth French (1988), "Permanent and Temporary Components of Stock *Journal of Political Economy*, 96: 246 – 273.

—— (1989), "Business Conditions and Expected Returns on Stocks and Bonds", *Journal of Financial Economics*, 25: 23 – 49.

Fama, Eugene F., and James D. MacBeth (1973), "Risk, Return, and Equilibrium: Empirical Tests", *Journal of Political Economy*, 81: 607 – 636.

Farmer, Roger (2009), "A New Monetary Policy for the 21st Century", FT. com. January 12: http://www.FT.com.

Fatum, Rasmus, and Michael M. Hutchison (2003), "Is Sterilized Foreign Exchange Intervention Effective after All? An Event Study Approach", *Economic Journal*, 113: 390 – 411.

—— (2006), "Effectiveness of Official Daily Foreign Exchange Market Intervention Operations in Japan", *Journal of International Money and Finance*, 25: 199 – 219.

Fernandez de Lis, Santiago, Jorge Martinez Pages, and Jesus Saurina (2001), "Credit Growth, Problem Loans and Credit Risk Provisioning in Spain", in *Marrying the Macro – and Microprudential Dimensions of Financial Stability*, Bank for International Settlements Discussion Paper 1, March. Available at: http://www.bis.org/publ/bppdf/bispap0 I.htm.

Fox, Justin (2009), *The Myth of the Rational Market*, New York: Harper – Collins.

Frankel, Jeffrey A. (1985), "The Dazzling Dollar", *Brookings Papers on Economic Activity*, 1: 190 – 217.

Frankel, Jeffrey A., and Kenneth Froot (1987), "Understanding the

U. S. Dollar in the Eighties: The Expectations of Chartists and Fundamentalists", *Economic Record Special issue*: 24 – 38. Reprinted in Jeffrey A. Frankel (ed.) (1995), *On Exchange Rates*, Cambridge, MA: MIT Press.

Frankel, Jeffrey A., and Andrew K. Rose (1995), "Empirical Research on Nominal Exchange Rates", in Gene Grossman and Kenneth S. Rogoff (eds.), *Handbook of International Economics*, Vol. Ⅲ, Amsterdam: North – Holland.

Friedman, Benjamin M. (2009), "The Failure of the Economy & the Economists", *New York Review of Books*, May 28, pp. 42 – 45.

Friedman, Milton (1953), *Essays in Positive Economics*, Chicago: University of Chicago Press.

Froot, Kenneth A., and Richard H. Thaler (1990), "Anomalies: Foreign Exchange", *Journal of Economic Perspectives*, 4 (Summer): 179 – 192.

Frydman, Roman (1982), "Towards an Understanding of Market Processes: Individual Expectations, Learning and Convergence to Rational Expectations Equilibrium", *American Economic Review*, 72: 652 – 668.

—— (1983), "Individual Rationality, Decentralization and the Rational Expectations Hypothesis", in Roman Frydman and Edmund S. Phelps (eds.), Individual Forecasting and Aggregate Outcomes: "Rational Expectations" Examined, New York: Cambridge University Press.

Frydman, Roman, and Michael D. Goldberg (2003), "Imperfect Knowledge Expectations, Uncertainty – Adjusted Uncovered Interest Rate Parity, and Exchange Rate Dynamics", in Philippe Aghion, Roman Frydman, Joseph Stiglitz, and Michael Woodford (eds.), Knowledge, Information, and Expectations in Modern Macroeconomics: *In Honor of Edmund S. Phelps*, Princeton, NJ: Princeton University Press.

—— (2004), "Limiting Exchange Rate Swings in a World of Imperfect

Knowledge", in Peter Sorensen (ed.), *European Monetary Integration: Historical Perspectives and Prospects for the Future. Essays in Honour of Niels Thygesen*, Copenhagen: DJOEF.

—— (2007), *Imperfect Knowledge Economics: Exchange Rates and Risk*, Princeton, NJ: Princeton University Press.

—— (2008), "Macroeconomic Theory for a World of Imperfect Knowledge", Capitalism and Society, 3 (3): article 1, http://www.bepress.com/cas/vol3/iss3/artl/.

—— (2009), "Financial Markets and the State: Price Swings, Risk, and the Scope of Regulation", Capitalism and Society, 4 (2): article 2, http://www.bepress.com/cas/vol4/iss2/art2/.

—— (2010a), "The Imperfect Knowledge Imperative in Modern Macroeconomics and Finance Theory", prepared for the conference on Microfoundations for Modern Macroeconomics, Center on Capitalism and Society, Columbia University, New York, November 19, forthcoming in Roman Frydman and Edmund S. Phelps (eds.), *Foundations for a Macroeconomics of the Modern Economy*.

—— (2010b), "Opening Models of Asset Prices and Risk to Non-Routine Change", prepared for the conference on Microfoundations for Modern Macroeconomics, Center on Capitalism and Society, Columbia University, New York, November 19, forthcoming in Roman Frydman and Edmund S. Phelps (eds.), *Foundations for a Macroeconomics of the Modern Economy*.

Frydman, Roman, and Edmund S. Phelps (1983), "Introduction", in Roman Frydman and Edmund S. Phelps (eds.), *Individual Forecasting and Aggregate Outcomes: "Rational Expectations" Examined*, New York: Cambridge University Press.

—— (1990), "Pluralism of Theories Problems in Post-Rational-Expectations Modeling", paper presented at the 1990 Siena Summer Workshop on Expectations and Learning, Siena, Italy, June.

Frydman, Roman, and Andrzej Rapaczynski (1993), "Markets by Design", manuscript, New York.

—— (1994), *Privatization in Eastern Europe: Is the State Withering Away?*, Budapest and Oxford: Central European University Press in cooperation with Oxford University Press.

Frydman, Roman, Cheryl Gray, Marek Hessel, and Andrzej Rapaczynski (1999), "When Does Privatization Work? The Impact of Private Ownership on Corporate Performance in Transition Economies", *Quarterly Journal of Economics*, 114: 1153–1192.

—— (2000), "The Limits of Discipline: Ownership and Hard Budget Constraints in the Transition Economies", *Economics of Transition*, 8: 577–601.

Frydman, Roman, Marek Hessel, and Andrzej Rapaczynski (2006), "Why Ownership Matters: Entrepreneurship and the Restructuring of Enterprises in Central Europe", in Merritt B. Fox and Michael A. Heller (eds.), *Corporate Governance Lessons from Transition Economies*, Princeton, NJ: Princeton University Press.

Frydman, Roman, Michael D. Goldberg, and Edmund S. Phelps (2008), "We Must Not Rely Only on the Rosiest Ratings", Financial Times, October 20, p. 11.

Frydman, Roman, Omar Khan, and Andrzej Rapaczynski (2010a), "Entre-preneurship in Europe and the United States: Security, Finance, and Accountability", forthcoming in Edmund S. Phelps and Hans-Werner Sinn (eds.), *Perspectives on the Performance of the Continent's Economies*, Cambridge, MA: MIT Press.

Frydman, Roman, Michael D. Goldberg, Soren Johansen, and Katarina Juselius (2010b), "Why REH Bubble Models Do Not Adequately Account for Swings", mimeo, University of Copenhagen, Denmark.

Frydman, Roman, Michael D. Goldberg, Soren Johansen, and Katarina Juselius (2010c), "Imperfect Knowledge and Long Swings in Currency

Markets", mimeo, University of Copenhagen, Denmark.

Goldberg, Michael D., and Roman Frydman (1996a), "Imperfect Knowledge and Behavior in the Foreign Exchange Market", *Economic Journal* 106: 869-893.

Goldberg, Michael D., and Roman Frydman (1996b), "Empirical Exchange Rate Models and Shifts in the Co-Integrating Vector", *Journal of Structural Change and Economic Dynamics*, 7: 55-78.

—— (2001), "Macroeconomic Fundamentals and the DM/$ Exchange Rate: Temporal Instability and the Monetary Model", *International Journal of Finance and Economics*, 19: 421-435.

Goilier, Christian (2001), *The Economics of Risk and Time*, Cambridge, MA: MIT Press.

Gompers, Paul, and Josh Lerner (1997), "Risk and Reward in Private Equity Investments: The Challenge of Performance Assessment", *Journal of Private Equity*, 1: 5-12.

Gourinchas, Pierre-Olivier, and Aaron Tornell (2004), "Exchange Rate Puzzles and Distorted Beliefs", *Journal of International Economics*, 64: 303-333.

Greenspan, Alan (2007), *The Age of Turbulence: Adventures in a New World*, London: Penguin.

Gromb, Denis, and Dimitri Vayanos (2010), "Limits to Arbitrage: The State of the Theory", *Annual Review of Financial Economics*, 2: 251-275.

Grossman, Sanford, and Joseph E. Stiglitz (1980), "On the Impossibility of Informationally Efficient Markets", *American Economic Review*, 70: 393-408.

Gurkaynak, Refet S., Andrew T. Levin, and Eric T. Swanson (2006), "Does Inflation Targeting Anchor Long-Run Inflation Expectations? Evidence from Long-Term Bond Yields in the U.S., U.K., and Sweden", Federal Reserve Bank of San Francisco Working Paper 2006-

09, San Francisco, March.

Hamilton, James D. (1988), "Rational – Expectations Econometric Analysis of Changes in Regime: An Investigation of the Term Structure of Interest Rates", *Journal of Economics Dynamics and Control*, 12: 385 – 423.

Hare, Paul G. (1981a), "Aggregate Planning by Means of Input – Output and Material – Balances Systems", *Journal of Comparative Economics*, 9: 272 – 291.

Hare, Paul G. (1981b), "Economics of Shortage and Non – Price Controls", *Journal of Comparative Economics*, 9: 406 – 425.

Hayek, Friedrich A. (1945), "The Use of Knowledge in Society", *American Economic Review*, 35: 519 – 530.

Hayek, Friedrich A. (1948), *Individualism and Economic Order*, Chicago: University of Chicago Press.

Hayek, Friedrich A. (1978), "The Pretence of Knowledge", 1974 Nobel lecture, in *New Studies in Philosophy, Politics, Economics and History of Ideas*, Chicago: University of Chicago Press.

Heid, Frank (2007), "The Cyclical Effects of the Basel II Capital Requirements", *Joumal of Banking and Finance*, 31: 3885 – 3900.

Hessels, Jolanda, Isabel Grilo, and Peter van der Zwan (2009), "Entrepreneurial Exit and Entrepreneurial Engagement", Scientific Analysis of Entrepreneurship and SME's, Zoetermeer, The Netherlands, June.

Hindu Business Line (2007), "Investment Nuggets: Walter Schloss", January 14, http: //www. thehindubusinessline. com.

Institute of International Finance (2010), "The Net Cumulative Economic Impact of Banking Sector Regulation: Some New Perspectives", October, Washington, DC.

Jegadeesh, Narasimhan, and Sheridan Titman (1993), "Returns to Buying Winners and Selling Losers: Implications for Stock Market Efficiency", *Journal of Finance*, 48: 65 – 91.

Jensen, Michael C. (1978), "Some Anomalous Evidence Regarding

Market Efficiency", *Journal of Financial Economics*, 6: 95 – 101.

Johansen, Soren (1996), *Likelihood Based Inference on Cointegration in the Vector Autoregressive Model*, Oxford: Oxford University Press.

Johansen, Soren, Katarina Juselius, Roman Frydman, and Michael D. Goldberg (2010), "Testing Hypotheses in an I(2) Model with Piecewise Linear Trends: An Analysis of the Persistent Long Swings in the Dmk/$ Rate", *Journal of Econometrics*, 158: 117 – 129.

Juselius, Katarina (2006), *The Cointegrated VAR Model: Methodology and Applications*, Oxford: Oxford University Press.

Kahn, James A. (2009), "Productivity Swings and Housing Prices", *Federal Reserve Bank of New York Current Issues in Economics*, 15: 1 – 8.

Kahneman, Daniel, and Amos Tversky (1979), "Prospect Theory: An Analysis of Decision under Risk", *Econometrica*, 47: 263 – 291.

Kaletsky, Anatole (2010), *Capitalism 4.0*, New York: Public Affairs.

Keynes, John Maynard (1921), *A Treatise on Probability*, London: Macmillan, reprinted in 1957.

Keynes, John Maynard (1936), *The General Theory of Employment, Interest and Money*, Harcourt, Brace and World.

Keynes, John Maynard (1971 – 1989), *The Collected Writings of John Maynard Keynes*, 30 Vols., Cambridge: Macmillan and Cambridge University Press.

Kindleberger, Charles P. (1996), *Manias, Panics, and Crashes*, New York: John Wiley and Sons.

King, Mervyn (2005), "Monetary Policy – Practice Ahead of Theory", Mais Lecture 2005, Bank of England, London. Available at http://www.bankofengland/news/2005/056.htm.

Knight, Frank H. (1921), *Risk, Uncertainty and Profit*, Boston: Houghton Mifflin.

Krugman, Paul R. (1986), "Is the Strong Dollar Sustainable?", NBER Working Paper 1644, National Bureau of Economic Research,

Cambridge, MA.

Krugman, Paul R. (2009), "How Did Economists Get It So Wrong?", *New York Times* Magazine, September 2.

Kydland, Finn E., and Edward C. Prescott (1977), "Rules Rather Than Discretion: The Inconsistency of Optimal Plans", *Journal of Political Economy*, 85: 473 - 491.

Kydland, Finn E., and Edward C. Prescott (1996), "A Computational Experiment: An Econometric Tool", *Journal of Economic Perspectives*, 10: 69 - 85.

Lange, Oscar (1967), "The Computer and the Market", in C. H. Feinstein (ed.), *Socialism, Capitalism and Economic Growth*, Cambridge: Cam bridge University Press.

Lerner, Josh (1994), "Venture Capitalists and the Decision to Go Public", *Journal of Financial Economics*, 35: 293 - 316.

Le Roy, Stephen (1989), "Efficient Capital Markets and Martingale", *Journal of Economic Literature*, 27: 1583 - 1621.

Lewis, Karen K. (1995), "Puzzles in International Financial Markets", in Gene Grossman and Kenneth S. Rogoff (eds.), *Handbook of International Economics*, Vol. Ⅲ, Amsterdam: North - Holland, 1913 - 1917.

Lo, Andrew W. and A. Craig MacKinlay (1999), A*Non - Random Walk down WallStreet*, Princeton, NJ: Princeton University Press.

Lowenstein, Roger (1995), *Buffett: The Making of an American Capitalist*, New York: Random House.

Lucas, Robert E. Jr. (1973), "Some International Evidence on Output - Inflation Trade - Offs", *American Economic Review*, 63: 326 - 334.

Lucas, Robert E. Jr. (1976), "Econometric Policy Evaluation: A Critique", in Karl Brunner and Allan H. Meltzer (eds.), *The Phillips Curve and Labor Markets*, Carnegie - Rochester Conference Series on Public Policy, Amsterdam: North - Holland.

Lucas, Robert E. Jr. (1995), "The Monetary Neutrality", Nobel lecture, Stockholm: Nobel Foundation.

Lucas, Robert E. Jr. (2001), "Professional Memoir", mimeo, University of Chicago. Available at http: //home. uchicago. edu.

Lucas, Robert E. Jr. (2002), *Lectures on Economic Growth*, Cambridge, MA: Harvard University Press.

Macroeconomic Assessment Group (2010), "Interim Report: Assessing the Macroeconomic Impact of the Transition to Stronger Capital and Liquidity Requirements", Bank for International Settlements, Basel, Switzerland, August.

Mangee, Nicholas (2011), "Long Swings in Stock Prices: Market Fundamentals and Psychology", Ph. D. dissertation, University of New Hampshire, Durham, forthcoming.

Mark, Nelson C., and Yangru Wu (1998), "Rethinking Deviations from Uncovered Interest Parity: The Role of Covariance Risk and Noise", *Economic Journal*, 108: 1686 – 1786.

Marx, Karl (1981), Capital, Vol. 3, London: Penguin.

Meese, Richard Av and Kenneth S. Rogoff (1983), "Empirical Exchange Rate Models of the Seventies: Do They Fit out of Sample?", *Journal of International Economics*, 14: 3 – 24.

Meese, Richard Av and Kenneth S. Rogoff (1988), "Was It Real? The Exchange Rate – Interest Differential Relation over the Modern Floating-Rate Period", *Journal of Finance*, 43: 933 – 948.

Mehra, Rajnish, and Edward C. Prescott (1985), "The Equity Premium Puzzle: A Puzzle", *Journal of Monetary Economics*, 15: 145 – 161.

Melberg, Hans O. (2010), "A Note on Keynes' Animal Spirits", mimeo, Oslo, Norway.

Menkhoff, Lukas, and Mark P. Taylor (2007), "The Obstinate Passion of Foreign Exchange Professionals: Technical Andlysis", *Journal of E-*

conomic Literature, 45: 936 – 972.

Minsky, Hyman (2008), *Stabilizing an Unstable Economy*, New York: McGraw – Hill.

Montias, Michael J. (1962), *Central Planning in Poland*, New Haven, CT: Yale University Press.

Muelbauer, John (2008), "The World's Central Banks Must Buy Assets", *Financial Times*, November 25, Asia edition 1, p. 11.

Muth, John F. (1961), "Rational Expectations and the Theory of Price Movements", *Econometrica*, 29: 315 – 335.

Obstfeld, Maurice, and Kenneth S. Rogoff (1996), *Foundations of International Macroeconomics*, Cambridge, MA: MIT Press.

Orphanides, Athanasios, and John C. Williams (2007), "Inflation Targeting under Imperfect Knowledge", *Federal Reserve Bank of San Francisco Economic Review*, 1 – 23.

Phelps, Edmund S. (1983), "The Trouble with 'Rational Expectations' and the Problem of Inflation Stabilization", in Roman Frydman and Edmund S. Phelps (eds.), *Individual Forecasting and Aggregate Outcomes: "Rational Expectationsn Examined"*, New York: Cambridge University Press.

Phelps, Edmund S. (2008), "Our Uncertain Economy", *Wall Street Journal*, March 14, p. A19.

Phelps, Edmund S. (2009), "Uncertainty Bedevils the Best System", *Financial Times*, April 15, p. 13. Phelps, Edmund S., Armen A. Alchian, Charles C. Holt, Dale T. Mortensen, G. C. Archibald, Robert E. Lucas, and Leonard A. Rapping (1970), *Microeconomic Foundations of Employment and Inflation*, New York: Norton.

Popper, Karl R. (1946), *The Open Society and Its Enemies*, Princeton, NJ: Princeton University Press, reprinted in 1962.

Popper, Karl R. (1957), *The Poverty of Historicism*, London and New York: Routledge.

Popper, Karl R. (1990), *A World of Propensities*, Bristol, UK: Thoemmes Antiquarian Books.

Popper, Karl R. (1992), *The Logic of Scientific Discovery*, London and New York: Routledge.

Prescott, Edward C. (2006), "Nobel Lecture: The Transformation of Macroeconomic Policy and Research", *Journal of Political Economy*, 114: 203 – 235.

Rabin, Matthew (2002), "A Perspective on Psychology and Economics", *European Economic Review*, 46: 657 – 685.

Reinhart, Carmen M., and Kenneth S. Rogoff (2009), *This Time Is Different: Eight Centuries of Financial Folly*, Princeton, NJ: Princeton University Press.

Repullo, Rafael, and Javier Suarez (2008), "The Procyclical Effects of Basel II", discussion paper, Centre for Economic Policy Research, London.

Rogoff, Kenneth S., and Vania Stavrakeva (2008), "The Continuing Puzzle of Short Horizon Exchange Rate Forecasting", NBER Working Paper 14701, National Bureau of Economic Research, Cambridge, MA.

Samuelson, Paul A. (1965a), "Some Notions of Causality and Teleology in Economics", in D. Lerner (ed.), *Cause and Effect*, Glencoe, IL: Free Press.

Samuelson, Paul A. (1965b), "Proof That Properly Anticipated Prices Fluctuate Randomly", *Industrial Management Review*, 6: 41 – 49.

Samuelson, Paul A. (1973), "Proof That Properly Discounted Present Values of Assets Vibrate Randomly", *Bell Journal of Economics*, 4: 369 – 374.

Sargent, Thomas J. (1987), *Macroeconomic Theory*, New York: Academic Press.

Samuelson, Paul A. (1993), *Bounded Rationality in Macroeconomics*, Oxford: Oxford University Press.

Samuelson, Paul A. (2001), *The Conquest of American Inflation*, Princeton, NJ: Princeton University Press.

Samuelson, Paul A. (2010), "An Interview with Arthur J. Rolnick: Modern Macroeconomics Under Attack", Federal Reserve Bank of Minneapolis, September. Available at: http://www.minneapolisfed.org/publications papers/pub display.cfm? id = 4526.

Sarkar, Asani, and Jeffrey Shrader (2010), "Financial Amplification Mechanisms and the Federal Reserve's Supply of Liquidity during the Financial Crisis", in "Special Issue: Central Bank Liquidity Tools and Perspectives on Regulatory Reform", *Federal Reserve Bank of New York Economic Policy Review*, 16: 55 – 74.

Schulmeister, Stephan (2003), "Technical Trading Systems and Stock Price Dynamics", WIFO – Studie mit Unterstiitzung des Jubilaumsfonds der Osterreichischen Nationalbank 2002, Vienna, Austria.

Schulmeister, Stephan (2006), "The Interaction between Technical Currency Trading and Exchange Rate Fluctuations", *Finance Research Letters*, 212 – 233.

Shiller, Robert J. (1981), "Do Stock Prices Move Too Much to Be Justified by Subsequent Changes in Dividends?", *American Economic Review*, 71: 421 – 436.

Shiller, Robert J. (2000), *Irrational Exuberance*, New York: Broadway Books.

Shleifer, Andrei (2000), *Inefficient Markets*, Oxford: Oxford University Press.

Simon, Herbert A. (1971), "Theories of Bounded Rationality", in Bruce McGuire and Roy Radner (eds.), *Decision and Organization*, Amsterdam: North – Holland.

Sims, Christopher A. (1996), "Macroeconomics and Methodology", *Journal of Economic Perspectives*, 10: 105 – 120.

—— (2010), "How Empirical Evidence Does or Does Not Influence Economic Thinking", presentation at the inaugural conference of the Institute for New Economic Thinking, Cambridge, April 8 – 11. Available at http：//ineteconomics. org/sites/inet. civicactions. net/files/INET/Session5 – ChristopherSims. pdf.

Skidelsky, Robert (1983), *John Maynard Keynes*, Vol. 1, London：Macmillan.

Skidelsky, Robert (1992), *John Maynard Keynes*, Vol. 2, London：Macmillan.

Skidelsky, Robert (2000), *John Maynard Keynes*, Vol. 3, London：Macmillan.

Skidelsky, Robert (2009), *Keynes：The Return of the Master*, New York：Public Affairs.

Skidelsky, Robert (2010), "Keynes and the Social Democratic Tradition", Project Syndicate, June 10：http：//www. project – svndicate. org.

Soros, George (1987), *The Alchemy of Finance*, New York：Wiley.

Soros, George (2008), *The New Paradigm for Financial Markets：The Credit Crisis of 2008 and What It Means*, New York：Public Affairs.

Soros, George (2009), "Financial Markets", lecture 2 of the Central European University Lectures, Budapest, Hungary, October 27. Available at：http：//www. ceu. hu/news/2009 – 10 – 26/the – ceu – lectures – george – soros – on – the – economy – reflexivity – and – open – society – 0.

Spence, Michael A. (2001), "Signaling in Retrospect and the Informational Structure of Markets", Nobel lecture, Stockholm：Nobel Foundation. Available at：http：//nobelprize. org/nobel_ prizes/economics/laureates/2001/spence – lecture. pdf.

Stiglitz, Joseph E. (2001), "Information and the Change in the Paradigm in Economics", Nobel lecture, Stockholm：Nobel Foundation, Available at：http：//nobelprize. org/nobel _ prizes/economics/laureates/2001/stiglitz – lecture. pdf.

Stiglitz, Joseph E. (2010), "The Non-Existent Hand", *London Review of Books*, April 22, pp. 17–18.

Stillwagon, Josh (2010), "Imperfect Knowledge and Currency Risk: A CVAR Analysis with Survey", mimeo, University of New Hampshire, Durham. Tinbergen, Jan (1939), *Business Cycles in the United States of America, 1919–1932*, Geneva: League of Nations.

Tobin, James (1958), "Liquidity Preference as Behavior Towards Risk", *Review of Economic Studies*, 25 (1): 15–29.

Trichet, Jean-Claude (2010), "Introductory Remarks", European Central Bank press conference, September 2. Available at: http://www.ecb.int/press/pressconf/2010/html/is100902.en.html.

Turner, Adair (2009), "The Turner Review: A Regulatory Response to the Global Banking Crisis", Financial Services Authority, London. Available at http://www.fsa.gov.uk/pubs/other/turner review.pdf.

Vajna, Thomas (1982), "Problems and Trends in the Development of the Hungarian Economic Mechanism: A Balance Sheet of the *1970*s", in Alec Nove, Hans-Herman Hohmannn, and Getraud Seidenstecher (eds.), *The East European Economies in the 1970s*, London: Butterworths.

Venture Economics (1988), *Exiting Venture Capital Investments*, Needham, MA: Venture Economics.

Volcker, Paul (2010), "The Time We Have Is Growing Short", *New York Review of Books*, June 24, pp. 12, 14.

Wallace, A. (1980), "Is Beta Dead?", *Institutional Investor*, July, pp. 23–30.

Wright, Mike, Ken Robbie, and Christine T. Ennew (1997), "Serial Entrepreneurs", *British Journal of Management*, 8: 251–268.

Zaleski, Eugene (1980), *Stalinist Planningfor Economic Growth, 1933–1955*, Chapel Hill: University of North Carolina Press.

Zheng, L. (2009), "The Puzzling Behavior of Equity Returns: The Need to Move Beyond the Consumption Capital Asset Pricing Model", Ph. D. dissertation, University of New Hampshire, Durham.

相关术语

Information Asymmetric，信息不对称

Basel Ⅲ，巴塞尔协议Ⅲ

BIS，Bank for International Settlement，国际清算银行

Bubble models，泡沫模型

Bretton Woods system，布雷顿森林货币体系

Berkshire Hathaway，伯克希尔·哈撒韦公司

Bloomberg News，彭博新闻社

Bank of Boston，波士顿银行

Home Prices Indices，房价指数

Discount Rate，贴现率

Dodd – Frank Act，多德-弗兰克法案

Dow Jones Indexe，道琼斯指数

East Germany，东德

Efficient Markets Hypothesis，EMH，有效市场假说

European Union，欧盟

Kauffman Foundation，考夫曼基金会

Federal Reserve Bank，联邦储备银行

Federal Reserve Chairman，美联储主席

Financial Times，金融时报

fully predetermined model，完全预定模型

fully predetermined mechanical system，完全预定的市场预测机制

Imperfect Knowledge Economics，不完善知识经济学

▶▶▶ **超越机械的市场论：资产价格波动、风险和政府角色**

Institute for New Economic Thinking，INET，新经济思维研究所
Long-Term Capital Management，LTCM，美国长期资本管理公司
Martingale Property，鞅性质
Miami，迈阿密（美国佛罗里达州城市）
Minneapolis，明尼阿波利斯（美国明尼苏达州城市）
the Massachusetts Institute of Technology，MIT，麻省理工学院
Momentum Trading，动量交易
NASDAQ，纳斯达克指数
New Keynesianism，新凯恩斯主义
Nonroutine Change，非常规变化
Northen Trust，北方信托
OECD，经济合作与发展组织，简称经合组织
Phoenix，菲尼克斯（美国亚利桑那州城市）
Pilgrim，皮尔格姆
Present Value Model，现值模型
Purchasing Power Parity Exchange Rates，购买力平价汇率
Rational Expectations Hypothesis，REH，理性预期假说
Rational Expectations Models，理性预期模型
Risk Premiums，风险溢价
Speculative Positions，投机头寸
Skidelsky，斯基德尔斯基
The Baupost Group，包普斯特集团
The Basel Committee，巴塞尔委员会
The greater fool theory，最大笨蛋理论
The Macroeconomic Assessment Group，宏观经济集团
The Soviet System，苏维埃制度
Tulip Mania，郁金香狂潮
Venture Economics，风险经济学
Volcker Rule，沃尔克法则